足利義満

森茂暁

角川選書
667

目次

はじめに

足利義満《あしかがよしみつ》とは言わずと知れた室町幕府の三代将軍。足利尊氏《たかうじ》の孫にあたる。義満と言うと、一体なにを具体的に連想されるであろうか。おそらく真っ先に脳裏に浮かぶのは、南北朝の合体、室町幕府政治の確立、金閣寺《きんかくじ》の北山《きたやま》文化、日明《にちみん》貿易の開始などであろうと思われるが、それが常識的なところであろう。

しかし少し掘り下げてみると、室町幕府体制を確立に導いた足利義満の政治手法は一筋縄では行かない、したたかなものであることが知られる。別の言い方をすれば、そのしたたかさ故に、義満はそれまでの父祖、それ以降の子孫たちがなしえなかった数々の偉業をなしとげえたのである。

例えば、南北朝合体の直前、義満は、北朝皇室の嫡流崇光《すこう》上皇（後小松《ごこまつ》天皇の大伯父《おおおじ》。伏見宮《ふしみのみや》家はその子栄仁《よしひと》親王に始まる）に同上皇の経済基盤である皇室領の長講堂《ちょうこうどう》領荘園《しょうえん》群を安堵《あんど》すると確約した。けれども、南北合体させて公武統一政権を樹立すると、今度は皇位を継いでいる後小松天皇の経済基盤を拡充させるために、その荘園群をいとも簡単に伏見宮家から取り上げ後小松に与えている。これに限らず義満には目的のためには手段を選ばぬところがあった。

とはいえ、義満には、このようなしたたかな性格のほかに、これまでの将軍には見られない、専制君主としてのすごみがある。義満政治の本領はまさにここにある。義満が三八歳で出家した応永《おうえい》二年（一三九五）六月以降、義満の権勢はピークに達し、その権力は公武の「政道」（施政の大綱）を担当し、「朝務」（朝廷の政務）を代行するところまで到達していたのである。

筆者の目には、全盛期の足利義満のイメージは、六十年前の後醍醐《ごだいご》天皇のそれと重なる。後醍醐天皇とは鎌倉幕府を倒して、天皇としては初めて公武統一政権を樹立したかの独裁君主である。義満の政治構想が後醍醐天皇のそれに似ているとは昔からよくいわれるけれども、実際義満自身も、理想的な君主像として後醍醐天皇をイメージしていたのではないかと思われるふしがある。

そもそも室町時代に対する世間一般の関心はこれまで概して低かった。一時は室町時代は頭から「暗黒の時代」、「つまらぬ時代」などといわれたりもしたが、しかし、時の流れとともに室町時代の研究は次第に進み、この時代が日本の歴史にとって画期的な時期であることが明らかとなった。かつての「暗黒の時代」、「つまらぬ時代」との評価はとんだ見当違いだったのである。

本書のテーマである足利義満についても同様のことがいえる。足利義満とは室町時代京都に置かれた第二の武家政権＝室町幕府の将軍である。義満は、初代祖父尊氏、二代父義詮《よしあきら》を経て、三代目の将軍の職を継いだ。時期的にみると、尊氏・義詮の代はいわゆる南北朝の動乱の真っ最中にあたり、義満はその父祖の実績をふまえて動乱を収束させる役目を負っていた。義満の治世は室町幕府支配の確立期で、義満が残した歴史的遺産には目をみはるものがある。その最たるものは、南北朝の対立を克服した上で公武統一政権を樹立し、国家体制を整備するこ

足利義満の花押〈武家様〉(『書の日本史　第九巻』平凡社)

足利義満の花押〈公家様〉(『書の日本史　第九巻』平凡社)

坐鎮扶桑七十州
河清海晏越殷周
威靈彌盛騎箕後
垂裕子孫千萬秋
鹿苑院殿天山大
居士尊像
應永卅一年甲辰
三月鹿苑謹賛

足利義満像(東京大学史料編纂所所蔵模写)没後16年目の応永31年(1424)3月に描かれたもの

とによって合戦のない平和国家の骨格を創り上げたことであろう。

その足利義満についても歴史的評価は近年大きく変わった。かつては「狡猾姦獰《こうかつかんどう》の賊」と指弾された義満は、最近では「公武に君臨した室町将軍」などと評価し直されているのである。「室町時代」と同様、「足利義満」も近現代の時代を映す鏡といってよい。

折しも平成一九年（二〇〇七）は足利義満六百回忌にあたり、これを記念して関係各地でさまざまの文化的な催しがなされたことは記憶に新しい。これを一つの契機にして、足利義満に関わる発言が多方面からなされている。これに先だつ平成一六年（二〇〇四）一〇月、京都府立総合資料館で開かれた第一九回東寺百合文書《とうじひゃくごうもんじょ》展のテーマは「足利義満と東寺」であり、このとき図録『足利義満と東寺』（京都府立総合資料館歴史資料課編、二〇〇四年一〇月）が刊行された。

このような流れをうけて、日本の歴史上の傑物の一人というべき足利義満の誕生から卒去に至る生涯の諸事績をふまえたトータルな評伝を書くことは、決して無意味なことではあるまい。それが本書執筆の動機である。執筆にあたっては、史料としての古文書《こもんじょ》を活用すること、できるだけ多くの新知見を発掘すること、近年の新しい研究成果を取り入れることに努めた。

＊なお、本文中で刊本史料名を表記するさい、叢書名（例えば、大日本古文書、大日本古記録、史料纂集など）を省略したところがある。また「太平記」の記事は、鷲尾順敬校訂『西源院本 太平記』（刀江書院、一九三六年六月）からの引用である。

序章　足利義満研究の現在

室町時代の持つ画期性

室町時代に関する研究文献は、単発的ながらも早くから刊行されている。例えば、大正一二年（一九二三）刊の田中義成『足利時代史』（明治書院。前年には同社より『南北朝時代史』を刊行）、同一五年（一九二六）刊の渡辺世祐『日本時代史七　室町時代史』（早稲田大学出版部）、および『関東中心 足利時代之研究』（雄山閣）などがあげられるが、それらの著書は、室町時代の政治史を中心にして文化や外交にまで及んでおり、体系はほぼ完成されていて、今日の室町時代研究の骨格をなしている。大正末年にこういう本がよく出たものだと驚嘆する。そこで、これまでの室町時代研究の歴史をみてゆくと、近代日本の歩んできた時代状況と密接に関係していることがわかる。南北朝時代研究のそれと同じである。「朝敵」足利尊氏が活躍する南北朝時代研究も戦後長く本格化しなかったが、近年になってめざましく進展している。やはり室町時代への関心の低さは南北朝時代へのそれと連動していたのである。

若い研究者たちの室町時代への興味・関心の高まりは、西暦二〇〇〇年を過ぎたころに一つの山場を迎えた。平成一四年（二〇〇二）一二月、なんとそのものズバリ『室町時代研究』（室町時代研究会）という名の浩瀚《こうかん》な会誌が創刊され、刊行は不定期ながらも、当該期のテーマに即した意欲的かつ斬新《ざんしん》な研究論文・資料紹介が収載されている。

ここに姿を現した新しい研究のうねりは、中世後期研究会編『室町・戦国期研究を読みなおす』（思文閣出版、二〇〇七年一〇月）をまず誕生させた。同書は書名が示すように、南北朝〜

戦国期の日本中世史に関する研究史をたどりつつ「当該期研究の現状と課題」を重点的に論じたもので、若い研究者たちによる先鋭的で斬新な研究の方向が提示された。さらに、山田邦明『〈日本中世の歴史5〉室町の平和』（吉川弘文館、二〇〇九年一〇月）は二代義詮から六代義教《よしのり》までの約百年を扱う内容のものであるが、さまざまの社会階層の人々の歴史的役割を躍動的に描くことを通して、従来の室町時代の研究を一新させた。

こうした近年の室町時代研究の諸分野のうち特に進展を遂げたのが、室町幕府や「室町殿」に関わる政治史、およびそれに随伴する文化史の分野である。室町時代にあって国政の中心に位置したのが室町幕府であり、その幕府政治の中心に「室町殿」がいたのであるから、多くの研究者たちの関心がそこに向かったのも故なきことではない。

そのことを象徴するのが、前田雅之編『画期としての室町―政事・宗教・古典学―』（勉誠出版、二〇一八年一〇月）、および芳澤元編『室町文化の座標軸―遣明船時代の列島と文事―』（同前、二〇二一年一〇月）という二冊の書籍の登場である。その内容についていまここで詳しく触れられないが、室町時代の政治性や文化事象に関わる諸問題が人文学の種々の方面から縦横に論じられ、室町時代文化の持つ多面性・多層性が明らかにされた。

また、特に「室町殿」に的を絞ったものでは、時を同じくして、久水俊和編『「室町殿」の時代―安定期室町幕府研究の最前線―』（山川出版社、二〇二一年一二月）が登場した。この書籍は、政治・経済・文化の各分野から「室町殿」（三代義満・四代義持《よしもち》・六代義教・八代義政《よしまさ》）の政治家としての特質を究明することを通して、その治世を問題史的に解説したものである。

要するに、室町時代はかつての「暗黒の時代」、「つまらぬ時代」の汚名を返上し、今ではそれとは正反対の、高度な文化に彩られた「画期的な時代」との評価を獲得したわけである。室町時代はこのように面目を一新した。ひところ、「室町時代」というとすぐ脇田晴子『室町時代』（中公新書、一九八五年〈昭和六〇〉九月）が想起され、商品経済の発展した都市や農村の牧歌的なイメージが湧いてきたものであるが、近年では研究の重心は特に京都を中心とした公武の動きの激しい政治史の方面に置かれることとなった。

足利義満研究の歩み

ここで足利義満研究の歩みをちょっと覗《のぞ》いてみよう。義満の属する足利氏に即した人物史はしばしば室町時代研究のなかで語られるが、特に義満について論じたものを拾い、その研究史を略述すれば以下のとおりである。

足利氏の事績を扱った研究文献は明治のころから登場する。なかでも山路愛山『時代代表日本英雄伝　足利尊氏』（玄黄社、一九〇九年〈明治四二〉。一九四九年八月岩波書店より復刊、最近では二〇一八年二月に第六刷が刊行された）は日本歴史に登場する英雄の一人としての足利尊氏を扱うものであるが、尊氏が「叛逆《はんぎゃく》の徒」の烙印《らくいん》を押される一九一一年（明治四四）の、いわゆる南北朝正閏《せいじゅん》論争直前の刊行物として注目に値する。この本は正閏論争の影響を受けていないだけに史観は特に偏向するところがなく、この時期の尊氏論として再評価する必要があると思われる。

政界と教育界とを巻き込んだこの論争のあと、足利氏に関する研究は軒並み停滞し、足利氏研究受難の時代が始まる。もともと義満研究はほとんど無きに等しかったが、大正は無論のこと昭和に入ってからも同様であり、目につくのは渡辺世祐「足利義満皇胤説」（『史学雑誌』三七編一〇号、一九二六年〈大正一五〉一〇月）ぐらいなものである。

そのような状況のなかで、終戦後十年以上経《た》った一九六〇年（昭和三五）一月に忽然《こつぜん》と登場した臼井信義『〈人物叢書〉足利義満』（吉川弘文館）は、戦後の本格的な足利義満研究の嚆矢《こうし》としての役割を果たした。これは「始めから何の企画も持たず、ただ遺存する史料によって義満の行実をたどっ」（同書はしがき）たものと謙抑されているものの、その内容は南北朝を合一させて公武の権力を掌握、自らを法皇に擬して公武統一政権を確立した「室町殿」足利義満の全生涯を過不足なく描いており、論ずべき問題点はほぼすべて出尽くしている。その意味において本書は足利義満研究のための最も基本となる文献といって過言ではない。

こののち昭和四、五〇年代に入ると、吉村貞司『〈東洋美術選書〉足利義満』（三彩社、一九六九年〈昭和四四〉七月）、同『黄金の塔―足利義満―』（思索社、一九七七年〈昭和五二〉八月）など、義満が造営した金閣などを題材とする美術史の方面からの著書が出されたのち、昭和五五年に佐藤進一『〈日本を創った人びと11〉足利義満―国家の統一に賭けた生涯―』（平凡社、一九八〇年二月。一九九四年六月、副題を「中世王権への挑戦」と変えて平凡社ライブラリーより復刊）が登場する。これは足利尊氏から同義教に至る室町幕府確立の全過程のなかで、足利義満の治世の特質を簡潔に論じたもので、小冊ながら義満の時代が理解しやすくコンパクトに叙述された名著である。

こうした流れのなかで、しかも昭和から平成への移行期という特別な時代状況を背景に登場したのが今谷明『室町の王権—足利義満の王権簒奪計画—』（中公新書、一九九〇年〈平成二〉七月）である。この今谷著書の登場に大きな影響を与えたのが、富田正弘「室町殿と天皇」（「日本史研究319」、一九八九年三月）である。この論文は、関係文書の機能論的な検討を通して義満と天皇との政治的関係を究明したもので、「室町殿」についての議論を本格化させた。

今谷著書の趣旨は、そのサブタイトルに示されるように、太政大臣《だいじょうだいじん》まで上りつめた義満が自らを上皇に擬するような振る舞いをし、また子息の義嗣《よしつぐ》（応永元年生まれ）をあたかも皇太子に据えるがごとき行為をとったことから、「王権の簒奪《さんだつ》」を狙ったのではないかとみなすものである。義満の皇位簒奪説については、力点の置き方に多少の差はあれ、古来同様の学説は存在していた。とはいえ、右の今谷著書のように多くの依拠史料をふまえて主張されたものではなかった。この書物は当時の特異な世相のなか、その書名のインパクトも手伝って大きなセンセーションを巻き起こし、なかでも特に「王権簒奪計画」の有無をめぐってさまざまに議論された。

その登場から三十余年の歳月が経過した今日、論争はだいたい鎮まったかに思われるが、結論のみを言えば現時点では「天皇家の血」という観点からみて、簒奪計画の有無についてはどちらかといえば否定的な考え方が優勢である。この今谷説への明確な批判として比較的早期に現れたのが、桜井英治『〈日本の歴史12〉室町人の精神』（講談社、二〇〇一年一〇月）にみえる以下の文章である。

そもそも皇統は天皇（の血）から発生するものであって上皇（の号）から発生するものではない。このもっとも基本的な理解を忘れた点に「義満の皇位簒奪計画」説の誤りがあったといえよう。ちなみに義満自身も、上皇に准ぜられたことはあっても、天皇に准ぜられたことはただの一度もない。（同書、七四頁）

研究の新展開

二〇〇七年（平成一九）は、一四〇八年（応永一五）五月六日に没した足利義満六百回忌にあたった。これを記念して書籍では、松岡心平・小川剛生編『特集：六百年忌記念 足利義満の時代』（『ZEAMI 4』、森話社、二〇〇七年六月）が刊行され、また展覧会では、「京都五山禅の文化」展が東京国立博物館、および九州国立博物館で開催された（東京展は同年七〜九月、福岡展は翌年一〜二月）。この展覧会に際しては総頁数四〇〇にも及ばんとするカラー図版満載の優れた図録があわせて刊行された（同年七月）。この義満の六百回忌という記念行事は、新たな義満研究の登場をうながす大きな契機となった。

平成二〇年（二〇〇八）代に入ると、義満研究は一層の進展を遂げた。従来の研究テーマの深化は当然のこととして、そのほか北山殿移徙《いし》をめぐる政治空間論、明との対外交渉、およびそれに伴う「日本国王」号の問題、義満政治を支える細川《ほそかわ》・斯波《しば》氏ら有力守護たちとの関係など、義満研究はこれまでにない広がりと深さをみせてくる。それらの新たな義満研究の成果のうち注目されるのは、義満の治世の特質を探る手法として政治と文化の相互補完という視点、および義満期の室町文化を京都と地方との相互関係のなかで考えるという視点を打ち出した小川剛生の諸論考である。義満期を「文化史の画期」と位置づける小川は、それが以降の室町将軍の儀礼的規範とされ、ひいては室町文化の方向性を規定したと結論づけるが、これは興味深い指摘である。そうした小川の義満研究は、『足利義満―公武に君臨した室町将軍―』（中公新書、二〇一二年〈平成二四〉八月）に結実した。同書は小冊ながら、いわゆる評伝にとどまらない義満をめぐる政治と文化が統合された優れた義満の新たな解説書である。

小川にはこれより先、足利義満という人物の人間形成に大きく関わった二条良基《にじようよしもと》の政事と文事について総合的に考察した大著『二条良基研究』（笠間書院、二〇〇五年〈平成一七〉一一月）がある。この著書は直接的には、教導役として義満を公家《くげ》社会に同化させて、義満が公家社会を併呑する政治・文化的素地を創るのに大きく貢献した北朝の関白二条良基を研究対象としているが、良基が「大樹（義満）を扶持《ふち》するの人」（『後愚昧記』康暦《こうりやく》元年閏四月二八日条、『後愚昧記三』一四頁）と呼ばれたごとく義満と密接な関係を有するだけに、義満理解のためにも有益である。おりしも刊行されて二年後に義満の六百回忌を迎えることになるが、この著書はこの記念事業を背後から支えた。なお同時期の著作としていま一つ、天龍寺《てんりゆうじ》や相国寺《しようこくじ》など足利将軍が造営した寺院の歴史的性格を通して各政権の特質に迫った早島大祐『室町幕府論』（講談社

【足利氏略系図】

- （源）義家
  - 義親…→（頼朝）
  - 義国
    - （新田）義重…→（義貞）
    - （足利）義康　母源有房女
      - 義兼　母熱田大宮司季範女
        - 義氏　母北条時政女
          - 泰氏　母北条泰時女
            - 頼氏　母北条時氏女
              - 家時　母家女房上杉重房女
                - 貞氏　贈従一位　母北条時茂女
                  - 高義　左馬助　従五位下　早世廿一　号円福寺殿　文保元年六月廿四日卒
                  - 尊氏　母従三位上杉清子（贈従二位）、上杉頼重女、贈左大臣・従一位
                    - 直冬　左兵衛佐
                    - 義詮
                      - **義満**
                    - 基氏
                  - 直義　左兵衛督　母同
                    - 直冬（養子）
                    - 如意王

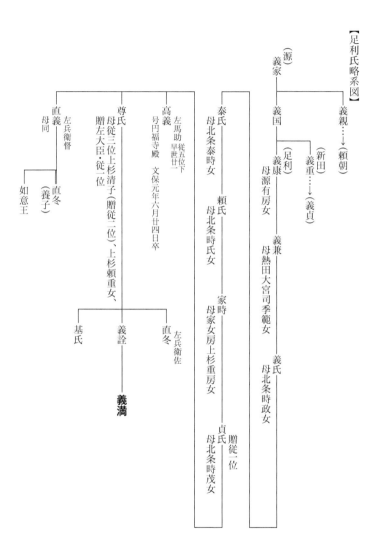

選書メチエ、二〇一〇年〈平成二二〉一二月）も見落とせない。早島にはこれに続いて首都京都に特化した『足利義満と京都』（吉川弘文館、二〇一六年〈平成二八〉一一月）もあり、義満と京都との深いつながりを歩いて学ぶ人々のために平易かつ興味深く解説した。

これ以降も義満関係の研究はとどまるところを知らず進展し、種々の著書・論文が登場した。特に天皇と室町殿との関係の変転を各歴史過程に即してたどった石原比伊呂『室町時代の将軍家と天皇家』（勉誠出版、二〇一五年〈平成二七〉一〇月）、桃崎有一郎『室町の覇者 足利義満―朝廷と幕府はいかに統一されたか―』（ちくま新書、二〇二〇年〈令和二〉一月）などである。

右は特に義満関係の研究であるが、他方こうした動向が室町幕府の所在地京都の研究を促したことも見逃せない。例えば、首都京都の歴史と地理とを統合した桃崎有一郎・山田邦和編著『室町政権の首府構想と京都―室町・北山・東山―』（文理閣、二〇一六年〈平成二八〉一〇月）のほか、吉川弘文館既刊の「京都の中世史」シリーズで義満期に該当する第4巻の山田徹『南北朝内乱と京都』（二〇二一年〈令和三〉七月）、および第5巻の早島大祐・吉田賢司・大田壮一郎・松永和浩『首都京都と室町幕府』（二〇二二年〈令和四〉二月）である。これらは南北朝期～室町期の京都の歴史全般を扱ったものであるが、義満についても関連箇所で触れられていて有益である。

将軍文書にみる義満時代

一口に中世武家社会といっても、その様相は時期によってそれぞれに異なり、個々の特色があることは勿論《もちろん》である。例えば南北朝時代についていえば、初代将軍足利尊氏・二代義詮・三代義満の時期ではそれぞれの将軍を取り巻く時代環境は当然大きく異なっている。この三代の将軍の時期は室町幕府の歴史からいえば、おおまかに成立期、展開期、確立期と区分されるが、それぞれの時期によって将軍が発給する文書《もんじょ》の種類は異なり特色がある。その時代の個々の要請に応じた文書が発給され、それらが今日に残っているのである。ここでは三代足利義満の発給文書の特色を述べたいのであるが、その特色をはっきりさせるために前代の将軍たちのそれと比較してみよう。

まず初代尊氏である。尊氏といえば鎌倉幕府討伐の殊勲者、建武《けんむ》政権の支柱、室町幕府の創立者など、種々の形容ができる日本史上のヒーローである。生きた時代が鎌倉末期から南北朝初期の動乱期であったため、軍勢催促状などの軍事関係の文書（軍勢催促状の残り具合をみると尊氏の代の建武三年が格段に多い）、勲功の将士に対する恩賞給付のための文書（特に所領給付の袖判下文《そではんくだしぶみ》）、所領・所職《しょしき》をめぐる訴訟関係の文書などがその主たるものである。あわせて幕府の副将軍格の実弟直義《ただよし》は期間は限定されるものの独特の裁許下知状《さいきょげちじょう》を多く残している。

次に二代目義詮になると、いまだ動乱の時代が続いたため発給文書の性格は基本的に父尊氏時代と変わらないが、幕府の訴訟制度の改変により所領関係訴訟の簡易化が図られ、関係文書の形式に変化をもたらした。例えば、尊氏の時期の新恩給付は必ず袖判下文で行うという慣例を破り、義詮は特に文和《ぶんな》年間以降になると基本的に御判御教書《ごはんのみぎようしょ》によってこれを行っている。義詮の時代には文書形式としての御判御教書の用途が格段に広がった。

さて肝心の三代目義満はどうかというと、第一に合戦の少ない時代を反映して、尊氏・義詮の時代にあれほど多かった軍勢催促状などの軍事関係文書がすっかり影を潜めることがあげられる。これは南北朝の合一が全国各地の合戦を激減させたことに起因しよう。このことに伴い恩賞として所領を給付するというような文書も尊氏・義詮の時期と比べて少なくなっている。義満の場合、その給付のための文書としては袖判下文と袖判御教書とが相半ばしている。時期的な傾向をみると、筆者の収集による限り、まず永和《えいわ》元年ころから本格的に登場するのは袖判《そではん》下文による事例であり、これが明徳《めいとく》元年ころまで続く（応永九年〈一四〇二〉に一例あり）。他方、袖判御教書による所領給付についてみると、明徳二年（一三九一）ころからその実例が現れ、応永一〇年（一四〇三）ころまで続いている。ここで注意されるのは、義満の所領給付の御教書はその袖に花押を据えていること（この点義詮のそれとは異なる）。要するに、義満はこの面においては義詮の方式を基本的には踏襲したが、ただ御教書の場合花押の位置を日下から袖に移している。書札礼《しょさつれい》からすると、義満は父義詮のそれより尊大な形式に変えたということができる。

将軍が恩賞地を宛行《あてが》うときに用いる文書の様式は、初代尊氏のとき、ほぼ例外なく袖判下文である。観応《かんのう》の擾乱《じょうらん》が終わる文和のころから二代義詮は、従来の方式に加えて御判御教書でもってこれを行うという新方式を始め、三代義満のころにはどちらかというと袖判御教書方式が優勢になってくる。こうした恩賞地宛行《あてがい》のための文書様式の変化は恩賞地を受ける側の武士たちの鎌倉時代以来の主従意識を大きく変えたに相違ない。その変化が同時に将軍と御家人武士たちとの主従関係に少なからず影響したこともまた疑いのないところであろう。

　義満の支配権はさらに宗教権門にまで及んだ。応永一三年四月には義満が南都伝奏《てんそう》裏松重光《うらまつしげみつ》奉書でもって、興福寺松林院長雅《こうふくじしょうりんいんちょうが》僧正に「給恩」として大和国吉野《やまとのくによしの》郡年貢内半分を宛行っている事実がある（「東院毎日雑々記《とういんまいにちざつざつき》」、『大日本史料』七編七、九五九頁）。義満の支配権は御恩―奉公の形をとって南都興福寺にも及んでいるのである。

第一章　足利義満の嗣立

一　誕生から叙爵まで

足利義満の誕生

足利義満は延文《えんぶん》三年（一三五八）八月二二日、京都の春日東洞院《かすがひがしのとういん》にあった幕府政所《まんどころ》執事伊《い》勢《せ》貞継《さだつぐ》（法名照禅《しょうぜん》）の邸《やしき》で生まれ、幼時は伊勢邸で育ったといわれている。父は室町幕府の二代将軍足利義詮、母は石清水《いわしみず》八幡宮《はちまんぐう》祠官《しかん》善法寺《ぜんぽうじ》通清《つうせい》の女《むすめ》紀良子《きのよしこ》（洪恩院《こうおんいん》）である。根拠となる史料は次に引用する「愚管記」（後深心院《ごしんしんいん》関白記）の延文三年八月二三日条の記事である。

廿三日（延文三年八月）、雨降、鎌倉宰相中将（足利義詮）愛物、去夜有産事、男子（義満）云々、彼女姓ハ、八幡法師（善法寺通清）息女（良子）云々、去年生一子男子、今年又如此、珍重々々、遣使者賀之、

（『愚管記一』二五六頁）

足利義詮の側室紀良子が前日（八月二二日）の夜に男子を出産、この日記の記主近衛《このえ》道嗣《みちつぐ》（当時右大臣、二八歳）はさっそく賀詞を伝えるために使者を（義詮のもとへ）遣わした。この

記事にみえる「去夜有産事、男子云々」とは義満についてのことであるが、さらに「去年生一子男子、今年又如此」とあるのは、良子が今年同様前年の延文二年にも男児を産んでいたことを意味している。ということは、義満には一歳年上の兄がいたわけであるが、その名は知られない。この男児出産については「園太暦《えんたいりやく》」延文二年五月七日条に「伝聞、一昨日(五月五日)義詮(足利)卿有男子所生事母儀八幡検校農(通ヵ)清法印女、当時為侍女云々」という記事があり、禁裏（後光厳《ごこうごん》天皇）がお祝いの使者を遣わしたと書かれていて明白な事実と言わねばならない。しかしこの男児のその後は不明である。ほかに貞《じょう》治三年（一三六四）五月二九日生まれの満詮《みつあきら》（養徳院《ようとくいん》）という名の同母弟が知られている（『師守記七』一八〇頁、『薩戒記《さつかいき》二』二四頁）。

義満の誕生についてはいまひとつ見逃せないことがある。それは誕生日の星座に関わることで、関係史料が義満誕生日の「延文三年八月二二日」を「布灑星《フシャセイ》合日也」とする点である（「足利家官位記」『群書類従四』、「武家昇晋年譜《ぶけしょうしんねんぷ》」冷泉家時雨亭叢書48）。室町中期の百科事典たる『壒嚢抄《あいのうしょう》』（『復刻日本古典全集　壒嚢鈔』現代思潮社、一九七七年一一月）によると、「布灑星合日」とは「鬼宿日《きしゅくび》」「於尓保至《おにぼし》」のことで、万事に吉の日ということになる。

義満についてのこのような言説がいつから始まったかということはいまにわかに明らめえないけれども、義満の政事・文事面での卓越した能力と事績への称賛から生まれたものとすれば、義満治世中の永徳《えいとく》二年（一三八二）一〇月、義満を指して「聖徳太子《しょうとくたいし》の再来」と賛美した禅僧龍湫周澤《りゅうしゅうしゅうたく》の言葉は、最高権力者義満の誕生を荘厳していて極めて印象的である（辻善之助編著『空華日用工夫略集』太洋社、一九三九年四月、一七八頁）。

ちなみに義満の誕生日である八月二二日は当時の公武社会で特別の日として認識されていた形跡がある。義満存命中の応永六年八月二二日は、この年五月八日に四二歳で没した生母藤原《ふじわら》慶子《よしこ》の喪に服していた将軍義持《よしもち》の復任除目《じもく》の行われる日に当たっていたが、「今日室町殿(足利義満)御誕生日之間、御斟酌云々」、つまり足利義満の誕生日に当たるという理由で復任除目が延引された(史料纂集『迎陽記《こうようき》一』一三一、一四五頁)。

斯波義将の執事(管領)期(父高経の後見)

義満が生まれて四年目の康安《こうあん》二年(貞治元、一三六二)七月二三日、二代将軍足利義詮は越《えち》前国《ぜんのくに》を本拠とする斯波高経《たかつね》の子息義将《よしゆき》を幕府の執事(のち管領《かんれい》)に任命した(「鎌倉大日記」、『増補続史料大成51』一二五頁)。このとき義将一三歳、幼年ゆえに父高経が後見した。斯波義将の執事在職はこのほかに足利義満の治世約四十年のうち二度、義持の初政期に一度あり、総計四度、通算二十余年の長期に及んだ。ここにみる義詮期における執事就任はその初回ということになる。義将の初回の執事在職はこれより貞治五年(一三六六)八月の父高経失脚まで約四年間続く。

そもそも室町幕府の管領というポストは、系譜的にみると将軍職に就いた足利氏の執事(家宰)に発する役職で、初代尊氏の時期にはいまだ家宰の色が濃く、足利氏の譜代の被官高《こう》氏がその任にあった。高師直《こうのもろなお》はその典型である。そうした系譜を持つ執事は、足利将軍の代数を重ねるごとに足利氏の家宰的な性格から幕府の政務の長官としての性格を強め、その出身家門の高さも手伝って、将軍に最も近く仕える重要幕閣へと変身する。やがてその呼称も「管領」へと変わり、幕府を支える最有力守護がこのポストに据えられた。このように管領は将軍の信頼と有力守護たちの支持をふまえて将軍によって選任され、それをなくすと即罷免された。この管領が室町時代の幕府政治史の展開に大きく関わったことは周知の事実である。

しかしここではひとまず、その管領という役職の成立にとって、二代義詮のもとで足利一門中でも有力な斯波家から執事が起用されたことの持つ意味は大きく、やがて細川頼之《よりゆき》が管領に招かれるための道を開いたといえる。加えて幼少の義満にとってもこの時期の斯波高経の養育者的関与は見逃せない（「師守記《もろもりき》」貞治三年三月六日条には、七歳の義満が義将の宿所で行った乗馬始のことがみえる）。

さて本論に戻ろう。父高経の後見のもと、義将はどのような文書を発給しているか。筆者は義将の執事在任四年間に、貞治元年一一月六日付（「大友文書」、『大日本史料』六編二四、五一八頁）から、貞治五年正月二八日付（「円覚寺文書」、同編二七、二四九頁）までの全一八通の奉書を収集した。このうち執事施行状《しぎょうじょう》は、将軍足利義詮下文《くだしぶみ》を施行した前述の「大友文書」所収の一通のみで、他の一七通はすべて所領訴訟や外宮役夫工米《げくうやくぶくまい》・後七日御修法料足《ごしちにちのみしほりょうそく》などについての将軍家御教書《みぎょうしょ》である。

つまり、義将が発した奉書を内容的に分類すると、格段に将軍家御教書のほうが多く、施行状の占める割合は極めて小さい。職称が義将のあたりから「管領」と変わる原因はここにあると思われ、執事の職務の重心が、将軍の下知《げち》を施行することから、所務沙汰《しょむさた》の裁許など政務の長官としての仕事に移ったということの表れとみたい。

管領斯波義将の背後には後見役として父高経がいたことを前述したが、ならばこの高経について調べておく必要がある。前後の説明を略するけれども、時期的には康安二年（貞治元、一三六二）の史料のなかに、高経を「為家僕之専一、管領之器用之由、世以謳歌」と評した記事があり、また当時本人は法体《ほったい》だったために公的行事には子息義将をもって将軍の代官に立てたという（『大正新脩大蔵経　図像第一一巻』大蔵出版、一九三四年五月、五八三頁）。

この記事はいま問題にしている義将の管領在任期における、高経―義将の父子関係を考える大きなヒントとなる。要するに、二代将軍足利義詮は康安二年七月にいまだ一三歳の斯波義将を管領に任命したがそれは形式上のことで、管領業務の実際は法体の父高経が担っていたのである。

しかも高経自身については、「家僕之専一」とか「管領之器用」とか称されているところから察すると、これまでの執事とは一線を画する重臣としての存在感を有している。高経が執事後見役であった時期を、管領制度の成立過程において一つの重要な画期とみなす理由はそこにある。

ついでに、「師守記」にみえる高経情報を一、二付記しておこう。「師守記」にはなぜかこの種の幕府関係の記事が比較的多く載せられており、記主中原師守《なかはらもろもり》たち下級官人の武家政権への関心がいかようであったかがうかがわれて興味深い。一つは幕府の武家評定始《ひょうじょうはじめ》関係のことである。執事が武家評定始を取り仕切る事例は早くから史料にみえているが、貞治元年（一三六二）一〇月一〇日条には、高経が着座するまで評定始が開けないという実状が記されており（『師守記六』一六頁）、幕府の評定において執事が幕府の政務の長官として重い地位を占めたことがわかる。また貞治六年七月一三、一六日条頭書には、高経が一三日「痢病所労」のため越前国杣山城《そまやま》で六三歳の生涯を終えたことなどについて記すところがある（『師守記一〇』二二、二八頁）。

もう一つ、これによって高経の生年は嘉元《かげん》三年（一三〇五）と算出され、これは足利尊氏と同年、義詮との年齢差は二五ということになる。また高経はすでに鎌倉末期の元亨《げんこう》三年（一三二三）一〇月の北条貞時《ほうじょうさだとき》十三回忌には「足利孫三郎」の名で足利貞氏《さだうじ》（尊氏父）や吉良貞義《きらさだよし》とともに姿をみせている。

叙爵と名字

貞治五年（一三六六）一二月七日、九歳の義満は従五位下に叙された。下級官人からの脱却を意味する叙爵である。史料があえて「未元服」と注記していることからすると、元服前の叙爵はよほど異例だったとみえる。この時、後光厳天皇宸筆《しんぴつ》の名字「義満」が幕府に下され、それを関白二条良基が伝進したことが「足利家官位記」（『群書類従四』）や「武家昇晋年譜」（『冷泉家時雨亭叢書48』）などにみえるが、卜部兼熙《うらべかねひろ》の「吉田家日次記《よしだけひなみき》」同年一二月八日条はさらに以下のような興味深い記事を載せている。

伝聞、大樹（足利義詮）息叙爵事、又名字事申公家、名字為禁裏（後光厳天皇）御計、可被付下之由、所望之間、義満・尊義之間、可為何様哉云々、武家御返事、義満可宜之由計申云々、

（『大日本史料』六編二七、五九二頁）

以下のことを伝え聞いた。将軍足利義詮子息の叙爵と名字のことであるが、名字については（父義詮が）かねて後光厳天皇より拝領したいと所望していたところ、「義満」と「尊義」との二案が義詮に示された。義詮は「義満」がよいと返答した。そういう内容である。この義詮の返答を受けて後光厳天皇は宸筆の「義満」の名字を義詮のもとに届けさせたのであろう。「続《ぞく》史《し》愚抄《ぐしょう》」によると、「義満」の名字は柳原忠光《やなぎわらただみつ》（当時検非違使《けびいし》別当、権中納言）が撰《えら》んだとある（新訂増補国史大系14『続史愚抄中篇』六五頁）。

ちなみに名字候補にあがった二案のうち、「尊義」の文字はおそらく義詮の父尊氏を多分に意識したものであろう。しかし義詮はそれを採らなかったのであるから、憶測すれば義満の将来に尊氏の影を落としたくなかったのかもしれない。

二　父義詮の卒去と細川頼之の管領指名

三代将軍義満の父足利義詮は初代尊氏の嫡子で、尊氏のあとをうけて二代目の将軍を継いだ人物である。一般的にいって二代目というのは概して影が薄く、印象の強い初代や三代とのはざまでもがくような役割を負わされるのが常であるが、義詮についてみると必ずしもそうとはいえない。

室町幕府の支配機構の最高位・核心に位置する将軍、その将軍権力の強化の過程はそのまま幕府支配の進展のみちすじを物語るが、初代尊氏から三代義満までの将軍権力のありようをみると、尊氏の時期に築かれた基礎をなお一層強固なものとし、義満の時期の確立につなぐ役回りを果たしたのが義詮であった。

義詮はいわゆる観応の擾乱《じょうらん》の実質的な主人公というべき人物であり、室町幕府が古い体制から脱皮し、新しい支配体制を築くうえでその中心的な役割を果たした。義詮なくして義満なしという言い方もあながち言いすぎとはいえない。

具体的にいうと、観応の擾乱に際して貞和《じょうわ》五年（一三四九）一〇月、鎌倉から上洛《じょうらく》して幕府政治に参画した義詮は、結局叔父《おじ》直義を幕府から追い出し、次代将軍としての足場を固め始める。父尊氏も存命であったので、父から子への将軍の地位譲渡はすみやかに行われている。尊氏の将軍としての権力を象徴する、配下の武士に恩賞として所領を与える権限もやがて完全に義詮に譲り渡される。尊氏発給の恩賞地宛行《あてがい》のための袖判下文《そではんくだしぶみ》は文和四年（一三五五）八月四日のもの（「佐々木文書二」）を最後にみられなくなる。こうして無難に将軍権力の実質を移譲された義詮は、延文三年（一三五八）四月の父尊氏の卒去を受けて、同年一二月に正式に征夷《せいい》大将軍に就任する。

こうして将軍のポストに関する限りスムーズに義詮に受け継がれたが、しかし義詮の代においても解決すべき難題は幕府の内外に山積していた。その最たるものはなんといっても、吉野の南朝（宮方）が外敵として厳然と存在したことであろう。南朝勢力は弱体化していたとはいえ、それを担いで京都の幕府に対峙《たいじ》したり、場合によっては幕府を転覆させようとする不穏な勢力があったからである。その意味で将軍にとって南朝と北朝とを合一させることは最大の政治的懸案とされたに相違ない。義詮はその治世中、南朝との和平を重要視する方針をとっており、佐々木導誉《ささきどうよ》など有力な配下の大名たちがその方向で積極的に動いた形跡がある。しかし義詮の治世下では合一は実現しなかった。

そういう政治的スタンスに立つ義詮にとって宿願の未達成は心残りであったはずで、すべては継子義満に託されたであろう。病に倒れた義詮がやがて次期管領に細川頼之を指名したのは、義詮自身がそのような考えの持ち主であったことと、頼之もまた積極的な和平推進派と目されたことが主因であったと思われる。頼之が和平推進派であった証拠の一つは、のちの応安《おうあん》二年一月、頼之が和平派の南朝武将楠木正儀《くすのきまさのり》の幕府帰降に一役買った事実である。義詮は将来的に頼之の助力を得ての南北合一を義満に対して期待したものと考えられる。

政務譲渡と管領細川頼之の指名

貞治六年（一三六七）一一月二五日、二代足利義詮は病によって政務を子息義満に譲った。

細川頼之が管領（執事）に指名されたのはこの時である。時に義詮三八歳、頼之は三九歳（頼之の生年は「細川系図」〈『続群書類従五上』〉の明徳三年〈一三九二〉三月二日六四歳没からの逆算で元徳《げんとく》元年〈一三二九〉が通説）、ほぼ同年齢である。この日の室町幕府中枢でのこの人事については、近衛道嗣の日記「愚管記」同二六日条に関係記事がある。

廿六日、己亥、晴、別当（使別当柳原忠光）来、相語云、為相尋武家（足利義詮）違例、去夕罷向之時分、政務事与奪子息義満（足利）、召細川（細川）右馬頭頼之、相伝此趣、其後大樹（足利義詮）召義満、有三献祝着之儀、剣一腰予（与カ）之云々、以頼之相定管領仁云々、諸大名群衆賀之、近日此趣可令奏聞云々、

（『愚管記三』一七三～四頁）

記事の内容は以下のとおりである。この日関白近衛道嗣を訪問した柳原忠光（当時検非違使別当、権中納言）が以下のことを語った。忠光が足利義詮の病状について尋ねようと昨夕（幕府に）参向したところ、将軍義詮のもとでは義詮から子息義満への政務（行政の権）の譲渡が行われていた。そこではまず四国を地盤とする有力守護細川頼之を召し義満への政務譲渡のことを伝え、そのあと義満を召して「三献祝着之儀」が執り行われ、剣一腰が義満に与えられた。あわせて細川頼之を管領に任命することがきまり、諸大名や群衆がこれを祝賀した（後述するように『後愚昧記』は山陰の雄山名《やまな》時氏《ときうじ》はこの管領人事に鬱憤《うっぷん》と記す）。このことは近日中に後光厳天皇に奏聞する予定とのこと。

この記事によって幕府の新しい執行部の中心に義満が据えられ、これを細川頼之が管領として輔佐するという体制への移行が知られる。頼之は当時讃岐《さぬき》・阿波《あわ》・伊予《いよ》・土佐《とさ》の四国四ヵ国を守護管国とする最有力守護の一人で、すでに延文元（一三五六）～二年ころに幕府の所領関係の訴訟を取り扱う引付方《ひきつけかた》の頭人《とうにん》を務めた経験の持ち主であり、幕府とは浅からぬ関わりを有する人物であった。

右の「愚管記」の記事はその場の状況と雰囲気とをよく伝えている。当時義満はわずか一〇歳。義詮の切なる要望を受けて管領に就任した三九歳の細川頼之の双肩には、このような危機的状況において幕府運営の舵取《かじと》りをするという大きな重責がのしかかっていた。ちなみに、のちの頼之の義満に対する奉仕の仕方を考えると、頼之はこの義詮の期待に自ら積極的に応《こた》えようとした形跡がある。

この義詮の指名による管領人事は当時の武家社会にどのような波紋を及ぼしたであろうか。当時の日記には、以下のような記事がみえている。

①今日中国大将細河右馬頭源頼之上洛、先着嵯峨云々、大勢云々、自讃岐国上洛歟、
（「師守記」貞治六年九月七日条、『師守記一〇』一四一頁）

②伝聞、此両三日細川右馬頭（頼之）京着云々、如世間謳歌者、此男可為武家執事之間、上洛云々、就之山名（時氏）又鬱憤、天下之乱可出来之由、有巷説等、
（「後愚昧記」貞治六年九月九日条、『後愚昧記一』一三六頁）

右の①によって、「中国大将」細川頼之が自らの守護管国の讃岐から大勢の手勢を率いて上洛し、貞治六年九月七日に嵯峨《さが》に到着したこと、また②より、頼之は「武家執事」（管領のこと）に就任すべく上洛したこと、この人事に山名時氏（当時伯耆《ほうき》・丹波《たんば》守護）が鬱憤を抱いているので天下の騒乱が生起するかもしれないとの巷説が流れたことが知られる。細川頼之の管領就任は幕府を構成する有力守護たちの全面的な支持を受けたものではなかったのである。

こうして管領細川頼之と義満との長い関係が始まった。頼之の生まれは元徳元年（一三二九）、義満のそれは延文三年（一三五八）と考えられるので、両人の年齢差は二九歳となる。まさに先の「細川系図」の記すように頼之は義満にとっては「父」同様の存在であった。

父義詮の卒去

足利義満の父義詮は、右で述べた政務を譲渡し新管領を指名した貞治六年（一三六七）一一月二五日よりわずか十二日目の翌一二月七日に不帰の客となった。行年《こうねん》三八。義満はいまだ将軍にもなっていないし、元服も済ませていない。父義詮は、義満の行く末を深く案じつつ没したに相違ない。

義詮の卒去について『太平記』巻四〇に記事がみえる。

同じき（貞治六年）九月下旬の末より征夷大将軍義詮身心不例して、寝食不快しかは、和気・丹波の両流は不及申、医療に被知其名程の物共を召し、様々に治術に及しか共、彼大聖釈尊双林の必滅に、耆婆か霊薬も無其験しかは、寔に浮世の無常を予しめ示し措れし事なり。何れの薬か定業の病をは可癒、是明らけき有待転変の理なれは、同十二月七日子刻に、御年卅八にして忽に薨逝し給にけり。天下久く入武将の掌、戴恩慕徳者幾千万と云事を不識、歎き悲みけれ共、其甲斐更に無りけり。左手非可有とて、泣々喪礼の儀式を取営み、奉遷衣笠山の麓等持院、同十二日午刻に、茶毘の規則を調て、仏事の次第厳重なり。

（『太平記』一一五二頁）

大意は以下のとおり。貞治六年九月末より将軍足利義詮は病に臥《ふ》した。名医たちも医療する方法を知らず妙薬も効をなさず、ついに同年一二月七日に年三八で不帰の客となった。多くの人々は長い間天下を治めた義詮に対して報恩の念を抱きその徳を慕い、その死を歎《なげ》き悲しんだ。葬礼の儀式は悲しみのなかで執り行われ、同一二日に等持院《とうじいん》で茶毘《だび》に付されるなど一連の仏事が厳かに営まれた。

右の『太平記』の記事のなかで、「天下久しく武将の掌《たなごころ》に入り、恩を戴《いただ》き徳を慕う者幾千万という事をしらず、歎き悲しみけれども、その甲斐《かい》さらに無かりけり」の箇所は当時の義詮の声望の高さを物語っている。

また義詮の病状については諸史料によって異同があり、「武家昇晋年譜」には「去（貞治六年）七月九日以後父（義詮）公所労也」とあり、また「愚管記」の貞治六年一一月一二日条は「武家（義詮）違例云々、自去月八日風気云々、雖及累日、未無減気、食政全分不叶云々、」（『愚管記三』一七〇頁）と記している。さらに細川頼之が義詮から要請を受けて上洛、同年九月七日には洛北の嵯峨に到着したという前掲の「師守記」記事を考え合わせると、まず貞治六年の七月ころから義詮は体調を崩し始め、嗣子義満の将来を案じて讃岐の頼之を呼び寄せ、これを受けた頼之が同年九月上旬には京着していること、このあと義詮は同一〇月には風気（風邪）に陥り、それが高じて同一二月七日の卒去につながったことが知られよう。

ちなみに、足利義詮の発給文書の現存最後は、貞治六年一一月一八日付の御判御教書《ごはんのみぎょうしょ》（越中《えっちゅう》守護桃井直信《もものいただのぶ》への同国米田保地頭職遵行命令。「本郷文書」、『大日本史料』六編二八、五五二頁）とみられ、義詮は病をおして将軍としての職務を遂行したものと思われる。

義満、左馬頭となる

近衛道嗣の「愚管記」貞治六年（一三六七）一二月三、四日条に以下の記事がある。

（一二月三日条）
伝聞、義満（足利）政道施行事、経　奏聞之間、昨日被仰　勅答、其次可被任左馬頭之由被仰之云々、今日別当（柳原忠光）為　勅使罷向、是政務事為被賀仰也云々、

（一二月四日条）
去夕有宣下事、鎌倉大納言（足利義詮）子息義満、被任左馬頭、叙正五位下（越階、元従五位下）、口宣案被遣武家

云々、　　　　（『愚管記三』一七五〜六頁。『大日本史料』六編二八、五五九頁）

貞治六年一二月三日の伝聞によると、父義詮より子義満への政務譲渡のことが昨日の二日に後光厳天皇により勅許され、そのついでに義満は左馬頭《さまのかみ》に任じられることになったそうだ。今日柳原忠光が勅使として武家に参向し、政務譲渡のことを慶賀したそうだ。

同三日の夕方（四日条の「去夕」とはゆうべの意）、足利義詮の子息義満を左馬頭・正五位下に叙任する口宣《くぜん》案が出され、その口宣案が翌四日になって幕府に遣わされたということだ。右の記事は、おおよそそのような意味である。

父義詮の没日《もつにち》より四日前の貞治六年一二月三日に一〇歳の義満が「左馬頭」に任じられていることも、管領頼之の幼主義満に対する奉仕態度を考えるうえで見逃せない。なぜかというと、公家《くげ》政権での裁許（勅裁）の執行を幕府に移管するとき、通例武家《ぶけ》執奏《しっそう》西園寺《さいおんじ》実俊《さねとし》から施行状が幕府にあてて出されるが、その宛名は武家を代表する将軍であるという方式が義詮代より常態となっていた（初代尊氏のころはほぼ執事高師直あて）。この方式は、当時の公武関係が建前として治天と将軍との対等な関係を軸に運営されていたことを証している。義満に左馬頭という官職が与えられたのはこのことと関係している。

義詮が没した貞治六年一二月七日以降、そのままでは公家政権からの施行状が幕府に出せなくなる。そこで窮余の策として幕府では、幼主ながらも無官の義満（同年一二月三日に叙正五位下）に「左馬頭」の官を取得させ、公家からの施行状が受理できるよう取り計らったものと考えられる。おそらくそれは管領頼之の計画的措置と思われ、頼之によって義詮の没直前にこの措置が実行に移されたのであろう。この措置には頼之の将軍観もうかがわれ、頼之はあくまでも将軍代行の任務に徹しようとしたのである。

かくして翌応安元年（一三六八）五月二六日付で、造酒正《みきのかみ》中原師邦の訴える春日社在京神人《じにん》等の酒麹役《しゅきくやく》対捍《たいかん》についての後光厳天皇の勅裁（綸旨《りんじ》）の強制執行を幕府に移管する内容の武家執奏西園寺実俊の施行状が、「左馬頭」足利義満にあてて出されている（内閣文庫所蔵「押小路文書」）。この事例は義満代の実俊施行状の初見例であるが、このような形での公武間の交渉事実がみられる最後の年＝永徳二年（一三八二）までの間、一点の例外もなくすべて義満にあてて出されている。幼主義満を左馬頭に任官させて幕府側窓口に据えるという緊急的な方策は、公武関係の円滑運営に義詮の没による支障をきたすことなく安定的に維持運営してゆくうえで、実に有効な方法だったといえる。

三　元服と半済令、そして将軍宣下

元服

管領細川頼之にとって真っ先に手がけるべき仕事は、幼主義満を元服させることであった。将軍宣下を受けるにしても御判始《ごはんはじめ》を行うにしても、それより先に元服の儀を済ませることが前提となる。頼之が義満の元服を最優先したのは至極当然のことである。

足利義満の元服は、応安元年（一三六八）四月一五日に実施された（「愚管記」・「足利家官位記」）。時に義満一一歳。いま一つ見逃せないのがこの義満元服と同日に行われた頼之を武蔵守《むさしのかみ》に任ずるという人事である（「愚管記」同日条）。「武蔵守」の官途は古く初代尊氏の執事高師直が長く使用したものであり、同時に幕府の内外に師直執事時代を髣髴《ほうふつ》とさせたであろう。あるいは頼之が義満と自らとの関係を尊氏―師直のそれに擬そうとしたのかもしれない。細川頼之にとって義満をまず元服させ、しかるのち将軍宣下を受けさせることは、幕府の管領の職にある者としても喫緊の課題であったといってよい。この日行われた義満の元服の儀で加冠の役をはじめすべての役目を細川一門が務めたのは、それが頼之の手によって主導されたことの証《あか》しである。

肝心の義満元服の詳細については、「鹿苑院殿御元服記《ろくおんいんでんごげんぷくき》」（『群書類従二二』）という記録が残されており、これによっておおよそを知ることができる。しかしこれは冒頭部分が欠落していて、加冠・理髪・打乱《うちみだり》・泔坏《ゆするつき》の諸役を誰が務めたかわからないが、宮内庁書陵部所蔵「義満公御元服記」の後半部に収められる「将軍元服記」によって復元することが可能である。それは以下のような記事である。

応安元年四月将軍源義満元服
加冠　　執権従四位下武蔵守頼之朝臣（細川）

理髪　兵部大輔（細川）業氏
打乱役　兵部少輔（細川）氏春
泔坏　右馬助細川（元）頼基

この記事は、右述の「鹿苑院殿御元服記」の冒頭にあるべき記事であり、これを補うことによって義満の元服記事はほぼ完全となる。ここにみえる諸役について簡単に説明すると、まず加冠とは元服の儀式で成年男子（冠者）に冠（烏帽子《えぼし》）を付ける役目、理髪とは元服のとき童《わらわ》髪《がみ》から成人の髪に結う役目、打乱とは元服の儀式で打乱箱（衣服・所持品などを仮に入れておく蓋《ふた》のない箱）を取り扱う役目、また泔坏とは髪を洗う湯水を入れる器のことであり、これを取り扱う役目をこう称したのである。

右の四役勤仕者たちの顔ぶれについてみると、まず加冠役は、故前《さきの》将軍足利義詮によって幼主義満の教導・輔佐を託される形で、前年一一月に幕府管領に就任したばかりの細川頼之である。こういう時に行われた義満元服の儀式で就任後間もない管領頼之が加冠の役を務めたことは注目に値する。理髪役の細川業氏《なりうじ》と打乱役の細川氏春《うじはる》は頼之の血縁者、そして泔坏役の細川頼基《よりもと》（元）は頼之の弟で継子である。

こうして元服に伴う諸種の祝儀は当日より三日間続き、当時の有力守護の筆頭格細川氏を中心に今川《いまがわ》、山名氏といった足利・新田《にった》氏系の有力大名たちの手によって執り行われている。そのやり方は公家の要素を一切排除したもので、文字どおり「一向武家の儀」であった。思い起こせば、貞治五年（一三六六）一二月、生前の父義詮は嗣子の名字「義満」を所望して後光厳天皇から賜わっている。にもかかわらず元服に際しては公家の儀を排しているのであるから、この間に武家回帰への強力な方向転換があったに相違ない。おそらくそれは管領細川頼之の考え方に基づくものであろう。

ちなみに、この「一向武家沙汰」を顕著な特徴とする義満元服の例は、これより約六十年後の正長《しようちよう》二年（一四二九）三月九日に行われた六代将軍足利義教元服のさいに「御佳例」として踏襲された（「満済准后日記」同日条、『満済准后日記二』六四七頁）。

「応安半済令」の発布

応安元年（一三六八）四月一五日に義満の元服の儀が終わった直後の同年六月一七日、管領細川頼之の主宰する幕府は、「寺社本所領事《じしやほんじよりようのこと》」に関して、観応三年（一三五二）から始まる六度にわたる幕府半済令《はんぜいれい》の歴史のなかで最後にして画期的な内容を持つ半済令を公布した。いわゆる「応安半済令」（『中世法制史料集二』岩波書店、一九五七年六月、四三頁）である。

二代将軍義詮が没する前後の短い期間に、危機的な状況にあった幕府において舵取りを任された管領細川頼之は、幼主義満のためにいくつかの重要な通過儀礼を急いで執り行っている。それは具体的には、正五位下叙位・左馬頭任官（貞治六年一二月三日、義満一〇歳）、そして元服（応安元年四月一五日、同一一歳）である。

義満の公的地位を固めることに腐心していた頼之にとって焦眉《しようび》の急は、義満を将軍のポストに任官させることであったに相違ない。なぜなら、将軍のポストこそ武家勢力の結集の核であったからである。亡き義詮から幼主義満の輔佐を託された頼之にとって、幕府内部に山名時氏などの有力な対抗勢力があるなかで、喉《のど》から手がでるほどほしかったに違いない。

いまここで取り上げる「応安半済令」は、義満が元服したわずか二ヵ月後に発布された「寺社本所領事」と銘打った幕府法である。この法の性格を考えるとき、まず念頭におくべきは、それが管領に就任したばかりの細川頼之の手によって、しかも右述のような幕府の危機的な内部事情のなかで出されたという客観的状況である。「応安半済令」がその成立当時の幕府をめぐる政治的・社会的事情と無関係であることは到底考えられない。

そもそも半済とは、語義としては年貢等の半納＝半免であるが、南北朝期に軍費の調達のために守護らが寺社本所領の年貢の半分を軍勢に預け置くという法的措置を意味するようになる。この場合は特に半済令ともいう。半済令は内乱の激化に伴って出現したものであるから、いわば南北朝動乱の落とし子なのである。とはいえ、南北朝の動乱と一口にいっても、全期間にわたって同じ動乱状況にあったのではない。半済令が動乱の落とし子だとすると、動乱の段階的収束は当然に半済令の性格を変えていったに相違ない。

南北朝時代に六度にわたって発された半済令は、その時々の特別の政治的事情の影響を受けている。しかし半済令の本質については、「兵粮料所の合法化による幕府の軍事的・経済的基盤の強化と、兵粮料所の無制限・無秩序な設置の制限による荘園体制の維持存続という矛盾した二側面の統一」とし、「応安半済令」の「政策的意義は後者の側面を強くうち出したことにあ」るとする意見（村井章介『中世の国家と在地社会』校倉書房、二〇〇五年一二月、三〇四頁）、それに「室町幕府は開創の当初から寺社本所領を保護する政策をとり、それは後年まで変わることはなかった」という意見（桑山浩然『室町幕府の政治と経済』吉川弘文館、二〇〇六年五月、二七五頁）が基本的な考え方の指標となろう。

そこで「応安半済令」の特質を、特に応安元年六月という発布の時点との関係で考えると参考になるのが、「応安半済令の目的は寺社一円領と天皇家領保護にあり、半済行為のこれ以上の拡大を止める点にあった」と同時に、「守護・国人・土豪層の押領行為を追認した法令でもあった」という指摘（田端泰子「室町前期の半済」、「日本歴史624」二〇〇〇年五月）である。先の「矛盾した二側面の統一」といえよう。

義満の一日も早い将軍就任を願う管領細川頼之としては、天皇をはじめとする公家勢力、宗教権門たる寺社勢力の反対を招くことなく、また幕府膝下《しっか》の守護をはじめとする御家人武士たちからの突き上げを受けることなく、すみやかに義満の将軍宣下の日を迎えたいと考えたとしても不自然ではない。おそらく「応安半済令」発布の背後にはそうした頼之の政治的な思惑が働いたのではないか。

ちなみに、この「応安半済令」公布の結果、守護は将軍権力の属性である恩賞給付権を国別に執行する法的根拠を得ることになり、将軍の地方行政官としての性格を強めることになったと想定される。ただ、本法の適用範囲が全国的であるにもかかわらず、その内容を知らせるための同日付管領細川頼之施行状の残存例が、現在のところ近江《おうみ》守護佐々《さ さ》木《き》氏頼《うじより》あてのものただ一通しかない点に不自然さを禁じえない。

義満、将軍となる

元服を済ませた足利義満が念願の征夷大将軍に任ぜられるのは応安元年（一三六八）一二月三〇日のことである。三条公忠《さんじょうきんただ》の日記「後愚昧記」応安二年（一三六九）一月一日条には、以下のような記事がみえる。

後聞、去夜追儺之次、小除目(等カ)不被行之、武家典厩(足利義満)征夷将軍事、被　宣下之、上卿権中納言実綱卿参陣云々、件宣旨今夜官務左大史兼治(壬生)持向典厩亭、（下略）

応安元年十二月卅日　宣旨
正五位下行左馬頭源朝臣義満、
宜為征夷大将軍
左少弁藤原仲光　奉

左馬頭源朝臣義満
左少弁藤原朝臣仲光伝宣、権中納言藤原朝臣実綱宣、奉　勅、件人宜為征夷大将軍者、
応安二年正月一日　修理東大寺大仏長官主殿頭兼左大史備前権介小槻宿禰兼治奉

（『後愚昧記一』一八八〜九頁）

右の二文書のうち、前者は後光厳天皇口宣案《くぜんあん》、後者は後光厳天皇宣旨《せんじ》である。これによって「左馬頭」足利義満を征夷大将軍に任命するという口宣案が応安元年一二月三〇日にまず出され、これを受けて翌日の同二年一月一日にこれを施行する内容の宣旨が出て、奉者左大史壬生《みぶ》（小槻《おづき》）兼治《かねはる》の手によって当該宣旨が義満のもとに届けられたことが知られる。

これに加えて「愚管記」（後深心院関白記）応安二年一月二日条は、前関白近衛道嗣が義満の将軍宣下を祝う慶賀使を幕府に派遣し、同時に管領の武蔵守細川頼之のもとにも使者が遣わされたことを記す。

こうして一一歳の義満は約八ヵ月の間に元服と将軍宣下とを相次いで済ませている。父祖の任将軍時の年齢と比較すると、義満の祖父尊氏が三四歳、父義詮が二九歳であるから義満の一一歳は飛び抜けて若いということになるが、それも幕府運営のためには必須《ひっす》の措置であり、管領細川頼之の将来構想にとって極めて重要な通過点だったことは想像に難くない。

ここで注意されるのは、幕府の「評定始」への将軍の参加に関することである。幕府の「評定始」とは、将軍以下管領など幕府政治の中枢メンバーが参集し顔合わせをする定例会議のことで、室町幕府の「評定始」は儀礼的・形式的な側面が濃厚ではあるものの、鎌倉幕府以来の幕府の評定制度を精神的に支える「合議」の原理を毎年確認する意味合いを持つ催しと察せられる（「御評定著座次第」、『群書類従二九』所収）。現存史料において「評定始」の開催が明確なのは貞和年間以降であるが、その範囲でいうと参加するのは通例在任中の将軍である。しかし義満は元服直後、将軍宣下以前の応安元年四月二七日の「評定始」に狩衣《かりぎぬ》で出座している事実がある（「武家昇晋年譜」、『冷泉家時雨亭叢書48』四二八頁）。この時の義満の参加が極めて異例であったことは疑いない。

こうして応安元年（一三六八）のうちに元服と将軍宣下を済ませた義満であったが、文書を発給するためには通過せねばならない御判始（花押に法的効力を持たせる儀式）はまだ済ませていなかった。義満の御判始は応安五年（一三七二）一一月二二日のことで（時に義満一五歳）、それはまだ四年近く先のことであった。

第二章　細川頼之の管領時代——足利義満政治の基礎固め

一　管領細川頼之の将軍職代行

将軍代行としての管領

先述したように、二代将軍足利義詮の没は貞治六年（一三六七）一二月七日、細川頼之の管《かん》領《れい》就任は同年一一月二五日のことであるから、頼之の管領就任は義詮没のわずか十一日前のことである（一一月は小の月）。この義詮没直後の取り込んだ時期に管領頼之はいったいどのような手立てを講じたであろうか。管領としての政治姿勢を占うための試金石となるので、いま残存する史料によってそのことについて考えてみよう。

まず一つは、「阿蘇家文書《あそけもんじょ》」に貞治六年と考えられる一二月八日付の細川頼之書状がある（『大日本史料』六編二八、五九九頁）。この日は、義詮没の翌日にあたる。

鎮西大将事、不可依此御逝去、可有厳密之沙汰候、其間有堪忍、可被待付彼下著候、不可有等閑之儀候、恐々謹言、

（貞治六年）十二月八日　　　右馬頭（細川）頼之 花押

謹上　阿蘇（惟村）大宮司殿

右文書で、管領細川頼之は肥後《ひご》の北朝系の阿蘇大宮司惟村《これむら》に対して、九州の幕府軍の中心となる「鎮西大将」の派遣について報じており、そのために九州探題（九州を統轄する幕府機関。この表記で統一する）を派遣することを約束している。それもそのはずで、この当時九州は南朝系の征西将軍宮《せいせいしょうぐんのみや》懐良《かねよし》親王と菊池《きくち》武光《たけみつ》の天下であり、阿蘇惟村たち北朝側武将は九州管内で

細川頼之の花押　（『書の日本史第九巻』平凡社）

【細川系図（『尊卑分脈三』より）】

（細川）公頼
- 和氏―清氏―昌氏
- 頼春
  - 頼之―基之
  - 頼有
  - 頼元（本頼基）―満元
    - 持元
    - 持之
    - 持賢
  - 詮春―義之―満久
  - 満之

の結集の核としての九州探題派遣を喉《のど》から手がでるほど希求していたのである。

右書状をみると、頼之はまだ武蔵守になっていないので、差出書はいまだ「右馬頭《うまのかみ》」となっている。注目すべきは文中の「不可依此御逝去、可有厳密之沙汰候」という箇所である。「此御逝去」とは紛《まが》うことなく前日の義詮の卒去のことを指しており、つまり管領頼之は「いまは将軍義詮が逝去したばかりの非常時であるが、それにもかかわらず九州探題はなんとしても派遣する」と、不退転の強い決意でもって阿蘇惟村に告げ、それまで堪え忍んでほしいと要請しているのである（この人事で九州探題には今川了俊《いまがわりょうしゅん》が派遣される）。

いま一つは、「花営三代記」貞治六年条（『群書類従二六』六六六頁。『大日本史料』六編二八、七〇五頁）に載せる、同年一二月二九日付「禁制条々」である。煩雑さを避けて史料原文の引用はしないけれども、管領頼之が六条万里小路《ろくじようまでのこうじ》の邸宅において、「年始諸人引出物、一向可停止事」以下五ヵ条からなる禁制を布告し、倹約を勧め奢侈《しやし》を誡《いまし》めたものである。個々の禁制は内容からみて、対象は公武・僧俗を問わないというような大規模かつ広範囲のものではなく、もっと狭い範囲の幕府関係者に限定した法と見受けられる。この禁制も義詮が没した一二月の末に出されたものである。

貞治六年一二月中の頼之の措置としては、右の二つの事例しか見つけることができなかったけれども、翌年（貞治七年）に入ると、貞治六年一二月没した足利義詮の鬢髪《びんぱつ》を納めた地蔵菩薩尊像《じぞうぼさつそんぞう》や遺骨の一分を奉納するという内容の、近江園城寺《おんじようじ》や摂津多田院《せつつただいん》・相模黄梅院《さがみおうばいいん》・紀伊高野山《きいこうやさん》にあてた貞治七年一、二月の細川頼之奉書数通が残存している（このうち園城寺あてのものについては72頁参照）。

こうして二代将軍足利義詮の没直後に属する断片的な史料によって、管領細川頼之の将来に向けての政治姿勢についてみると、この当時の幕府の抱える諸問題に正面から向き合い、この危機的非常事態をなんとかして切り抜けたいという一念であったように思われる。しかもこの頼之の思いは管領就任時の一時だけのものではなく、頼之が管領を務めた全期に共通するもののようである。長期にわたって培われた義満と頼之との信頼関係は強固であったと思われる。のち頼之がその執政の途中で周囲の有力守護と意見対立して、つむじを曲げて引退しようとするとき、きまって宥《なだ》めるのは義満の役目であったことはその証拠である。

将軍代行としての管領頼之の役割を述べる本節では、義満が将軍宣下を受けた応安元年（一三六八）一二月以降、花押の公的な使用開始の儀式というべき「御判始《ごはんはじめ》」を済ませる応安五年（一三七二）一一月までの四年間を本格的な「管領頼之の将軍職代行期」とみなし、その代行の様子をいくつかの面に即してみてゆくことにしたい。まさに伏見宮貞成《さだふさ》親王の「椿葉記《ちんようき》」にみえる一文、「その比、将軍《（足利義満）》ハ幼少にて、執事細河武蔵守頼之朝臣、天下の事ハ執沙汰申す程に」（『図書寮叢刊　看聞日記　別冊』八頁）のなかの「その比《ころ》」にあたる時期である。

管領頼之の「廉潔の誉」

こうして管領細川頼之と幕府の幼主義満との長期にわたる親子のような関係は、頼之が二代将軍義詮によって管領に指名された貞治六年（一三六七）一一月から始まった。それより約一年のうちに立て続けに実施された義満の一連の通過儀礼的な諸儀式、すなわち叙爵、任左馬頭《さまのかみ》、元服、任将軍はすべて頼之の計画するところであったとみてよい。

応安元年（一三六八）一二月、一一歳で将軍宣下までこぎつけた義満にとって四〇歳の頼之は、先の「細川系図」の記すようにまさに父同様の存在であっただろう。頼之の全面的な教導・輔佐《ほさ》なくして義満は将軍のポストにいることはできなかった。それだけに幼将軍義満にとって管領頼之の存在は絶大であり、幕府の舵取《かじと》りは当分の間、頼之によってなされたとみるべきであろう。頼之はいわば将軍職の代行というべき立場である。

頼之の将軍代行がいつまでかということは義満の将軍家としての自立を考えるうえで極めて重要な問題であるが、かといってそう簡単にわかることではない。しかし常識的にいえば、その節目は御判始であろうことは言を俟《ま》たない。

ここで一つ確認したいのは、頼之の将軍職の代行としての基本的なスタンスについてである。当時の史料のなかに興味深い記事がある。それは時期的には応安元年後半期の、南禅寺《なんぜんじ》住持定山祖禅《じょうざんそぜん》の著作『続正法論《ぞくしょうぼうろん》』（禅宗のみを正法として天台以下の八宗を批判する内容）をめぐる比叡山《ひえいざん》と南禅寺との攻防戦で、応安元年七月に延暦寺《えんりゃくじ》三千大衆《だいしゅ》法師等が朝廷に提出した一訴状のなかにみえる「執権（細川頼之のこと）有廉潔之誉」という表現である（『後愚昧記一』一七六頁）。簡単にいえば、管領頼之には「廉潔の誉」があるということ。「廉潔」とは「欲がなく、心や行いがきれいなこと。清廉で潔白なこと」の意であるから（小学館『日本国語大辞典第二版13』一〇九六頁）、字面どおりとれば、頼之は清廉潔白な政治家だということになる。訴訟を有利に進めるための山門のリップサービスの可能性なしとしないが、当該訴状が朝廷の法廷に向けて出されたものであることや頼之の実直な性格からして、ここは字面どおり受け取ってよいと思われる。

南禅寺楼門撤却事件

管領に就任して将軍代行の役目を任された頼之の頭を一等最初に悩ませたのは、公武政権の禅宗援助政策を快く思わない比叡山の南禅寺に対するクレームであった。

比叡山延暦寺は、平安時代以来、帝都の守護神、鬼門鎮護の道場として日本の政治・経済・文化といった多方面において大きな影響を及ぼしてきた。折にふれて神輿《みこし》を洛中《らくちゅう》に振り捨てて首都の政治を混乱させる嗷訴《ごうそ》によって、その政治的主張を押し通したことは枚挙に遑《いとま》がない。日本の中世の歴史はこの寺の宗教的権威下にあったといえ、就中《なかんずく》南北朝・室町時代の政治史は延暦寺を抜きにして語ることはできない。

まさに当該期、首都京都を混乱に陥れるような、比叡山が関わる重大事件が発生した。この事件については、近衛道嗣の日記「愚管記」と三条公忠の日記「後愚昧記」に詳しい関係記事が残されており、そのいきさつを知ることができる。いま日記から事件の概要をみつつ、公武の対応の仕方を組み立ててみよう。

まず「愚管記」応安元年（一三六八）閏《うるう》六月二十六日条に以下の記事がいきなり出てくる。

晴、依南禅寺事山門蜂起、子細難尽筆端、明日自山門差遣犬神人、可令破却南禅寺之由風聞、武家遣軍士令警固云々、（『愚管記三』二四五頁）

この日、南禅寺のことにより山門（比叡山）が蜂起《ほうき》した。細かなことは書けないが、あす山門より末社祇園社《ぎおんしゃ》の犬神人《いぬじにん》が南禅寺を破却するために差遣されるという噂だ、幕府は武士を遣わして警固させたとのことだ、と。問題になっている「南禅寺事」とは、直接的には山門による武家（幕府）の禅宗保護政策の象徴ともいうべき南禅寺新造楼門の撤却、および諸宗を批判した『続正法論』の作者の禅僧定山祖禅の流罪要求であり、もっと広くいえば武家の禅宗保護に対する強硬な抗議を意味していた（「後愚昧記」は同年閏六月の山門奏状を収録する）。山門の訴えはまず朝廷に提出されたが、やがて洛中の警固を担当する武家もこの騒動に巻き込まれることになる。

恐れをなした朝廷は当初より山門の要求をのむ算段であったが、幕府はそうは行かなかった。当然朝廷は幕府に対して相談を持ちかける。この時の幕府管領が他ならぬ就任後まもない細川頼之である。こうして頼之は幕府側の責任者として否応《いやおう》なくこの問題に関わらざるを得なかったが、それに対する頼之の姿勢は山門の要求を断固拒否するものであった。「愚管記」同年七月五日条には、

晴、此間山徒等少々出洛、内々《武家》有問答歟之由、有其聞、然而無落居之分、所詮山門嗷訴無

其謂上者、雖奉振神輿、不可有傾動之儀、任法可有沙汰之由、武家已仰切云々、且此子細執奏公家云々、此成敗尤可有猶予事歟、山門訴訟宥沙汰古来之儀、毎度之事歟、今度武家沙汰之趣不被甘心、可恐々々、

（『愚管記三』二四八頁）

とあり、その中の書き下せば「所詮山門嗷訴その謂《いわれ》なき上は神輿を振り奉ると雖《いえど》も、傾動の儀あるべからず、法に任せて沙汰《さた》あるべきのよし、武家すでに仰せ切ると云々《うんぬん》、かつがつこの子細公家《くげ》に執奏すと云々」となる箇所から知られる幕府の判断は、紛れもなく細川頼之が下したものである。幕府は法に任せて成敗すべき旨を朝廷に奏上した。

この法治主義的な毅然《きぜん》とした判断は「廉潔の誉あり」と称された頼之に似つかわしいものであったが、日記の記主近衛道嗣は右記事の後半にみるように「この成敗尤《もっと》も猶予あるべきことか、山門訴訟の宥沙汰は古来の儀、毎度の事か、今度の武家沙汰の趣甘心されず」と批判的な言辞を漏らしている。

こうした武断的な幕府の態度の前に、朝廷側は困惑の色を隠しきれず天台三門跡に仰せて山門衆徒の怒りを宥めたりしたが（応安元年七月一九日条）、幕府側の拒否の態度も硬かった（同七月二四日条）。しかし、応安元年七月二五日以降やや状況は変わってくる。この日幕府は山門のことは「聖断」（後光厳天皇の判断）たるべき旨を奏聞している（同日条）。この言い方は幕府が責任転嫁するときよく使う便法であり、なんらかの変化の表れとみられるが、とはいえ翌八月に入っても依然として顕著な変化はみられない。大きく変わったのは八月二九日である。こ

の日しびれを切らした山門衆徒はついに神輿を担いで嗷訴し賀茂河原《かものかわら》に神輿を振り棄てて帰山した（同二九日条）。注目すべきは、この段階で山門の要求の片方、『続正法論』の著者定山祖禅の流罪については幕府もこれを認めていたことである（同）。しかし山門はそれだけでは納得しなかった（『後愚昧記』応安元年一一月二八日条、『後愚昧記二』一八六頁）。

その後しばらくして翌応安二年（一三六九）七月一九日には、幕府はついに「就山門嗷訴事、日吉七社神輿入洛、為天下之重事歟、為御帰座、偏優神威、可被撤却南禅寺新造之楼門哉、宜為　聖断之旨、可申入西園寺（実俊）右大臣家奏」と、「武家申詞」という形で後光厳天皇の朝廷に申し入れをした（『愚管記三』三三〇頁）。洛中に振り捨てられた神輿を帰座させるため、神威を優先させて南禅寺新造楼門の撤却を後光厳天皇に勧める内容の申し入れである。申し入れ先の右大臣西園寺実俊は「武家執奏」という公武交渉の公家側窓口である。結果的には幕府の全面的な譲歩、換言すれば管領細川頼之の全面敗北であった。これを受けて七月二七日から八月二日にかけて南禅寺山門は一木も残さず礎石に至るまで撤却され、日吉《ひえ》社神輿は帰座したものの、同七日洛中禅寺の長老、両班たちはこれに抗議して軒並み隠居した。

ここで注意しておくべきことは、山門衆徒の訴を受け入れるか否かについて幕府内部で有力大名間で意見の対立があったことである。「後愚昧記」応安元年八月二八日条によると、これを固く拒否する細川頼之・土岐《とき》頼康《よりやす》（法名善忠《ぜんちゅう》）らと、逆に受容する山名時氏・赤松則祐《あかまつのりすけ》・佐々木（六角《ろっかく》）氏頼《うじより》らのグループの存在が知られる。双方の間にはそれなりの反目があったものと察せられるが、管領のポストにいる頼之の手前その反目は表面化することなく、山名・赤松・佐々木も山門衆徒の嗷訴にあたっては管領頼之の指示に従い、分担箇所の警備の任についている（同二九日条、『後愚昧記二』一八一頁）。

こうした幕府を構成する有力守護間の反目や対立はこの後、何か問題が起こるにつけて次第に表面化してくる。現に応安三年一一月になると、前月の一〇月に入洛した神輿の帰坐をめぐって細川頼之と土岐頼康とが雌雄を決するほどの不和に陥っている（『後愚昧記一』二三三頁）。振り返れば、応安元年八月の段階では二人はともに山門の嗷訴に断固拒否の態度をとっていたのである。不和の理由は不明ながらも、彼らの人間関係はすこぶる複雑であったに相違ない。この南禅寺楼門撤却事件に対する幕府の対応を通して知られるのは、有力守護たちの意見は一致せず、政治的な立場も一枚岩ではなく是々非々であったことである。これでは武家政権としての確立は期待できない。頼之が壮年の強力な将軍の一日も早い登場を待望したであろうことは容易に想像することができる。

ここではひとまず、管領細川頼之の寺社権門に対する基本姿勢と妥協を迫られる現実とを確認するだけにとどめたい。右のことに関連して、もう一つ指摘しておきたいのは、応安元年後半に起こった山門の南禅寺をめぐる嗷訴に対して当初断固拒否の姿勢を崩さなかった管領細川頼之が、同年末にかけて次第に軟化し妥協する姿勢へと変化したのには、何らかの政治的な理由があるのではないかということである。

結論的には、一日でも早く幼主義満に、後光厳天皇よりの将軍宣下を受けさせたい一心の管領細川頼之は、山門嗷訴の受け容《い》れを要請する朝廷に対して一種の「取り引き」を持ちかけたのではなかろうかと憶測する。この時期の朝廷と幕府の水面下の交渉は、後光厳天皇のあとに栄仁親王を践祚《せんそ》させたい崇光上皇の申し入れを受容しないことによって実現した、応安四年(一三七一)三月の後円融《ごえんゆう》天皇擁立までひとつながりであったとみられる。

義満の御判始は応安五年(一三七二)一一月なので、右の事件の決着よりさらに三年あまり遅れる。したがってこの間、義満は原則的に公的文書は出せない。こうした事態の長期化は幕府と朝廷の双方にとって社会的な弊害と受け取られたに相違ない。公武社会の安定的運営にとって強力な将軍の登場は焦眉《しょうび》の急だったことは想像に難くない。他方、少年の義満もまたこういうていたらくを目の当たりにして、将来国家社会に平和と安寧をもたらしうる強力な将軍になることを夢みていたかもしれない。

頼之、管領を辞さんとす

前項で述べたように、公武を巻き込んだ事件が生起したとき、幕府として何らかの対応措置をとらざるを得ない管領頼之を悩ませたのは、幕府側武将間の権力争いにからんだ意見の不一致であった。頼之の管領就任のさいもこれに不満を抱く山名時氏がいたように、団結力に欠ける武家政権は重大事件が起こるたびに意見が割れるという騒ぎに見舞われた。その理由の一つに将軍義満の幼いが故の指導力不足があったと思われるが、その対応に苦慮した頼之は度々管領辞職を申し出ている。

頼之が抗議として管領辞任の意思を表示した事例を探してみるといくつかある。一つは応安四年（一三七一）五月（『愚管記四』七三頁）、もう一つは同五年（一三七二）九月（同、二〇六頁）の出来事である。このうち前者は、南方から転身した楠木正儀を救援するために河内国《かわちのくに》進発の命令を受けた幕府軍士がそれに随《したが》わなかったので、頼之は遁世《とんせい》しようと洛北の西芳寺《さいほうじ》に赴いたというもの。あわせて「頼之一身骨頂」という記事からは、一人頼之が正儀の援護をかたくななまでに主張したこと、頼之の幕府内部での孤立無援ぶりもうかがうことができる。他方後者は、頼之とそりの合わない禅僧春屋妙葩《しゅんおくみょうは》の天龍寺帰住が周囲で画策されていることを聞いて気分を害し、「重職」（管領職のこと）を辞し、本拠の四国に下向しようとしたというもの。

右のいずれの場合も足利義満の取りなしによって管領辞職は何とか撤回されたものの、こういう出来事が起きるたびに、管領のポストの多難さと、幕府を構成する有力守護たちの権力争いのすさまじさが思い知らされる。幼主義満を全力で支え、一旦管領を辞したいと思い立ったらすぐ行動に移す頼之の性格は「直情径行」型、もしくは「義理人情」型であったのではないか。

しかし、頼之失脚の直接的なきっかけとなった康暦元年（一三七九）閏四月の大規模な幕府内の抗争（いわゆる康暦の政変）のさいには、こうしたやり方は通用しなかった。状況は変わっていたのである。これまで頼之を贔屓《ひいき》にしてきた義満は頼之に敵対する勢力に押されて、頼之に京都退去を命ずるしか方法はなかった。とはいえ、この事件は結果的には、義満が頼之の影響下から脱却して義満型の政治を展開させる出発点となる。康暦の政変については以下で別途述べることとしたい。

この時期には有力守護同士のもめ事も史料に散見している。一、二あげてみると、応安六年（一三七三）一二月末には、後光厳上皇の貢馬御覧のさい、同上皇に進める貢馬の次第をめぐって美濃《みの》守護土岐頼康と出雲《いずも》守護佐々木高秀《たかひで》との間でトラブルが起こった。この年八月没した佐々木導誉（高秀父）のころは土岐より佐々木が上だったが、いまでは違うというのが土岐の言い分だった（『後愚昧記』応安六年一二月二七日条、『後愚昧記二』一三三頁）。また永和元年（一三七五）六月には、山名（時氏ヵ）被官と佐々木高秀の従類とが下辺にて騒擾《そうじょう》に及んでいる（『愚管記』同年六月五日条。『愚管記五』五三頁）。この場合双方に共通するのが佐々木高秀であることから考えると、トラブルは、宿老佐々木導誉の嫡子として将軍義詮から重用されて得意の絶頂にいた高秀に対する反主流派守護たちの反撥《はんぱつ》の表れであった可能性が高い。こうした守護たちの変転する複雑な力関係のなかで、細川頼之は永和三年までは父導誉のころと同じく高秀に近かった（小著『〈人物叢書〉佐々木導誉』吉川弘文館、一九九四年一月、一九二頁参照）。

驚かされるのは、例えば足利義満の将軍宣下にせよ御判始にせよ、義満個人にとっても幕府にとっても極めて重要な意味を持つ儀礼が、こういう幕府を取り巻く騒々しさのなかできちんとなされている事実である。このうち将軍宣下の行われた応安元年（一三六八）一二月三〇日は、すでにみたように南禅寺新造楼門撤却事件で朝廷と幕府はその対応に追われていた最中であったし、また御判始の応安五年（一三七二）一一月二二日は、右で述べたように、細川頼之が春屋妙葩を天龍寺に迎え入れるという計画に不満を抱き四国に下向しようとした直後である。

いずれにしても、双方とも管領頼之にとっては心穏やかとはいえない非日常的な身辺状況のなかで挙行されているわけであるから、これらのお膳立《ぜんだ》てをするのは大変な心理的重圧であったに相違ない。

ちなみに、細川頼之は右述のように、少なくとも二度在職中に管領を辞する意思表示をしているが、康暦元年（一三七九）に頼之と交替した管領斯波義将はどうであろうか。このことについてはのちに詳述するが（172頁参照）、義将も義満のとった態度につむじを曲げて管領を辞さんとしたものの、義満に慰撫《いぶ》されて二ヵ月も経《た》たないうちに復職した経緯がある。永徳元年（一三八一）八、九月のことである（『愚管記』永徳元年九月一八日条、『愚管記六』一五四頁。「空華日用工夫略集」同年九月二二日条、辻善之助編著『空華日用工夫略集』一四七頁）。

将軍文書と管領奉書

義満は、後述する応安五年（一三七二）一一月二二日の御判始の儀式を済ませるまで、自らの花押を据えた公的な文書を発給することはできなかった。現在残存している義満の発給文書の初見は、この御判始の日付で出された石清水八幡宮にあてられた寄進状（『石清水文書六』一二〇頁）である（ちなみに、『小早川家文書二』三〇六頁に収める「応安元年十二月廿六日足利義満御判御教書写」〈四九三号文書〉は、同文書二の三一四～五頁に収める「康応元年十二月廿六日足利義満御判御教書案写」〈五〇三号文書〉と全く同一文であるところからみて、本来年号は「康応」とあったのを「応安」と誤写したものとみられる。袖判の記載方法には苦心の跡がうかがわれる）。

かくして、義満は応永一五年（一四〇八）五月に五一歳でその生涯を閉じるまでに、実に多くの文書を残している。どのような文書を残しているかはその展開過程に即して追い追い該当箇所で述べてゆくとして、その義満文書と密接な関係を有するのが管領奉書である。右記の義満の執政期間に管領は数人が交替しているが（細川頼之・斯波義将〈二度〉・細川頼元《よりもと》・畠山基国《はたけやまもとくに》・斯波義重《よししげ》〈義教《よしのり》〉ら）、彼ら管領は将軍の輔佐役かつ幕府の政務統轄者としての役務柄、義満の意を奉ずるかたちで管領としての文書を発給した。これが管領奉書である。

管領奉書には通常二つの種類がある。そのうちの一つが管領施行状《しぎょうじょう》であり、それは義満が発した下文・下知状・御判御教書《ごはんのみぎょうしょ》・寄進状などを施行するかたちで、末尾を「依仰執達如件」という文言で止め、関係国の守護などに命令するものである。もう一つが、将軍家御教書と呼ばれるもので、これはさまざまの事案について幕府としての裁許を下したうえで、末尾は施行状と同様「依仰執達如件」で止める。文書形式的には義満の「仰」を受けてというかたちであるが、内容的には管領の政務の統括者としての判断が入りやすいと考えられる。二つの管領奉書は分けて検討した方がよい。

右の二つに加えて、もう一つ、非常用の管領下知状がある。これは書き止め文言が他の二者のような「依仰執達如件」ではなく、「依仰下知如件」となっているところに形態的な特徴がある（これについては後述する）。

一口に将軍と管領の関係といっても、両者の対応関係を具体的に明らかにするのは難しい。とはいえ将軍と管領とはその職務や立場のうえで極めて近い関係にあるのは事実で、また文書発給のうえでも将軍文書と管領文書はセットをなす場合が多い。要するに、両者は別々にではなく相互関係において検討することも必要なのである。

また義満の代に登場した細川頼之や斯波義将ら個々の管領たちは、ともに管領職に就任はしているものの、その性格はそれぞれに異なっているに相違ない。将軍と管領とは常に一心同体であるとは限らないのである。それぞれの管領たちの在職時代の幕府の対面する政治課題もまたそれぞれに違うし、時代の背景も異なる（例えば、管領細川頼元期の最大の政治課題は南北朝の合一だっただろう）。むろん、その管領がどのような状況のもとに選任されたかも、彼の役割を考える場合重要になってくる。

本書では、将軍の置かれた立場を考慮しつつ便宜的に各管領の代ごとに区切り、各々の時期の特徴を述べてゆくことにしたい。将軍と管領との関係は時期によって異なり、その相互関係が両者の文書発給のありかたを規定するからである。

義満御判始以前の頼之文書

義満は応安元年（一三六八）一二月三〇日に一一歳で将軍に補されたものの、まだ御判始を済ませていないので、それまでは正式に花押を据えた公文書は出せなかった。ならば同五年（一三七二）一一月二二日、一五歳になって義満が御判始を行うまでの間、管領細川頼之は文書発給のうえでいかに対応したであろうか。結論から先にいうと、①管領の奉ずる将軍家御教書（通常用）と②管領の奉ずる管領下知状（非常用）によってこの窮地を切り抜けたといってよい。まだこの段階では義満は公的文書を発給することができないので管領の施行状は登場しない。これより約六十年経った正長元年（一四二八）の史料は、この様子を「鹿苑院殿（足利義満）少年之御時、管領（細川頼之）毎事以奉書致沙汰了」と記している（『建内記一』四五～六頁）。

Ⅰ　将軍家御教書（通常用）

この場合の「将軍家」とは足利家の家督を意味する。家督としての個人が将軍になったか否かは関係がない。実例を示すために、管領頼之が奉じた最も早い例を挙げよう。それは先に少しふれたが、貞治六年一二月七日に没した足利義詮の遺髪を、正治《しょうじ》元年（一一九九）の源頼朝《みなもとのよりとも》、延文三年（一三五八）の足利尊氏の例に任せて地蔵菩薩像の胎内に安じ、近江園城寺唐院に納めるという内容の、翌貞治七年正月二二日に同寺衆徒にあてた将軍家御教書である。以下に原文を引用する。

地蔵菩薩尊像一躰納先公（足利義詮）御鬢髪事、任正治（源頼朝）・延文（足利尊氏）之例、所奉渡納園城寺唐院也、早可被祈申菩提之状、依仰執達如件、

貞治七年正月廿二日　右馬頭（細川頼之）（花押）

当寺衆徒御中

（「園城寺文書」、『大日本史料』六編二九、九八頁。史学地理学同攷会「歴史と地理」一〇巻一号、一九二二年七月、巻頭に画像をのせる。）

このあと同年二月一八日には改元定《さだめ》が行われて新年号は応安と改まったが、その直後の同年

二月二九日になって、幕府は義詮の遺骨を他の諸寺にも分納するという措置をとっている。旧年号の貞治七年二月二九日付で摂津国多田院、相模国円覚寺黄梅院、紀伊国高野山安養院《あんにょういん》の各長老にあてられた将軍家御教書が残存している（『大日本史料』六編二九、一三七～九頁）。

こうして義詮没に伴う国土安寧に向けての宗教的行事の終了後、同年三月より、政務に関する内容の管領細川頼之の奉書が本格的に発給され始める。実質的な頼之の将軍代行時代の開幕である。

義詮没後の公武社会において最も広範囲に持ち上がった問題は、幕府に提訴された所領訴訟の裁許とその強制執行（遵行）であったろうことは容易に推測される。「遵行」の行為は史料では「沙汰付《さたしつく》」、あるいは「沙汰居《さたしすう》」などと書かれる。通常ならば、将軍が御判御教書によって裁許し、それを管領が奉書によって施行するという方法で処理されるのであるが、義満の年《とし》端《は》がゆかず御判始前とあってはそうは行かない。そこで幕府ではどのような措置をとったか。

貞治七年（応安元・一三六八）以降、義満御判始の応安五年（一三七二）一一月までの約四年間に細川頼之が発給した管領奉書を一三〇点ほど集めたが、そのうち約三〇点がこの遵行に関するものである。一例を挙げよう。

東寺雑掌頼憲申、若狭国太良庄領家・地頭両職事、申状如此、於当寺領者、別而前々有其沙汰之処、寄綺於半済、去々年以来被官人押妨云々、太不可然、且寺社領事被定法訖、不日止其妨、沙汰居下地於雑掌、可被申左右、更不可有緩怠之状、依仰執達如件、

応安三年八月六日　武蔵守(細川頼之)（花押）

一色(範光)修理権大夫入道殿

（「東寺百合文書せ」、『大日本史料』六編三二、一二八頁）

右文書は、東寺雑掌頼憲の訴える若狭国太良庄領家《わかさのくにたらのしょうりょうけ》・地頭両職について、被官人の押妨《おうぼう》を止め下地《したじ》（係争地）を雑掌に渡付することを一色範光《いっしきのりみつ》に命じた管領頼之の奉ずる将軍家御教書である。宛名の一色修理《しゅり》権大夫《ごんのだいぶ》入道とは、当該庄の属する若狭国守護一色範光と考えられる。頼之は管領の名において若狭守護一色範光に下地の遵行を命じたのである。

この例にみるような、幕府の所領訴訟に関する裁許（この場合は管領奉書の形をとる）について、係争地の所属する当該国の守護を通して遵行（下地を渡付すること）させるという方式は、すでに応安年間にはかなり整備されていたと考えられ、そのことはこの種の管領奉書の残存例の多さからうかがうことができる。またこの文書は「依仰執達如件」で書き止められており、形式的には義満の「仰」を承《う》けた形になってはいるものの、実質的には将軍代行としての管領頼之の裁許とみてよい。

以上のように、義満の御判始以前に出された管領頼之の将軍家御教書は、奉書の形をとってはいるものの、実質的には頼之の将軍代行としての措置と考えてよいであろう。

Ⅱ　管領下知状（非常用）

管領は、将軍が武士たちに恩賞地を宛行うとき（わずかに寄進・裁許・安堵《あんど》）に使用する袖判《そではん》下文《くだしぶみ》を出せない。それでは将軍にとって彼らの軍功を期待することができないどころか味方につなぎとめることさえおぼつかなくなる。いかに管領とて勝手に袖判下文を出すわけにもゆかない。こういうとき幕府はいったいどのように対処したのであろうか。非常手段として管領下知状という方法があった。管領がその立場から下知状を出すという方法である。一例を挙げよう。

可令早託磨太郎左衛門尉貞宗領知、
肥後国志加木村（天草郡）志加木太郎跡事、
右為勲功之賞、所充行也者、守先例、可致沙汰之状、依仰（足利義満）下知如件、
応安三年九月十二日
武蔵守（細川頼之）源朝臣（花押）
（「豊後詫摩文書」、『南北朝遺文 九州編四』四〇三三頁）

筆者が収集しえた、この四年間に属する管領細川頼之の管領下知状は、応安元年六月二五日付（「善法寺文書」、『石清水八幡宮社家文書』一〇頁。石清水八幡宮に丹後国《たんごのくに》田《た》村《むら》庄三分方を寄進）を初見とし、応安五年八月一三日付（「蒲生文書」、『大日本史料』六編三六、四八頁。儀俄氏秀《ぎがうじひで》にあてて、近江国麻生《あそう》庄四分一を安堵せしむ）を終見とする全一一点である。

管領下知状の文書の形式に着目すると、かつて鎌倉幕府が出した「関東下知状」の形をとり、

書き止めには「依仰下知如件」を用いる。また内容的にみると、このうち七点が恩賞地の宛行《あてがい》、残り五点が寺社（鹿島社《かしましゃ》・臨川寺《りんせんじ》）への所領寄進、所領相論の裁許等である。

幕府はなんらかの事情で将軍不在の非常事態であっても、将軍―武士の主従関係の媒介というべき恩賞地を与えたりするようなとき、こうした特別の対応策を準備していたのである。管領細川頼之もこの方法を採用することによって、義満が幼くて恩賞地給付の文書を出せない時期を乗り切ったということができる。

二　足利義満の自立

義満の御判始

この節では、応安元年（一三六八）一二月三〇日に弱冠一一歳で将軍となった足利義満が、長年にわたる将軍代行としての管領細川頼之の羈絆《きはん》（行動を束縛するもの）から解き放たれて、自らの判断によって幕府政治を行うに至る道程について考えてみたい。いわば専制君主としての将軍足利義満の政治的自立のみちすじである。

まず最初に行われるのは「御判始」（判形始）の儀式である。室町幕府の将軍は自身の花押を据えた文書を発給するにあたって御判始という儀式を済ませるのが慣例である。御判始とは「室町幕府の行事の一つ。将軍職に任ぜられてはじめて御教書に花押をしるす儀式」（小学館

『日本国語大辞典第二版５』九九五頁）であり、いわば花押に法的効力を持たせるための儀式である。複数の信頼できる史料によると、応安元年（一三六八）一二月に将軍宣下を受けた足利義満は四年後の応安五年（一三七二）一一月二二日に御判始を行った。時に義満一五歳（『愚管記四』二一九頁）。これを行うことによって花押に法的効力を持たせたのであるから、将軍権力の形成のための一階梯《かいてい》としては重要な通過点。

　関係史料は『大日本史料』六編三六に網羅されているが、なかでも最も詳細なのは「花営三代記」同日条である（同書、一〇七〜九頁）。同書のテキストは数種あり、そのうち尊経閣文庫本では「武家日記」（上下二冊本）と題されている。それぞれの役目の人々の動きが克明に記されていて興味深いので、以下、良質の尊経閣文庫本の上巻から関係箇所を適宜引用する。

（応安五年一一月二二日条）

　賀茂定秀朝臣撰進之、
将軍家御判始御年十五、御装束立烏帽子、長絹直垂
執権武蔵守頼之（細川）朝臣着直垂、浅黄
惣総奉行治部少輔高秀（佐々木）同
右筆松田左衛門尉貞秀同、白直垂イ
　合奉行斎藤四郎右衛門尉基兼装束、白直垂
御祝事

（中略）

次御恩沙汰、御吉書　座席

御座

執権(細川頼之)　礼部(佐々木高秀)　武庫禅(中条元威)　中書禅(山城行照)

石清水八幡宮御寄進、以越中国姫野一族跡御奉寄之、彼御寄進状、於当座、礼部(佐々木高秀)渡進執権(細川頼之)、其時分自余之人々退出云々、於別座、施行判畢、同夜被召八幡御師善法寺、御寄進幷御施行被付渡了、其後於内々御祝、雑掌管領(頼之)沙汰之、自御所(義満)、惣奉行幷右筆・合奉行下賜御馬、自管領(頼之)、惣奉行銀剱一腰・馬一疋置鞍被送了、

右掲記事によると、義満の御判始の儀は、管領細川頼之の主催のもと、総奉行佐々木高秀（佐々木導誉三男）および右筆松田《まつだ》貞秀《さだひで》・合奉行斎藤基兼ら数人の担当者の手によって執り行われた。昼間のうちに、吉書としての足利義満寄進状（越中国姫野一族跡を石清水八幡宮に寄進するという内容）が作成されて細川頼之に渡されたので、頼之は管領としてその施行状に花押を据えた。この施行状は、管領頼之が寄進地の所在する越中国の守護斯波義将にあててその旨を取り次ぐ内容であったと考えられる。

整えられた足利義満寄進状と細川頼之施行状は、同夜召された八幡御師《おし》善法寺某に手渡された。このうち施行状は善法寺の手によって越中守護斯波義将のもとにもたらされ、守護の遵行システムに乗せられたと考えられる。また御判始の儀式に関わった面々には、将軍や管領から

賜物としての銀剣や馬が与えられた。こうして義満は滞りなく御判始を終えた。

なおこの時石清水八幡宮にあてて出された寄進状原本が同宮に現存している。『石清水文書六』一二九号文書がそれで、参考までに左に全文を掲出する。これが足利義満御判始と同時に発給された最初の義満文書である。だが、一緒に越中守護あてに出されたと考えられる管領細川頼之の「施行状」の所在は、現段階では不明である。

奉寄
　石清水八幡宮
　　越中国姫野一族跡事
右、所寄進之状如件、
　応安五年十一月廿二日
　　左馬頭源朝臣（足利義満）（花押）

義満にとっての永和年間

応安年間末の朝廷儀礼の実状について、小川剛生『足利義満』は以下のように総括する。

さらに朝廷儀礼も惨憺《さんたん》たるありさまで、ほぼ永和年間を境として、御斎会《ごさいえ》・女叙位《にょじょい》・踏歌《とうかの》節会《せちえ》・石清水臨時祭・灌仏《かんぶつ》・最勝講《さいしょうこう》・乞巧奠《きっこうでん》・例幣《れいへい》・神今食《じんこんじき》・京官除目《きょうかんじもく》などが中絶してし

まっている。（同書、三六頁）

このような公家社会の儀式・行事の凋落《ちょうらく》のさまを後目《しりめ》に、義満の公家行事への接触は積極的かつ意欲的であった。応安六年（一三七三）一一月二五日、勲功賞によって参議兼左中将、従四位下に叙任された義満は、永和元年（一三七五）三月二七日には将軍として初めての社参を行い、同年四月二五日には初参内（内裏に参上すること）を遂げた（「足利家官位記」）。その様は、のち「満済准后日記《まんさいじゅごうにっき》」（正長二年〈一四二九〉二月二三日条）に「鹿苑院殿《（義満）》御初度御参内永和《（永和）》時、幷最初八幡御参詣等、悉武家之儀也」（京都帝国大学文科大学叢書本、『満済准后日記二』、六二三～四頁）と記されたように、すべて武家のやり方に則《のっと》ったものであった。さらに永和元年一一月二〇日には義満は二階級特進して従三位に叙された。

このように永和元年は「義満が公的なデビューを飾った年」（小川前掲書三七頁）であったが、この後五年ほど続く永和年間には義満は、官位昇進とか邸宅の移転とかいろいろな経験を通じて、これまで以上に公家社会との関係を深め、その深奥に肉迫してゆくことになる。あたかも永和三年（一三七七）は義満の二〇歳の節目の年にあたり、この年は義満にとって人生の一つの大きな区切り目となる。

翌永和四年（一三七八）には早くもその兆候が表れる。京都の条坊域からはずれた北小路室町の地に広大な邸宅を造り（いわゆる花亭《かてい》・花御所《はなのごしょ》）、ここに移徙《いし》したのが永和四年三月一〇日のことで、時に義満二一歳。同月二四日には県召《あがためし》の除目で権大納言に昇進した。

これまでの足利将軍と権大納言との関係について一瞥《いちべつ》しておくと、生前に到達した最高官職は、初代尊氏の場合三二歳の時権大納言（没後左大臣・太政大臣《だいじょうだいじん》を追贈）で、二代義詮の場合は三四歳の時権大納言（同様に左大臣を追贈）であり、尊氏・義詮ともに権大納言を超えることはなかった。むろん当人たちの官位意識は異なるので一概にはいえないけれども、それにしても義満の二一歳は父祖に比べてかなり早い。

このように義満の成長の過程を、義満の政治への意識の高まりに併行させて段階的にみてゆくと、管領細川頼之の教導・輔佐なくしては勤まらなかった将軍義満も、次第に管領頼之の羈絆から離れていったとしてもまったく不自然ではない。御判始を行った応安五年から数年たった永和年間は、義満の政治的な自立にとって一つの重要な時期であった。

義満、右大将に任ず

永和年間に義満が経歴したいくつかの叙位・任官のうち、任右大将（正式には右近衛大将《うこんえのだいしょう》）については特別にふれておかねばならない。義満が右大将に任ぜられたのは永和四年（一三七八）八月二七日のことで（『愚管記五』三七二頁）、当時義満二一歳。同年三月一〇日に室町亭に移徙、同月二四日に権大納言に任ぜられた少し後のことである。この年あたりから義満の位階昇進はめざましく、また頻多を極める（「足利家官位記」、『群書類従四』所収）。

ここで筆者が義満の任右大将に着目するのは以下のような理由による。かつて鎌倉幕府の正式記録『吾妻鏡《あずまかがみ》』の受容についての関心から鎌倉・室町幕府の将軍と任右大将との関係を追跡した高橋典幸は、足利将軍として「任右大将」の最初である義満の事例について興味深い指摘をしている（「将軍の任右大将と『吾妻鏡』」、「年報三田中世史研究12」二〇〇五年一〇月）。一つは、義満がこれまでの将軍以上に公家社会との関係に踏み込もうとしており、義満はのち公武に君臨する強大な権力を築きあげるが、その端緒はすでに「任右大将」の事実にうかがえること。いま一つは、この義満の「任右大将」の事例はのちの将軍たちの先例とされ、そのディテールに至るまで徹底的に踏襲されたこと。

高橋が指摘した右の事実は、義満の政治的意欲の高まりを感じさせる。この時期の義満の動向についてみると、それまでの管領細川頼之の羈絆から脱却し義満独自のカラーを前面に打ち出そうとする努力の跡も残している。それはこの時期の義満の発給文書からも、永和四年一二月、南軍征討のために自ら紀伊に出陣しようとした気迫からもうかがえよう（『愚管記五』四〇三頁）。

もう一つ、義満が右大将に任じられた永和四年（一三七八）の時点での、義満の日本国土支配の広がりを測るための指標として一史料所見をあげておくとすると、永和四年と推測される無年号の正月二七日付九州探題今川了俊書状のなかの一節がある。この書状は九州経営に腐心する今川了俊が薩摩国《さつまのくに》南郡人々にあてたものであるが、関係箇所のみ左に掲出する。

……日本国事、於今者、将軍家（足利義満）御世候処、九州計相残候、雖然肥後事、今春多分可落居候歟、……

（「大隅禰寝文書」、『南北朝遺文 九州編五』二三四頁）

右の記事は今川了俊が薩摩国南郡人々に対していまだ室町幕府の支配に服していない九州のことについて諭したくだりで、なかでも肥後国の形勢については多分今春には帰服するだろうと述べているのである。むろん幕府側の武将である了俊の言であるから、若干割り引いて考える必要はあろうが、特に注目すべきは、了俊が今の日本国は足利将軍家つまり足利義満の「御世」だと述べている点であり、すでに征西将軍宮懐良親王の征西府の全盛期も終わって五年以上も経った永和四年一月の時点で、日本国は足利将軍の支配下に属していると言ってもおかしくなかったことである。

さきに高橋典幸は義満の「任右大将」の永和四年を評して「武士のみならず公家にも君臨する支配者に成長していく」「端緒」となった年と位置づけたが、状況証拠的にみると右の史料記事にうかがえる義満の政治的志向は「任右大将」のさいのそれと共通するように思われるのである。すなわち、高橋の指摘どおり義満の「任右大将」の背後には、それまでの室町将軍になかった「朝廷や公家社会との関係に踏み込もう」とする積極的な意志が伏在していると筆者も考える。

なお、義満の任右大将についてもう一つ注目しておきたいのは、朝廷公事に関わることへの義満自身の強い思い入れである。義満の任右大将は右述のように永和四年八月二七日のことであるが、「武家昇晋年譜」に以下のような記事がみられる。

大将以後参内事、
永和四 十一 廿八衣冠・八葉車、衛府十人・帯刀十人、拝賀以前之間、為内々儀云々、

（『冷泉家時雨亭叢書48』四三四頁）

この記事によって、義満が同年一一月二八日に「参内」を遂げていることが知られるのであるが、しかし「拝賀以前之間、為内々儀云々」というくだりからわかるように、その「参内」は「拝賀」以前であったため内々の儀だった。「拝賀」とは天皇に拝謁して任官・叙位の謝意を述べる公家の儀式で、高橋典幸が指摘するように「廷臣として朝廷の公事に参仕するための前提条件」（前掲高橋論文、三二頁）であった。

この史料記事からうかがわれるのは、朝廷社会に積極的に取り組もうとする義満の強い意志の存在であろう。かくして永和四年（一三七八）一二月一三日、二一歳の義満は、さらに従二位に昇進する（「足利家官位記」）。

御判始以後頼之失脚以前の義満文書――発給文書にみる自立の過程

応安五年（一三七二）一一月に御判始を済ませた将軍足利義満は、これ以降管領細川頼之が敵対する有力守護たちの攻撃を受けて失脚する康暦元年（一三七九）閏四月一四日までの約六年半の期間に、いったいどのような文書を残しているであろうか。義満の年齢でいうと一五歳

から二二歳までの間である。具体的には以下に述べるとおりだが、全部で五〇通ほどに過ぎず、発給された文書の数としてはかなり少ないという感を禁じえない。やはり義満は管領頼之の羈絆を脱することができず、将軍として独自のカラーを出せずにいたのだろうか。そのような意味でいうと、義満政治が本格化するのは次代の義将管領期以降であるということができる。

①足利義満袖判下文

まず袖判下文である。室町将軍文書としての袖判下文は初代尊氏以来、勲功の武士に対する恩賞地給付のための文書として使用されてきた。義満に即していえば、用途としては、安堵と宛行である。

管見の範囲でいえば、安堵では、袖判下文の初見は応安六年（一三七三）四月二日付のもので、儀俄幸夜叉丸に近江国麻生庄四分一を安堵するという内容（「蒲生文書」、『大日本史料』六編三七、二二五頁）。これを筆頭にさらに永和元年（一三七五）から康暦元年（一三七九）にかけて六通。すなわち全七通を集めることができた。

また宛行では、袖判下文の初見は応安六年一二月二日付のもので、箕浦《みのうら》千俊に美作国《みまさかのくに》神戸郷内次男分以下の地を替地として宛行うという内容（「辻文書」、『大日本史料』六編三八、四一一頁）。これを筆頭に永和元年から康暦元年にかけて六通。全七通を集めた。このなかには明確に勲功賞として宛行うと記されたものが五例ある。所領の宛行が将軍の専権事項に属することはいうまでもない。この段階では、義満は所領を宛行うとき袖判下文という伝統的な文書形式を踏襲しているわけである。

②足利義満袖判御教書

袖判御教書としては、①永和二年（一三七六）七月二〇日付の豊後《ぶんご》田原氏能《たわらうじよし》の名国司《みょうこくし》所望を公家に申請するもの（「田原文書」、『大分県史料一〇』四二頁。『西国武士団関係史料集36』九頁）、②永和五年（一三七九）三月八日付の近江国甲良《こうら》庄内尼子《あまご》郷を亡夫佐々木導誉の譲状《ゆずりじょう》に任せて後家尼留阿に安堵せしめるもの（国立国会図書館所蔵「佐々木文書」）、③康暦元年（一三七九）四月一三日佐々木判官（高詮ヵ）を飛騨国《ひだのくに》守護職に補任《ぶにん》するもの（「佐々木文書二」）、さらに④同年閏四月五日民部卿《みんぶきょう》法印房に「祈禱本尊以下造進」を命ずるもの（「雨森善四郎氏所蔵文書」）など全四通を集めることができた。

のちの明徳～応永年間に入ると、将軍義満が武士に所領を宛行うときに最も頻繁に用いたのがこの袖判御教書であることを勘案すると、永和年間のこの段階では袖判御教書はいまだ所領宛行の用途としての本格的使用にまでは至っていないといえよう。

③足利義満御判御教書

次に御判御教書である。②の袖判御教書との違いは義満の花押の位置だけである。花押が日下にある御判御教書は、袖の位置にある袖判御教書よりも厚礼とされる。この時期に義満が発給した公文書のなかでは最も多く今日に残存している。

管見の範囲での初見は、応安六年（一三七三）一〇月一七日付、出雲国安国寺《あんこくじ》雑掌が訴える同国大野《おおの》庄半分内三分一の地を渡付せよと命ずるものである（「高宮旧記」、『大日本史料』六編二七、五六頁）。これより康暦元年（一三七九）四月一七日付、醍醐寺《だいごじ》理性院僧正宗助に鎌倉明王院《みょうおういん》寺務等を二位法印快季《かいき》の譲りに任せて執務せよというもの（「理性院文書」、『醍醐寺文書八』一五三頁）まで、全一五通を集めることができた。

この文書様式での対応案件が最も大きな割合を占めていたのであろう。内容的には所領安堵や軍事関係、それに護持僧の補任に関するものなど多岐にわたるが、宛所が醍醐寺・臨川寺など有力寺院の僧侶《そうりょ》である場合は、義満の差出書は官途書になっている（義満は永和四年八月任右大将）。③が②に比べて厚礼なのはこうした理由による。

先走った言い方をすれば、のちに義満の御判御教書は所務訴訟の判決文書として重要な地位を占めるようになる。二代義詮が始めた「特別訴訟手続き」、すなわち将軍の御判御教書によって所領訴訟の判決が下され、同時に下地の遵行が命じられるというシステムが義満代に入って本格的に動き出すのは、かなり下って康暦年間以降になってからである。そのようにみると、それまでの間は管領が裁許を将軍家御教書によって行っていたことになり、義満はいまだこの権限を自らの手中にしていなかったものと考えられる。

もう一つ予備的に述べておくと、文書の奥上の位置に位署と花押とが据えられる奥上署判《おくうえしょはん》御教書は、この段階ではいまだ登場していない。

④足利義満袖判下知状

足利義満の下知状が一点だけであるが残存している。「朽木文書《くつきもんじょ》」に収められた永和三年（一三七七）一二月二一日付（『朽木文書一』四頁）である。義満の武家様花押を袖の位置に持つ、佐々木（朽木）氏秀《うじひで》と称阿弥陀院雑掌との間の、近江国高島《たかしま》本庄内案主名をめぐる相論の裁許を内容とする下知状である。文末は「仍下知如件」で終わり、まさに足利直義の裁許下知状を髣髴《ほうふつ》とさせる文書である。

ちなみに、この時期の裁許下知状としては、管領細川頼之が奉じるかたちで出された応安六年（一三七三）七月一九日付、室町幕府裁許下知状（管領下知状）写（『小早川家文書二』三〇八頁）が注意される。応安段階では、義満はいまだ裁許下知状を出すことができなかったのであろう。

⑤足利義満寄進状

「寄進」（寄附・奉寄・奉献）の文字で始まる足利義満の寄進状が多く残っている。義満文書の実質的な初見は、御判始の日に出された応安五年（一三七二）一一月二二日付で石清水八幡宮に越中国姫野一族跡を寄進するという内容のものであることを前述した。当該期においては、これを嚆矢《こうし》として康暦元年（一三七九）四月二八日に同じ石清水八幡宮に近江国福能部荘《ふくのべのしょう》地頭職を替地として寄進するというもの（「石清水文書」、『石清水文書六』一二一頁）まで全一三通を集めた。これを寄進先別でみると、石清水八幡宮関係が最も多く（六通）、これに祇園社（二通）、丹波安国寺・南禅寺・東寺・天龍寺・北野社《きたの》（各一通）が加わる。

また義満の差出書についてみると、日付の次行（奥下）に「左馬頭源朝臣《あそん》」・「左中将源朝臣」・「右近衛大将」などとその時々の官途書のかたちをとっており、神仏に対する寄進行為であるだけに厚礼の書式を採用している。検出事例のほぼ半数が石清水八幡宮への寄進であるところから足利将軍家の同社への殊更に篤《あつ》い崇拝・信仰を察することができる。

⑥足利義満御内書（含、書状）

もともとは私的性格の強い御内書《ごないしょ》であるが、こと足利義満の御内書となると、あながち私的内容とはいえないものがあり、無視することはできない。

応安五年（一三七二）一一月の御判始以前にはみられなかった御内書・書状は、これ以降にはいくらか認められるようになる。具体的には、応安七年と推定される東寺長者にあてた宝荘《ほうしょう》厳院《ごんいん》執務等を東寺に返付する内容のもの（『教王護国寺文書二』一三三頁）、それに永和元年～康暦元年の間の、鎌倉《かまくら》公方《ぼう》足利氏満《うじみつ》にあてて関東の寺社領関係のことを伝えるもの（「三嶋神社文書」『神奈川県史　資料編3』六〇二頁）等、同じく氏満にあてて上杉憲方《うえすぎのりかた》を関東管領に推挙することを伝えるもの（『上杉家文書一』二七頁）、また醍醐寺理性院僧正宗助に関東明王院・清浄金剛寺別当職を渡付することを伝えるもの（『南北朝遺文　関東編六』七頁）など、鎌倉公方足利氏満あてのものが多いのが特徴である。

のちに述べるように、義満の氏満あての文書は永和元年（一三七五）ころから現れ始めるが、当初御内書であった義満の文書様式が内大臣になった永徳元年（一三八一）の翌二年五月にはすでに御判御教書に切り替わっている。

義満御判始以後の頼之文書

義満の御判始（応安五年〈一三七二〉一一月）以降、康暦元年（一三七九）閏四月に頼之がいわゆる康暦の政変で失脚して管領を辞すまでの約六年半、将軍義満の発給文書についてはすでに述べたところであるが、この間における将軍義満と管領細川頼之との政治的関係を知るために、以下、頼之が発給した文書について整理しておくこととする。

筆者が集めることのできた細川頼之奉書は、応安五年一二月一四日付（内閣文庫所蔵「山科家古文書」、『大日本史料』六編三六、一一八頁。広瀬左近将監《さこんのしょうげん》にあてて、山科《やましな》〈教言《のりとき》〉家領飛驒国江名子《えなこ》・松崎等領家職に対する濫妨停止と雑掌への渡付を命令）を初見として、康暦元年（一三七九）閏四月一〇日付（増補続史料大成『八坂神社記録三』四四五頁。佐々木亀寿〈六角満高《みつたか》〉にあてて、近江国山中弾正忠入道跡を御寄進状に任せて祇園社雑掌に渡付させる）を終見とする全一六〇通ほどである。それらを分類すると、①将軍家御教書、②管領施行状、それに特例としての③管領下知状の三種がある。

①将軍家御教書

まず①将軍家御教書からみてみよう。内容的にみて圧倒的多数を占めるのは①である。それらは、係争地の属する国の守護に対して下地の遵行（勝訴人への渡付）を命令するもので、これが全体の四割強の六十余通にのぼる。このことは下地の遵行が、守護の業務となったこととも照応する。このほか内容的には、所領・所職の安堵や戦功を褒める感状など軍事関係のもの、それに所望をうけて名国司を朝廷に推挙するものなども含まれる。

さらに過所《かしょ》。過所とは通行手形のことで、これがあれば寺社権門によって通行料徴収の目的で各地に設置された関所を煩いなく通過することができる。管領は過所を発給して山城・大和などの大寺社の造営料木の運搬や年貢の輸送を自由にすることで彼らに便宜を図った。南北朝初期の現存例によると、過所は足利直義や足利義詮にも発給例はわずかにあるが、幕府奉行人奉書で出されることが多く、頼之の管領就任以降では応安二年二月に一例あるものの（『南禅寺文書上』一三六頁）、応安六年〜康暦元年に九通が集中していることからみると、頼之は義満の御判始以降に過所を多く発したものと考えられる（この傾向は次の義将管領期の前半まで続く）。これらの文書様式はみな将軍家御教書である。

②管領施行状

では②管領施行状はどうであろうか。これについては、一例を挙げると「醍醐寺文書」永和三年一二月八日付（山城国東西九条地頭職を同年一一月二一日足利義満寄進状〈『醍醐寺文書七』一〇三頁〉に任せ侍所《さむらいどころ》頭人《とうにん》山名《やまな》氏清《うじきよ》に命じて東寺に渡付せしむという内容。『醍醐寺文書九』一四六頁）など、ほんの数えるほどしか残存していない。このことは、管領の業務の重心が奈辺《なへん》にあったかを示唆している。

ここで、管領施行状の一用途としての武家施行状についてふれておこう。朝廷側の勅裁（綸《りん》旨《じ》・院宣《いんぜん》）の強制執行が武家執奏西園寺実俊の施行状（公家施行状）によって幕府に移管される（この方式は史料的には永徳二年までみられる）と、これを受けた幕府ではこれまで引付頭人《ひきつけとうにん》奉書《ほうしょ》や執事施行状などによってその勅裁を施行してきた。係争地の属する国の守護にあてられるこの文書を武家施行状と呼んでいる。

武家施行状はその残存例が少ないため、その発給の規則性はいまいち不明であるが、細川頼之が管領に就任して以降、武家施行状の発給は原則として専管の発給するところとなったと考えられる。

その傍証となる史料をあげよう。永和元年七月のことである。近衛家領近江国柿御園《かきみその》（神崎《かんざき》郡）についての勅裁を施行せよとの要請が幕府になされたが、なかなか実現しないのでその督促のために勅使が頼之宅を訪問したさい、頼之は勅使に対して「厳密可加下知」と申した、との記事がある（『愚管記五』六五頁）。この記事は頼之の管領時代には武家施行が管領の専管となったことを裏付けると考えられる。こうしたやり方は次代の斯波義将の管領時代でも変わらなかったであろう。

③管領下知状

次に、③管領下知状である。義満御判始以前においては、頼之が奉ずる幕府裁許下知状がみられたことを前述したが（75頁参照）、以降においてはどうであろうか。結論的には、ほとんどみられない。御判始から頼之失脚までの約七年間にわずか二通しか検出できなかった（応安六年七月一九日付、『小早川家文書二』三〇八頁、「志度寺文書」永和元年八月一〇日付、『大日本史料』六編四四、八八頁）。なお、次代の管領斯波義将が発給した管領下知状との相違については、のち義将の文書について述べる箇所でふれることにしたい。

三　管領細川頼之の南北朝合体交渉

合体交渉と南朝の内部事情

南朝の初代後醍醐天皇は延元《えんげん》四年（一三三九）八月一六日、大和国吉野で五二歳の生涯を閉じるが、その臨終の場面について『太平記』巻二一は以下のように描写する。

主上《（後醍醐天皇）》苦しげなる御息をつかせ給て……朕が早逝の後は、第八の宮（義良《のりよし》親王＝後村上《ごむらかみ》天皇＝筆者注）天子の位に即き奉りて、忠臣賢《（士カ）》世事をはかり、義貞《（新田）》・義助《（同）》が忠功を賞して、子孫不義の行なくば、股肱の臣として天下を鎮撫せしむべし。是を思ふ故に、玉骨はたとい南山の苔に埋まるとも、魂魄は常に北闕の天を臨まんと思ふ。もし命に背き義を軽んぜば、君も継体の君に非ず、臣も忠烈の臣に非じと委細に綸言を残されて、左の御手には法華経の五巻を持たせ給ひ、右の御手には御劔を按じて、八月十六日《（延元四年）》の丑刻に遂に崩御なりにけり。

（『太平記』六一六〜七頁）

この文には「玉骨はたとい南山の苔《こけ》に埋まるとも、魂魄《こんぱく》は常に北闕《ほつけつ》の天を臨まんと思ふ」などと、悲愴《ひそう》感に満ちた後醍醐天皇の京都奪還の執念と、それに向けての残された者たちへのあつい期待とが描かれている。いわば後醍醐の遺言であった。跡を継いだ後村上天皇以下の南朝君臣たちは、当初のころはこの後醍醐の遺志を実現すべく勇躍したに相違ない。

しかし、後村上天皇時代、正平《しょうへい》三年（貞和四年、一三四八）正月の吉野陥落以降、観応の擾乱での漁夫の利はあったものの南朝勢力の衰退は覆うべくもなく、後村上は次第に南北合体へと傾いていったように思われる。後村上時代の末期には南朝に和平派の楠木正儀が出たこともあって和平ムードは急激に高まったけれども、正平二三年（応安元年、一三六八）三月に後村上が没し、替わって主戦派と目される長慶《ちようけい》天皇が南朝の主導権をとったことで、再び和平ムードは萎《しぼ》んでしまう。

そもそも南北朝の合体という課題は、ひとり南朝のみならず北朝を抱える幕府にとっても大きな難題であった。南北双方とも合体させようとして度々和平交渉を試みている。その早い例は貞和四年（一三四八）にみられ、観応二年（一三五一）、延文五年（一三六〇）にも和議が持ち上がった形跡はあるものの詳細は不明で、交渉は遅々として進んでいない。

とはいえ、南北双方に強力な和平論者が登場し、彼らが主導力を持ち始めると、事情は異なってくる。南朝側では楠木正儀が頭角を現し、幕府側では佐々木導誉や細川頼之が権勢を獲得するに至って、南北の和議はこれまでになく実現の可能性を帯びてくる。

なお、南朝側の中心的な和平論者たる楠木正儀は、かの後醍醐天皇の「忠臣」として著名な楠木正成《まさしげ》の三男といわれ、その兄に楠木正行《まさつら》がいる。これまで楠木氏の研究といえば正成についてのものがほとんどで、その子正行、さらには正儀についての本格的な評伝はみられなかった。しかし近年になって、生駒孝臣『楠木正行・正儀』（ミネルヴァ書房、二〇二一年五月）が現れるに至り、楠木氏とその周辺がかなり見渡せるようになってきた。

妥結寸前の貞治六年合体交渉

『太平記』巻三一が「心すこし延びたる者」（のんびり屋）と評する楠木正儀の思考様式は、かなり臨機応変で柔軟性に富んだと思われる。おそらく正儀は、南朝による天下統一は困難と見抜いていたのであろうか、あらゆる機会を捉《とら》えて和平の実現に尽力している。正儀が北朝との和平にむけて尽力したのは、正平六年（観応二年、一三五一）の足利直義―南朝の間の和平交渉をはじめ度々に及んだ。同三年正月の河内四條畷《しじょうなわて》の戦いで兄正行が戦死して以来、正儀は楠木一族のリーダーとして南朝の進路決定に大きな影響力を持っていたのである。

なかでも正平二二年（貞治六年、一三六七）四月から五月にかけて行われた和平交渉は、これまでになく実現の可能性を含んだものであった。この時の和平交渉の最終場面については「師守記」貞治六年四～六月条に関係記事がある（「後愚昧記」では、交渉決裂の記事は五月九日になって登場する）。

①（貞治六年四月二九日）
今日申剋、南朝　勅使葉室中納言光資卿別当参向武家第（足利義詮）、依和睦治定也、光資卿衣冠下括、四方輿、雑色五人・中間二人狩衣、青侍一騎直垂、侍一騎具之云々、鎌倉前大納言（足利義詮）於寝殿□□（対面）云々、勅使宿五条東洞院但馬入道□□（道仙）宿所也、
（『師守記九』一五三、一五八頁）

「（頭書）□（後カ）聞、南朝綸旨持向拝見之処、□□降参□□□□互□損気不及是非問答云々、大樹（足利義詮）

所存以外参差、□□合體之儀破了、佐々木大夫判官入道々誉（導）突鼻云々、為之如何、」
（頭書の読みは『師守記九』一五八頁の田中義成書翰《たなかよしなりしよかん》による）

②（貞治六年五月一六日）
今日但馬入道々仙来入、家君（中原師茂）対面給、……、道仙語申、南方勅使光資卿今月（五月）二日下向、武家以外腹立、七八月之間、可攻申之由、大樹被申云々、是降参之由被載之、又天気之由被載之間、参差之由大樹被申之云々、光資卿可参殿下（二条良基）之由雖令申、武家以外□□間、有其憚、不可参之由、内々以道仙被仰之、
（『師守記九』二〇一～二頁）

③（貞治六年六月八日）
伝聞、楠木（正儀）代官河辺対面鎌倉大納言（足利義詮）、南方和睦之故歟、引出（物脱カ）追以安東（信乃守）被送遣之云々、
（『師守記九』二五一頁）

④（貞治六年六月一四日、頭書）
今日楠木代官河内守護代也河辺下向云々、此間清水坂取宿云々、其勢三十騎許有之云々、
（『師守記九』二六〇頁）

右に列挙した「師守記」の記事を時系列的にみると、南北合体交渉の決裂と楠木正儀の南朝

離反意思の萌芽《ほうが》とは連動していることがよくわかる。

　具体的にいえば以下のとおり。まず①より、貞治六年（一三六七）四月二九日申《さる》の刻（午後四時ころ）、南朝から後村上天皇の勅使として葉室光資《はむろはるすけ》（肩書は別当。南朝の検非違使《けびいし》別当か）が四方輿《しほうごし》に乗り、衣冠の正装で、しかも礼装姿の従者たちを引き連れて足利義詮の邸宅を訪れた。義詮は寝殿において光資と対面した。この間の勅使光資の宿は五条東洞院の但馬《たじま》入道道仙《どうせん》の邸宅だったことが知られる。この日の条の頭書には「□《（後カ）》聞」、つまり後日の伝聞として、光資が持参した「南朝綸旨」（後村上天皇綸旨）を見た足利義詮が「所存以外参差《しんし》」（義詮の所存とはくい違う）と述べたという理由で交渉は決裂したことを記しているが、数日後であろうとも、それがいつの伝聞かは明確でない。

　続いて翌五月半ばの②は、そのときの交渉決裂の理由や状況を、光資に宿を提供した但馬入道道仙から内々に聞いた話として明確に語っている。第一に決裂の理由が義詮の立腹にあったこと、具体的には光資が持参した後村上天皇綸旨に幕府が「降参」するとか、後村上の「天気」とかの言葉が載せられており（南朝からすると、かつての「正平の一統」での苦い経験が想起された可能性がある）、義詮は立腹のあまり、七、八月には南朝を攻撃するぞとまで言い放っている。第二に勅使葉室光資が五月二日に下向したことである。これによって、①の頭書の記事がおそらく②の記事とそうかけ離れない時期（五月半ば）に書かれたことも知られる。合体交渉自体は四月二九日から開始され五月二日にはすでに終了していたのである。②の記事はあわせて、南朝勅使は南北両朝に声望の高かった、当時現職の関白で四八歳の二条良基に面会して調停を依頼しようとしたと思われるが、義詮の立腹の手前、それもできなかったことを記している。

ここで楠木正儀の動向に目を転ずると、おそらく正儀が南朝を去って幕府に降《くだ》る意思を固めたのは時期的に②と③の間であったとみられる。③と④は、六月に入って以降の記事であるが、「楠木代官」の河内守護代河辺《かわべ》（河野辺とも）駿河守《するがのかみ》某が京都に向かい、六月八日に足利義詮と対面、同一四日に下向したことを記している。この正儀代官河辺某の上洛はおそらく楠木正儀の幕府投降に向けての協議のためであったろう。義詮がこのとき河辺に対して引き出物を後日送った事実は、義詮が正儀の投降を歓迎していたことを知る証拠となりえる。

ちなみに右の史料から付随的に知られることがいくつかある。一つは、①の頭書にその名がみえる佐々木導誉についてであるが、導誉がこの度の和睦交渉に幕府側の関係者として深く関わったと覚しいこと、いま一つは、将軍義詮が交渉決裂のことで導誉を叱責《しっせき》していることからみて、義詮も基本的には和平を期待していたのではないかということである。その義詮もこの年（貞治六年）一二月に没し、同じころに佐々木導誉も政界から引退する。右の義詮―導誉ラインの和平への方針は、義詮没後活動を始める管領細川頼之によってそのまま受け継がれたものとみてよい。

以上が妥結寸前まで至った貞治六年の和睦交渉の顚末《てんまつ》であるが、これまでになく順調に進んだものの最後の土壇場で水泡に帰した。この失敗のあと、和睦交渉は長い冬の時代を迎える。こうして南北合体は新管領頼之にとって大きな政治課題となる。

楠木正儀の役割と去就

細川頼之は管領就任の当初から南北朝の合体には積極的な対応をみせていた。義満がまだ幼く幕府支配の基盤も不安定であったために、南北合体は必須《ひっす》と考えていたふしがある。しかし南北の間には多くの克服すべき問題があり、合体交渉はなかなか難しかった。とはいえ応安二年（一三六九）に入ると、南朝の有力武将楠木正儀の動静に双方の関心が集まってくる。この動きに関連して細川頼之と楠木正儀の動向に注目してみよう。

前述のように「師守記」によると、貞治六年（一三六七）四月末から五月初頭の段階でこの度の南北両朝の合体交渉が妥結寸前のところで決裂し、これを受けて同六月には楠木正儀代官河辺駿河守が正儀の投降にむけて足利義詮と対面した（同、四月二九日条・六月八日条）。こうした和平ムードを後退させたのは南朝における主戦派の擡頭《たいとう》であろう。やがて正平二三年（応安元）三月に南朝では和平派の後村上天皇が没し替わって主戦派と目される長慶天皇が登場すると、南朝の和平をめぐる風向きが一変したことがある。和平派のリーダー楠木正儀もその立場を失ったことは言うまでもなく、ために北帰する覚悟を固め、将軍足利義詮との間での交渉のための使者として河辺駿河守を派遣したものと考えられる。

同じく和平派の管領細川頼之の取りなしもあってかこの北帰交渉は難なく進み、楠木正儀の帰降はまもなく実現する。「花営三代記」応安二年（一三六九）の条に以下の記事がみえる。

正月二日、楠木左兵衛督(正儀)依可参御方之由申之、被成御教書畢、
二月七日、楠木(正儀)参御方之由、令相触和泉・河内両国云々、
四月二日、楠木左兵衛督正儀上洛同夜管領(細川頼之)対面、
四月三日、夜、楠木御所(足利義満)御対面、

（『花営三代記』、『群書類従二六』七〇～一頁）

概要は以下のとおり。南朝の有力武将楠木正儀が幕府に帰参するというので、応安二年正月二日にそれを受け容《い》れる旨の「御教書」を出した。「御教書」とは、将軍足利義満の意を受けて管領細川頼之が奉ずる将軍家御教書であることは疑いない。これを受けて二月七日には、和泉《いずみ》・河内両国にその旨の通知がなされ、四月二日には当の楠木正儀が上洛してきて、同夜管領細川頼之と対面を遂げている。翌三日には頼之の計らいで楠木正儀と将軍足利義満との対面が実現した。こうして細川頼之は南朝軍の将楠木正儀を誘って幕府方へ引き入れるのに成功した。

当該期の楠木正儀の発給文書をみると、南朝年号を用いた正平二三年（一三六八）一二月九日付の過書《かしょ》（『早稲田大学所蔵文書上』三〇九頁。河野辺駿河守にあてて東寺造営料木運送船の勘過を指令）を出した正儀は、こののち翌応安二年（一三六九）二月一八日付書下《かきくだし》（筑後《ちくご》の「田代文書」。田《た》代豊前守《しろぶぜんのかみ》にあてて本領を安堵）を初例として、永徳二年（一三八二）正月三〇日付（「多賀幕本古文書」。和田備前《びぜん》入道にあてて本領を安堵）まで全一五通の北朝年号の発給文書を残してい

る。

文書が出された範囲は摂津、河内、和泉といったもともと楠木氏の地盤というべき地域であることから、地の利を活《い》かした形での北朝武将としての活動であった。正儀は北帰当初の応安二年正月から、おそらく頼之の配慮と思われるが、河内・和泉の守護に補されているのでその立場からの文書発給である。この頼之の正儀贔屓はのち幕府の武将たちの反撥の種ともなった。そもそも頼之が正儀を贔屓にした背景には、南朝との和睦のことがあったと推測される。

こうした動きをとっていた楠木正儀はすでに南朝軍から攻められていて、応安二年三月半ばには足利義満から赤松光範《みつのり》や細川頼元率いる援軍が差し向けられていた（「花営三代記」同一六、一八日条、『群書類従二六』七一頁）。「後愚昧記」応安二年三月二二日条には以下のような記事がみられる。

廿二日、伝聞、南方楠木《クスノキ》判官正儀《マサノリ》与南方向背、随而一族等又離畔之間、及合戦、正儀被退出館引退天王寺辺云々、彼正儀自去年降参当方之間、執事《（細川頼之）》相催軍勢等欲救正儀云々、

（『後愚昧記二』一九八頁）

以下のような意味である。楠木正儀が南朝から離反したので、楠木一族は敵味方に分かれて合戦に及んだ。このため正儀は自分の館《やかた》を退き、天王寺《てんのうじ》辺に引退した。正儀は去年（応安元）より幕府に投降したので管領細川頼之は軍勢を催して正儀を援《たす》けようとした、ということだ。

右の記事に「彼正儀自去年降参当方之間」とあるところをみると、この日記の記主三条公忠の認識では、正儀の幕府帰順は応安元年（一三六八）であったようだ。先にみた応安二年四月の正儀の上洛、義満との対面はそのような緊迫した状況のなかで行われたのである。

正儀の投降ののち、幕府内でも正儀への対応をめぐって諸将間に意見の対立が生起して幕府の軍事行動に支障をきたしたが、管領細川頼之はその管領職在任中は、かたくななまでに正儀支持の立場を崩していない（『愚管記四』応安四年五月二〇日条）。

楠木正儀は応安二年（一三六九）初頭よりおそくとも永徳二年（一三八二）閏正月までの一三年の間、幕府軍の将として行動する（内閣文庫所蔵「諸家文書纂三」）。この間の応安六年（一三七三）八月、南朝の長慶天皇が河内天野《あまの》から大和吉野に没落するとき、正儀はこの辺の「案内者」（その場所の地理に通じた人）として幕府軍を導いているが、この正儀の軍事行動はまさに幕府側の立場に立ったものであった（『後愚昧記二』一二一頁）。

そうしたなか永和四年（一三七八）から表面化する南軍への軍事的対応で生じた幕将間の路線対立がもとで、やがて細川頼之は失脚し、替わって斯波義将が登場（康暦の政変）、結果的に南北和平交渉の妥結は先延ばしにされた。

第三章　斯波義将の管領時代——足利義満政治の開幕

一　画期としての「康暦の政変」

康暦の政変――細川頼之の失脚と斯波義将の登場

貞治六年（一三六七）一一月より幕府の「重職」たる管領《かんれい》の座にあって、幼将軍足利義満を守り立てつつ危機的状況にあった幕府の基礎固めに尽力してきた頼之にも、ついに辞任の時がやってくる。それは康暦元年（一三七九）閏《うるう》四月のことであった。

すでに述べたように、かねて幕府を構成する有力守護のなかには管領頼之の政治手法を快く思わない者たちも少なからずおり、頼之は将軍義満の信頼に支えられて困難な幕府政治の舵取《かじと》りをかろうじて続けてきた。しかしその敵対勢力の反抗は一層強まり、さすがの義満もこれを抑えることが難しくなってきたのである。

おりしも、頼之の周辺はすでに康暦元年二月の段階で慌ただしくなっていた。二月二四日には次期管領として登場する斯波義将と細川頼之の党類とが衝突するかもしれないという噂が流れている（『愚管記六』一七頁）。

頼之の失脚のきっかけとなった事件は、それより二ヵ月ほどあとに起こった。その年の年号を冠して「康暦の政変」と称しているが、出来事自体については幸い当時の公家《くげ》日記に詳しく書き留められており、内実を詳しく知ることができる。「後愚昧記」と「愚管記」である。やや長文になるが左に全文引用してみる。

①「後愚昧記」（康暦元年閏四月一四日条）

十四日、朝間小雨、即属晴、未初刻武士等多上辺へ馳上之由、路人称之、仍開富小路面門見之、自河東方軍兵数万騎一条西行万里小路北行、大樹（足利義満）上亭今出川辺、号花御所、事出来之間、馳参之由称之云々、分明無其説、大樹兄弟（義満・満詮）、于時在彼所云々、武士等囲繞之、聊不入人云々、在京大名等無残者云々、酉刻許南方有炎上、武蔵守頼之（細川）朝臣宅以下放火、皆以没落了云々、頼之朝臣勢三百余騎云々、大樹以使者可退出京中之由仰遣之云々、佐々木大膳大夫高秀幷土岐伊与入道（直氏）等以下一揆衆所行也、大樹同意之由、或称之、或又大名等囲大樹宅、強而欲令追討頼之朝臣之由、称之、両様説不一決之、但多分説、大樹沙汰之趣也、後聞、令夜著西宮（武庫郡）摂州云々、為赴四国歟云々、頼之朝臣親類雖一人不相残者也、後聞、頼之朝臣宅不放火、人多群集壊取云々、

（『後愚昧記三』一五～六頁）

②「愚管記」（同日条）

今朝大樹《(義満)》向花亭、未刻世間鼓騒、武将召集勇士於花亭云々、人不知子細云々、武蔵守《(細川)》頼之朝臣可下国之由、内々有武命、是諸大名存異議之故歟、酉剋頼之朝臣兄弟・親類等悉没落、不及向打手、然而兄弟・郎従等宿所四五ヶ処放火了、自去春之比、諸大名存異議之由風聞、大樹一人贔屓、剰連署異議之輩及厳密之沙汰了、而今又如此、定有子細乎、
「伝《(頭書)》聞、頼之朝臣昨日出家、於京都、請等持寺長老遂其節、以輿下国云々、或人云、雖為出家儀、実無其儀云々、」

（『愚管記六』三五～六頁）

記事の概要は以下のとおり。まず①から。康暦元年（一三七九）閏四月一四日未初刻（午後一時過ぎ）、河東（鴨川《かもがわ》の東）より軍兵数万騎が一条通を西行、万里小路通《までのこうじどおり》を北行して、今出川《いまでがわ》辺にある大樹（足利義満）の邸《やしき》を取り囲んだ。酉刻（午後六時ごろ）南方の細川頼之宅より火の手が上がった。頼之たちは兄弟・親類たちと共に没落したということだ。頼之の手勢は三百余騎であった。義満は頼之に使者を派遣して京中を退去させた。この軍事行動は佐々木高秀・土岐直氏《なおうじ》ら一揆衆《いっきしゅう》の所行であるが、義満が同意したうえでのことか、あるいは諸大名が義満に強請したことかははっきりしない。たぶん義満同意のうえでのことだろう。

ことの始まりは、去る春ころから顕在化していた管領頼之と諸大名との不和であった。義満は「大樹一人贔屓《ひいき》」（この証言は、道嗣が義満の信頼を得ていただけに信憑性《しんぴょうせい》が高い。「実冬公記《さねふゆこうき》」嘉慶《かきょう》元年三月一七日条、『後愚昧記四附實冬公記』一四二頁参照）とみえるようにかたくなに頼之を支

えたが、最後には折れて頼之に「下国」を命じたのである。頼之とその親類たちはことごとく四国に赴くもようである。

　続いて②。①は「数万騎」の軍勢がいきなり義満の花亭に押し寄せたかのように記すが、②では「武将召集勇士於花亭云々」とあるように義満が勇士たちを「召集」したとする。幕府内では去春より管領頼之と諸大名との意見の対立が見られていて、義満はかたくなに頼之を支えていたが、大名たちの結束も固く、また今度同じことが起きてしまった。義満は頼之に「下国」の命令を「内々」に下し、頼之はそれに従って兄弟・親類らとともに没落した。さらに「不及向打手」とみえ、没落する頼之に対して追討軍は派遣されなかった。

　右の①と②を比べると大筋において異なるところはないけれども、事件の捉《とら》え方に微妙な違いがある。内容的には①がはるかに詳しく説得力がある。①の最も貴重な情報は「両様説不一決之、但多分説、大樹沙汰之趣也」というくだりで、そこでは二説があって一方に決めることはできないがと断りつつ、義満の指示説に左袒《さたん》している。おそらく真実はそんなところだろう。これが世に「康暦の政変」と呼ばれる事件である。その結果、貞治六年一一月から通算十一年半の間、義満の管領の立場から実質的には将軍代行として、幕府の舵取りを担ってきた細川頼之は失脚した。

斯波義将の花押　（『書の日本史　第九巻』平凡社）

　こうして、康暦元年閏四月二八日に細川頼之に替わって新たな管領に任じられたのは斯波義将である（義将の生年は「懺法《せんぼう》

【斯波系図（『尊卑分脈三』より）】

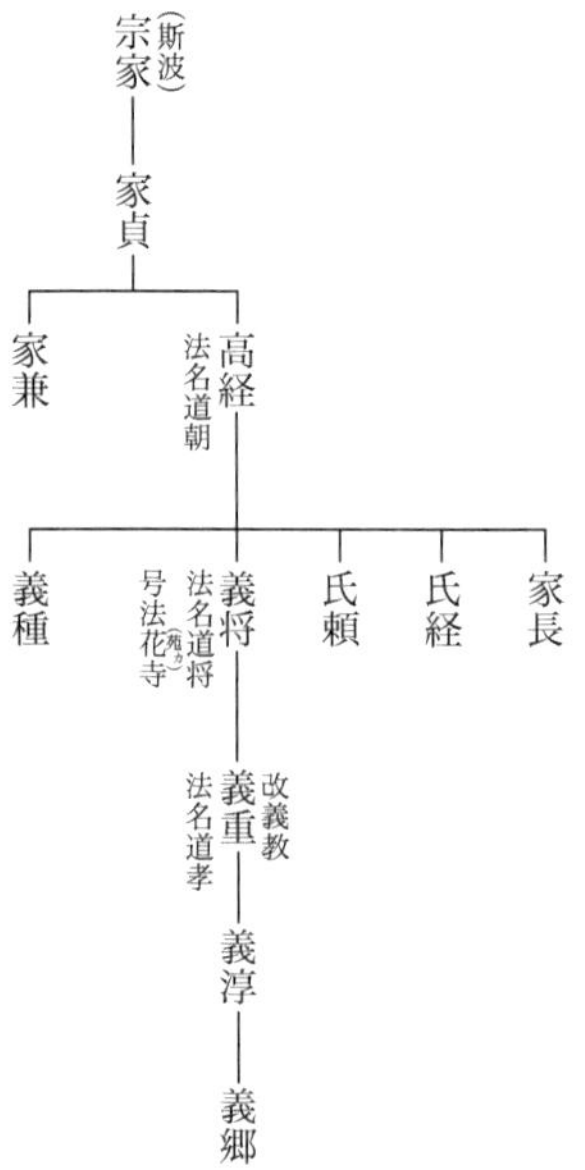

記《き》」に応永一七年六一歳没とあることから、観応元年〈一三五〇〉と算出。『大日本史料』七編一三、一八四頁）。義将の管領就任に直接関係する記事が「愚管記」康暦元年閏四月二八日条にみえる。当時義将三〇歳。

廿八日、晴陰不定、武家管領事、仰左衛門佐義将《(斯波)》云々、猶謙退云々、然而太略治定之由、有世聞、

（『愚管記六』三九頁）

右の記事にみえる「謙退」とは、「へりくだること。へりくだり、しりぞくこと。またそのさま。謙譲。謙遜」（『日本国語大辞典第二版5』八四頁）という意味であるから、噂では義将は

管領に指名されたとき逡巡《しゅんじゅん》したが、そう決まってしまったそうだ、と記されている。義将も受諾するにあたりいろいろ思うところがあったのだろう。いかにも「優美を以《もっ》て先と為《な》す」と評された義将らしい態度である。

ちなみに、先の②の記事に「頼之朝臣兄弟・親類等悉没落、不及向打手」とあるように、義満は、康暦元年閏四月の頼之没落時に、討手の軍勢を差遣してはいないけれども、それより五ヵ月足らず経《た》った同年九月には、以下のような頼之追討令を伊予国の河野《こうの》通直《みちなお》に対して出している。

「（ウハ書）河野刑部大輔殿（通直）　義満」
武蔵入道（細川頼之）常久事、叛逆既露顕上者、早相催伊予国軍勢等、可令退治之状如件、
康暦元年九月五日　（足利義満）（花押）
河野刑部大輔殿

（「長州河野文書」、『南北朝遺文 中国四国編五』二二七頁）

それは、義満が新しい管領を迎えるにあたり、頼之との訣別を周囲に印象づけるためにあえてとったジェスチャーだったのかもしれない。この頼之追討令の発布については「花営三代記」康暦元年九月五日の条に、「武蔵入道（細川頼之）常久誅罸（罰）之御教書、被成之奉行松田丹州」とある（『群書類従二六』一〇四頁）。

頼之の羈絆からの脱却

近年、康暦元年（一三七九）閏四月に起きた、この「康暦の政変」前後の室町幕府の政治史、特に将軍義満を取り巻く幕府の有力守護たちの政治的動向に注目した研究成果が発表され、政変の前後で幕府をめぐる政治環境が大きく変わることが明らかにされた（山田徹「南北朝後期における室町幕府政治史の再検討」（上）（中）（下）、「文化学年報」66～68、二〇一七年三月～一九年三月）。以下、この山田論文を参考にして続けよう。

足利義満が事件にどのように関与したかという問題は、その歴史的評価に大いに関わってくる。結論的にいうと、筆者も右の『後愚昧記』の三条公忠の見立てのように義満の指示説が説得的だと考える。

すでに述べたように、「康暦の政変」の前年の永和四年（一三七八）八月、二一歳で右大将に任じられていた義満は政治に対する意欲を飛躍的に高めていた。こうしたとき、義満がこれまでの頼之から受けていた羈絆《きはん》を脱し、独自色を持つ政治構想、日本国統治の未来像を描き始めたとしても一向に不思議ではない。うがちすぎかもしれないが、「康暦の政変」は義満がそのための適材を管領の役職につける千載一遇の好機だったと考えることもできる。

そもそも頼之には幕府内外に敵対者が多かった。すでに、頼之が管領に就任するころ（貞治六年）には山陰の雄山名時氏が頼之の就任に鬱憤《うっぷん》したこと、応安四、五年には頼之の意に反する行為がもとで頼之が管領を辞そうとしたことを述べたが（67頁参照）、永和三年（一三七七）

にも、頼之と斯波義将との間にのっぴきならぬ問題が生起していた。

「後愚昧記」によると、永和三年六月、斯波義将の守護管国越中において国人《こくじん》と守護代との間で合戦が起こった。守護代の背後には当然正守護たる斯波義将がいたものと考えられる。この時戦いに敗れた越中国人のなかで討ち漏らされた輩《ともがら》が同じ越中国の「太田庄《おおた》」（新川郡《にいかわ》）に逃げ込み、これを追う斯波義将の軍勢も同庄内に立ち入って余党輩を討ち、庄内を焼き払った。この事件の起きた「太田庄」とは日記に「武蔵守所領」とみえるように当時管領の細川頼之の所領であったから、頼之がこれに強く反撥《はんぱつ》したのは当然のことだった。頼之は飛騨国（守護は京極高秀《きょうごくたかひで》）の軍勢も催して越中国に攻め入らんとした。この「越中合戦」によって「武蔵守（細川頼之）と越中守護（斯波義将）と向背の儀」、つまり管領細川頼之と越中守護斯波義将の対立という仕儀となった。幕府を構成する大名たちは双方に分かれて助勢したので、「天下の重事」「天下の珍事」と噂された（同年七月一三日、八月八日条、『後愚昧記二』二四四、二四七頁）。

この「越中合戦」のことを記した「後愚昧記」をもう少し読み進むと、「今夜又可有騒乱之由、風聞云々」と記された永和三年八月八日条の三日後の、八月一一日条に「後聞、今日大樹（足利義満）猿楽見物、桟敷へ行向、女中等引卒見物云々」とあり、世間の騒動とはうらはらに、将軍足利義満は平然と猿楽見物に興じているのが興味深い。この時義満は数え年二〇歳、若き大物の貫《かん》禄《ろく》の片鱗《へんりん》が現れている。

細川頼之と斯波義将の関係は以上述べたような状況であるから、両人の交替は政界に大きな波紋を引き起こしたに相違ない。将軍足利義満はそれを承知のうえで、あえて政治的な改革を断行したものとみたい。二二歳に達していた義満の側からみると、幼少のころから絶大な影響を受けてきた管領細川頼之を幕府から追放したこの政変によって、自ら幕府の最高実力者となることができた。

「康暦の政変」を時代の画期とみるのは、以下の理由による。それは、これまで嗷訴という手段で神威を借りて公武社会に大きな政治力を持ってきた、南都・北嶺《ほくれい》の宗教勢力に対する幕府による統制である。

まず興福寺である。興福寺の嗷訴は康暦二年（一三八〇）が最後となり、至徳《しとく》二年（一三八五）八月の義満の春日参詣《さんけい》以降、「南都復興」という名目での興福寺への介入が始まり、やがて南都は義満の支配下に組み入れられた（稲葉伸道「南北朝時代の興福寺と国家」、「名古屋大学文学部研究論集131」（史学44）、一九九八年三月。のち『日本中世の王朝・幕府と寺社』吉川弘文館　二〇一九年二月収録）。すでに康暦二年八月には、義満は関白二条師嗣《もろつぐ》にあてて興福寺別当のポストの推挙《すいきょ》を行っているし（117頁参照）、翌年の永徳元年（一三八一）八月には、前関白近衛道嗣は義満より興福寺一乗院《いちじょういん》門主の推挙を求められている（『愚管記六』一五三頁）。

もう一つは山門（比叡山）である。室町幕府の山門支配の要となる「山門使節《さんもんしせつ》」（諸国の守護の役割を果たす義満任命の有力山徒）という呼称が康暦元年になって現れることから、この役職は康暦の政変直後に創設されたと考えられている（下坂守『中世寺院社会の研究』思文閣出版、二〇〇一年一二月、三九頁）。室町幕府の山門統制についてはいま一つ付言すべきことがある。

それは「山門使節中」にあてた管領斯波義将が奉じた将軍家御教書《みぎょうしょ》の出現であるが、それについては義将の発給文書について述べる後段に譲ることとする。

要するに、康暦の政変によって長期間にわたる細川頼之の羈絆から脱した足利義満は、これを機に自らの政治手法による方向をたどり始める。右に述べた宗教勢力の統制はその最たるものである。そのような意味で、康暦の政変を義満政治における一大画期とみるのは決して不自然ではない。

「優美を以て先と為す」斯波義将

「康暦の政変」によって細川頼之が管領を辞し、その後任として登場する斯波義将はいかなる人物であろうか。時に義将三〇歳。義満より八歳年上である。かたや頼之の場合は二九歳も年上。義満とは父子関係に近かった。当然ながら義満と両管領との関係は年齢によるところがあったはずで、将軍と管領との関わりを考えるとき、こうした点にも留意が必要であろう。

さて実はこの人物、すでに述べたように（第一章第一節）、康安二年（貞治元、一三六二）七月、二代将軍足利義詮によって幕府の執事（のちの管領）に任命されたことのある人物である。また細川頼之と比較すると、頼之は義詮の親心で父親代わりに任用されたため、幕府の管領としてはやや特異であった点は否めない。その意味でいえば、斯波義将は管領としては通常のタイプとみてよいかもしれない。

すでに述べたように、細川頼之の人となりについては、応安元年（一三六八）七月、山門訴訟のなかで山門の衆徒から、「廉潔の誉あり」と称《たた》えられたことがあった（「後愚昧記」。第二章第一節参照）。同様に、斯波義将についても、やや年代は下るが応永三年（一三九六）の時点で同時代人の興味深い評言が残されている。

関白一条経嗣《いちじょうつねつぐ》の日記「荒暦《こうりゃく》」（経嗣公記とも。関白一条経嗣の日記。原本は国立歴史民俗博物館〈略称歴博〉）所蔵の、応永三年八月一日条にみえる、八朔《はっさく》の贈り物に関連した記事である。それによると、一条経嗣がこの年八月、「室町殿」（義満）と「将軍」（義持）に例年どおり八朔の贈り物を贈ったことを記したのち、以下の記事が続く。

……又今秋始而遣管領（斯波義将）許、近年諸家悉追従、独醒却似奇怪、其上近年細々潜通、旁表其礼也、草紙二帖、源氏狭衣、百番歌合一帖、能因歌枕一帖也、件百番歌合ハ宜秋門院（藤原任子）御筆、光明峰寺殿（九条道家）令書銘給、其子細内々以兼敦（吉田）朝臣示遣了、彼一帖殊自愛之由示送之、凡彼禅門（斯波義将）以優美為先、頗可感事歟、

（「荒暦」応永三年八月一日条、『大日本史料』七編二、四八五頁）

以下のような意味である。自分（一条経嗣）はこの年から管領斯波義将に八朔祝いの品物を贈ることにした。近年義将に対して諸公家が追随するようになり、そういうなかで自分だけ醒《さ》めたようにしているのもおかしなことだ（大修館書店『大漢和辞典七』によると「独醒」とは、おのれ一人酔っていない、の意）。その上、近年は義将の方から潜《ひそ》かに経嗣によしみを通じて来て

いる。そこで当方から義将にその礼として、「草紙二帖、源氏《げんじ》・狭衣《さごろも》、百番歌合一帖、能因歌枕一帖」を贈ったのだ。かの義将は「優美を以て先と為す」人物であり、頗《すこぶ》る感心すべきことだ。

右の記事のなかで、斯波義将の個人的な資質をうかがううえで最も興味深いのは、源氏・狭衣の物語に象徴されるように義将が文芸的素養と美意識とを兼ね備えた文化人でもあったことである。やや大げさにいうと、この義将の資質はあるいは、北山文化に象徴される足利義満の美的感覚と響き合う性格のものであったと思われる。

ちなみに、のちに「当世武門の重人」（「懺法講部類」、『大日本史料』七編一三、一八四頁）と称えられた斯波義将の、和歌を詠んだり連歌を好んだり、はたまた雅楽を伝受したりした当代一流の文化人ぶりは、多くの史料によって裏付けられる（『大日本史料』七編一三の一八四〜二一三頁、義将没日条〈応永一七年五月七日〉参照）。

「室町殿」の成立

足利義満が北小路室町の室町第《てい》（いわゆる花御所）に移るに際して、二度目の「移徙《いし》の儀」を行ったのは康暦元年（一三七九）七月八日のことであった（『愚管記六』五八頁。一度目は永和四年三月）。これ以降義満は「室町殿」と呼ばれることになり、永徳〜至徳ころ（一三八〇年代）になると、「室町殿」は義満の代名詞として使用される。例えば「吉田家日次記」永徳三年八月九日条、『兼宣公記《かねのぶこうき》』嘉慶元年正月条などにその比較的早期の実例が散見する。

しかし、「室町殿」が室町将軍の別称から解放されて、将軍職にあるなしに関係なく足利家の家督としての地位を意味するようになるには、もう少し時間を必要とした。嗣子足利義持が応永元年（一三九四）一二月一七日に九歳で元服して、その日のうちに将軍宣下を受けるまで待たねばならなかったからである。

この日、三七歳の義満は将軍の座から退き、替わって義持が将軍となるが、義満は最高権力者の地位を譲ったのではない。権力を握ったままの将軍職譲渡だったのである。新将軍義持の登場の一つの大きな意義は、「室町殿」（足利義満）と将軍職（「御所」＝足利義持）の分離を実現させたことであった。将軍職にあるなしに関わらない、足利氏の家督としての「室町殿」の地位がここに成立する。鎌倉幕府でいえば、執権のポストに関わりない北条氏の「得宗《とくそう》」の地位と同じようなものである。

関白にあてた室町殿の書状

奈良国立博物館所蔵文書のなかに、康暦二年（一三八〇）と推定される一通の足利義満書状がある。近年、湯山賢一が着目し解説を加えた興味深い文書である（「足利義満書状案」、日本古文書学会編『古文書への招待』勉誠出版、二〇二一年二月。初出は二〇一二年）。左に引用する。

（端書）「将軍（足利義満）御状、被進　関白殿（二条師嗣）」

興福寺別当事、被補円守候様、可有申御沙汰也、以詮政申候、恐惶謹言、

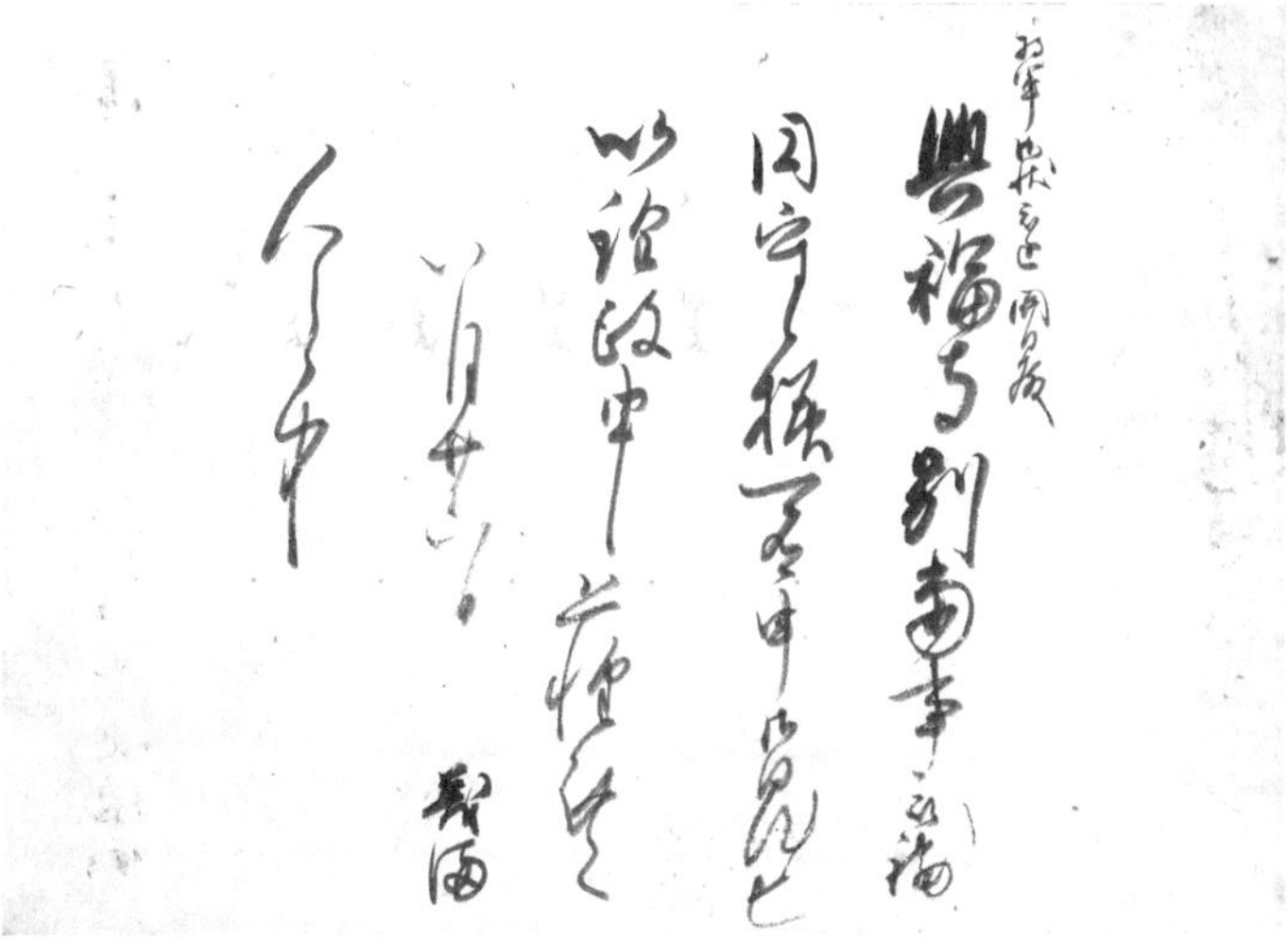

足利義満書状案（康暦2年8月26日）　奈良国立博物館蔵、佐々木香輔撮影

（康暦二年）八月廿六日　（足利）義満

人々御中

この文書は、足利義満が「円守《えんしゅ》」（興福寺の僧侶《そうりょ》。東院僧正）という僧侶を興福寺別当に推挙することを関白・氏長者《うじのちょうじゃ》二条師嗣に伝えた書状である。関連する事実として、義満の推挙を受けた円守は康暦二年八月二七日、つまり右書状の日付の翌日に興福寺別当の宣下を受けているから（「興福寺略年代記」、『続群書類従二九下』一八五頁）、右書状の年次は康暦二年だということが知られるわけである。円守の同別当補《ぶ》任《にん》が、足利義満の推挙を受けて直ちに実現しているから、興福寺別当補任における義満推挙の威力の強さを認めないわけにはゆかない。この段階ですでに義満は興福寺別当の推挙権を実質的に手にしていたとみて

よい。右掲の足利義満書状について湯山は以下のように解説している。

本文書は、こうした情勢下で（興福寺の嗷訴の最中であったこと＝著者注）、興福寺の人事に義満が干渉した事実を示す義満自筆御内書の案文として、室町将軍としての義満の南都政策を考えるうえに重要な史料といえよう。（『古文書への招待』二四頁）

なお、康暦元年（一三七九）より春日神木《かすがのしんぼく》を入洛《じゅらく》させての今回の嗷訴は翌二年まで続くが、結局興福寺の内部分裂により失敗し、以降嗷訴が行われることはなくなり、その翌永徳元年（一三八一）には、幕府の推挙によって興福寺一乗院門跡に近衛家から良兼《りょうけん》が入室したことも湯山はあわせて指摘している。

この指摘どおり、「愚管記」永徳元年八月三〇日条では、近衛道嗣のもとに、義満から幕府の使者が遣わされ、逐電《ちくでん》した一乗院門跡 良昭《りょうしょう》の替わりになる者の推挙が求められている（『愚管記六』一五三頁）。

この室町幕府の興福寺の支配をめぐる検討は、稲葉伸道によって提起され（「南北朝時代の興福寺と国家」、「名古屋大学文学部研究論集131（史学44）」一九九八年三月。のち『日本中世の王朝・幕府と寺社』吉川弘文館、二〇一九年二月所収）、大薮海「室町幕府―権門寺院関係の転換点―康暦の強訴と朝廷・幕府―」（中島圭一編『十四世紀の歴史学―新たな時代への起点―』高志書院 二〇一六年六月）、同「康暦の強訴終結後の混乱と南都伝奏の成立」（「お茶の水史学62」二〇一九年三月）に継承された。

二　公武統一政権の画期（永徳年間）

義満、内大臣に任ず

康暦三年（一三八一）二月二四日、年号は改元されて「永徳」へと変わる。その年七月二三日、義満は内大臣に昇進する（「足利家官位記」）。先の任右大将についての高橋典幸の指摘とも関係するが、小川剛生は、歴代室町殿の昇進表を作成し「とくに右大将と内大臣の官は重視されて、歴代必ず経歴するところであった」と述べている（小川『足利義満』、七頁）。

義満の任内大臣についての直接史料には左のようなものがある。

①是日任大臣節会也、太政大臣藤原良基（元前関白、准三宮）、内大臣源義満（右大将如元之由、今日即宣下云々、）……

（「愚管記」永徳元年七月二三日条、『愚管記六』一四六頁）

②今日任大臣節会也、刻限可為早旦之由風聞之間、自夜中営之、午終刻出門了、先所向右大将（足利義満）室町亭（号花御所）也、

（「後愚昧記」同日条、『後愚昧記三』二四頁）

③任大臣節会也、（永徳元年）准后（二条良基）令任太政大臣給、右大将殿（足利義満）令任内大臣給、、暁鐘報後、陣儀就人々参向饗所、……

（内閣文庫所蔵「左大史兼《かね》治《はる》宿禰《すくね》記《き》」）

それぞれ内容は似たり寄ったりの記事ではあるが、①は前関白近衛道嗣、②は前内大臣三条公忠、③は左大史小槻兼治《さだいしおづきかねはる》がそれぞれの記主で、その身分や立場によって多少の差異は認められる。共通しているのは、この日の任大臣の節会《せちえ》で任大臣の対象者は太政大臣《だいじょうだいじん》となった二条良基（前関白）と内大臣となった足利義満（右大将）であること。この時、義満は二四歳、良基は六二歳であった。

二条良基といえば、先に述べたように、義満の教導役として義満を公家社会に同化させ、やがては義満に公家社会を併呑《へいどん》させる役割を果たさせた重要人物である。その良基と義満とが永徳元年七月二三日、同時に揃って太政大臣と内大臣に任官しているのである。

公家様花押の使用開始

こういう時、義満は自らの野望を実現するための布石の一つとして、これまでの武家様花押に加えて、公家様花押の使用を開始した。義満は、応安五年（一三七二）一一月二二日、一五歳のとき御判始《ごはんはじめ》（判形始）を済ませ、この時に自らの花押を定めて公的に使用し始めた。この時の義満の花押は武家様であった（79頁参照）。

それ以来義満はずっとこの武家様の花押を使用し続けてきたわけであるが、永徳元年（一三八一）になって新たに公家様の花押を使用し始めることになる。つまり、武家様・公家様花押の併用である。

足利将軍の花押についての専論には、早く小林保夫「足利将軍の両様花押について」（『日本思想史研究会会報20』、二〇〇三年一月）、および上島有『中世花押の謎を解く—足利将軍家とその花押—』（山川出版社、二〇〇四年一一月）があり、こうした先行研究によりつつ、義満の任内大臣から始まる公家様花押の使用の政治的意味について考えることにしたい。

小林保夫は右の論文で以下のことを指摘した。

①義満の公家様花押使用の初見は、永徳元年（一三八一）一二月一二日付、東寺寺僧あて足利義満御判御教書《ごはんのみぎょうしょ》（「東寺百合文書せ武52」）であること（この文書は上島有『続々図録東寺百合文書』京都府立総合資料館、一九八一年一月、七頁に図版あり）。

②義満の公家様花押の使用は、通説のように永徳元年七月二三日の任内大臣を機に始まったと考えられること。

③義満の公家様花押の使用が始まった永徳元年七月以降も、文書の内容によって公家・武家両様の花押が併用されたこと。

④やがて右の両様花押は公家様花押に統一され、武家様文書は消滅する。武家様花押の最後は、至徳三年（一三八六）一一月二五日付、足利義満御判御教書（『毛利家文書四』二五九頁）であること。

⑤以降、足利義満は終生その発給文書に公家様花押を用いたこと。

右の指摘は足利義満の花押使用の仕方を見通すさいに貴重なもので、この指摘は基本的には右記の上島著書に継承されている。

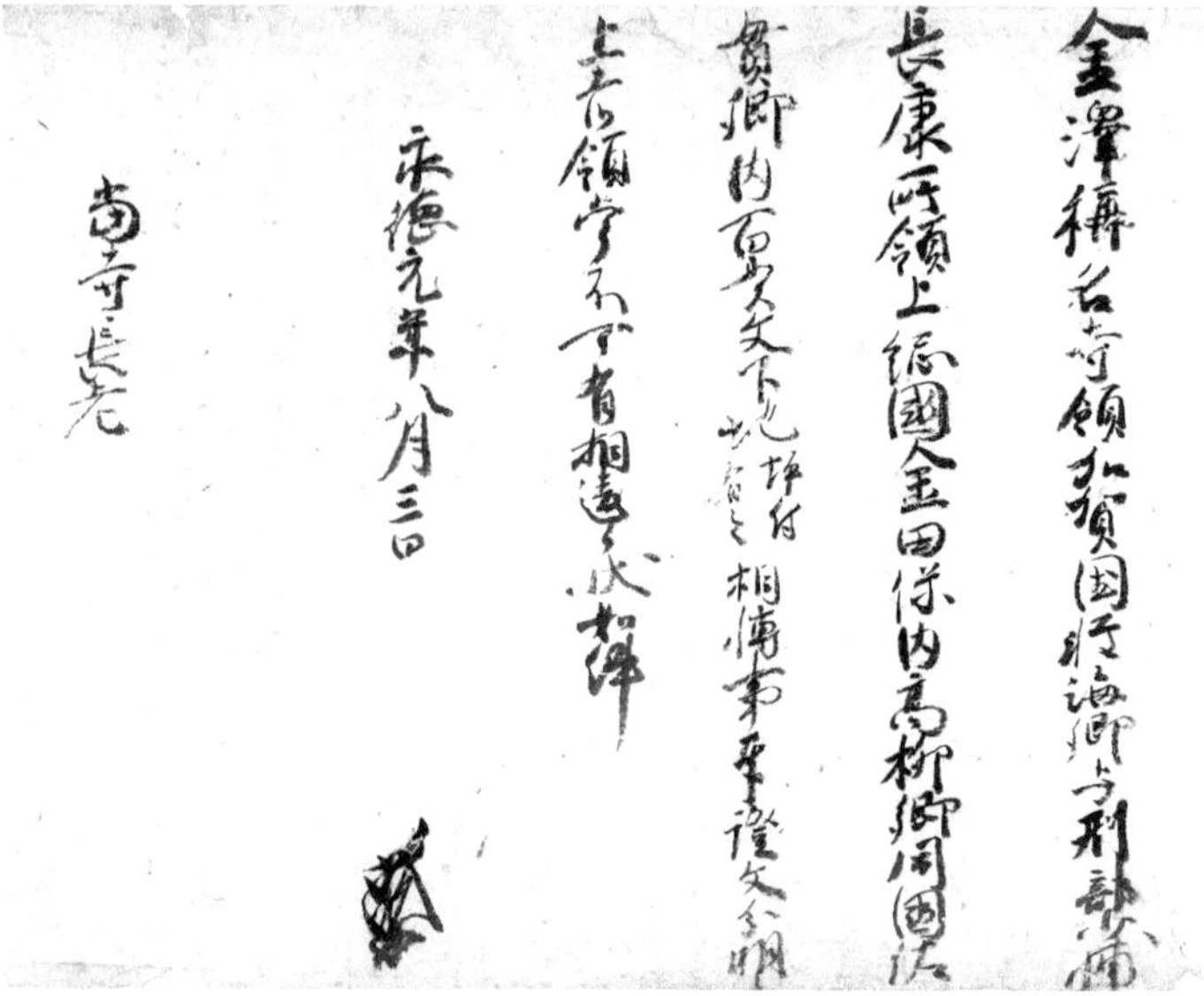

足利義満御判御教書（永徳1年8月3日）　称名寺蔵、神奈川県立金沢文庫提供　＊公家様花押の初見

論旨には影響しない些細《ささい》なことであるが、現時点においては、①でいう義満の公家様花押使用の初見として、小林が指摘した永徳元年一二月一二日付よりやや早い、同年八月三日付、御判御教書（『金沢文庫古文書七　所務文書篇』二七八頁、『神奈川県史　資料編3』六一〇頁、『南北朝遺文　関東編六』四六頁）を指し示すことができる。義満の任内大臣が永徳元年七月二三日なので、義満は内大臣に任じられると間髪を容《い》れず、すぐに公家様花押の使用を始めたものとみられる。

また同様に④に関しては、義満の武家様花押の終見は、小林が指摘した至徳三年一一月二五日付よりこれまたほんの少し遅い、同年一二月八日付袖判御教書《そではんみぎょうしょ》（「美吉文書」、『加能史料 南北朝Ⅲ』石川県、二七一頁）をあげることができる（141頁）。

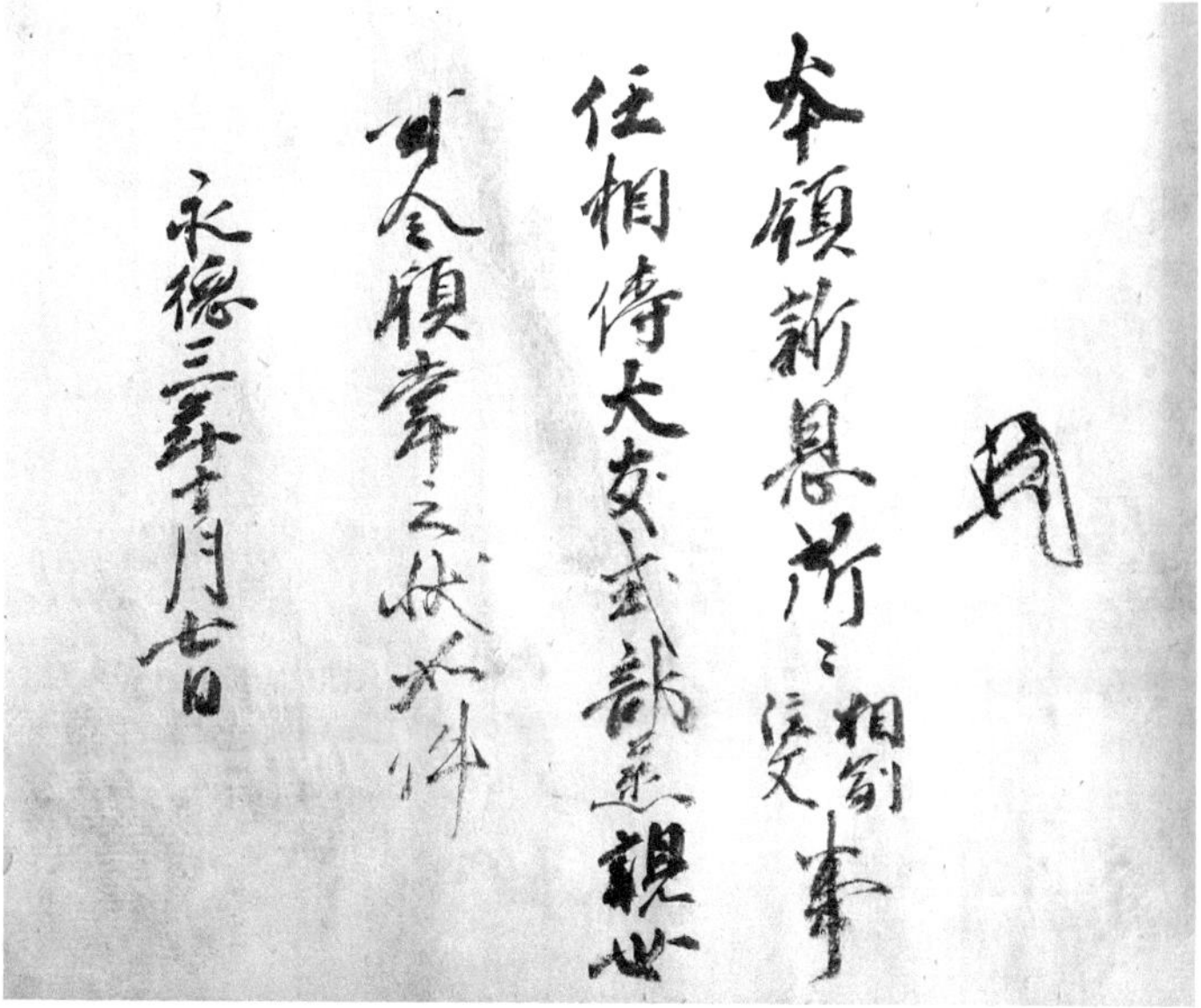

足利義満袖判御教書（永徳3年10月7日）（公財）立花家史料館蔵、柳川古文書館寄託
大友文書　＊武士への安堵状に武家様花押を用いた例

いずれにしても、義満の公家様花押の使用が永徳元年七月二三日の任内大臣を機に始まり、それまで使用してきた武家様花押はその後もしばらく使用されたものの至徳三年一二月にはついに終焉《しゅうえん》、以降義満の花押は公家様花押に一本化されるということが改めて確認された。

ちなみに、足利義満の花押使用に関する史料記事として、他に以下のようなものがある。

㈠「吉田家日次記」永徳三年

九月一五日条

永徳三年九月十五日、乙卯、雨降、自昼属霽、……抑、准后(足利義満)丞相幕府之後、御判有二、寺社本所以下、於公家方事者、被用公家方御判、至武家方事者、元来被用武家方之御判也、

(『大日本史料』七編一〇、六〇頁)

(二)「満済准后日記」永享《えいきょう》四年(一四三二)八月七日条

晴、今暁雷鳴大雨降、将軍(足利義教)被改御判云々、諸大名御太刀進之云々、公家御判ニ被改也、鹿苑院殿(足利義満)御例歟、珍重々々、

(京都帝国大学文科大学叢書『満済准后日記三』四九八頁)

このうち(一)は、義満が花押を用いるに際しては両様があって、内容的にみて、寺社本所以下の公家方関係のことでは公家様花押を、武家方関係のことでは武家様花押を使用したというのであるから、右の小林の指摘のうち③の典拠史料となりうる史料記事である。

また(二)は、のちの六代義教は永享四年(一四三二)八月七日に、それまで使用していた武家様花押を公家様花押に改めたというもの。史料中に「鹿苑院殿(足利義満)御例歟」とあるので、それは足利義満の永徳元年七月の先例に倣ったものであった。しかし義満がそれ以降五年ほどの間武家様花押も併用したのに対し、義教はその時点から直ちに公家様に一本化している。

右のように、永徳元年七月、室町将軍として初めて内大臣に昇進した二四歳の足利義満は、それを機に新たに公家様花押を使用することを始めた。しかし従来使用してきた武家様花押も

即廃止したわけではない。両様花押の使い分けは、右の史料に「寺社本所以下、於公家方事者、被用公家方御判、至武家方事者、元来被用武家方之御判也」とあるように、寺社本所以下の公家方の事案は公家様花押で、そして恩賞地給付とか武家領訴訟などの武家方の事案は武家様花押で処理するというように区別したのである。その理由は何かといえば、武家社会と公家社会という二つの基盤に立つ義満が、それらが別立てであることを明示するためではないかと想定される（義教は公家様花押の使用開始とともに武家様は廃止した）。

要するに永徳の段階では、公武統一の政治体制の樹立をもくろむ義満は、永徳元年七月の任内大臣を機にその本格的な第一歩を踏み出したといってよいが、両様花押を用途別に区別して使用している点において統一性を欠いていた。

これの克服を意味するのが、武家様花押の廃止である。義満が武家様花押を廃止したのは、すでに述べたように至徳三年（一三八六）一二月であることからみると、公家様花押への一本化は義満にとって次なる課題であったと思われる。

義満の態度は公家と武家とで相違

右述のように、義満の公家様花押の使用は永徳元年（一三八一）七月二三日の任内大臣を機に始まったものの、それまで使用してきた武家様花押も至徳三年（一三八六）一二月までの約五年半の間はそのまま使われ続けた。いわば二花押並立時代といってよい。この時期において義満は、自らの立脚基盤たる公家と武家を社会階層的に峻別《しゅんべつ》するような政治意識を持っていたとみてよい。とするならば、義満は日常生活のなかで公家と武家の上層部に接するとき、彼らに対してどのような態度で対応していたのであろうか。以下のことがらは、そうした義満の公家観や武士観を考えるヒントになる。

万里小路時房《ときふさ》の日記「建内記《けんないき》」の正長元年（一四二八）六月一九日条には、醍醐寺座主《ざす》三宝院《さんぽういん》満済と万里小路時房との間で、公家輩（大中納言）と武家族（管領以下）との盃酌《はいしゃく》の礼について談論する場面があり、三代義満と四代義持との盃酌の礼の相違について以下のように述べている。当時は六代義教の初政期である。

満済が言う。酒宴のとき、足利義満はまず最初に公家に御盃をとらせた（管領はその次）。しかし義持になって順番が逆になってしまった。それが今の義教の代になって公家が先となったのは殊勝なことだ。概していえば、義満は大名に礼を厚くするけれども、かといって武家を公家の上とすることはない、と。また義持については、盃酌礼等では公家よりも管領を重んじるが、大名たちを軽んずる、と。加えて、このように義満と義持では公家と武家への対応が相違するが、今の義教のやり方は義満のそれと同じで、「尤も以て珍重なり」ということになる（『建内記二』一九八～九）。

この盃酌礼の相違にみられた義満と義持の公家・武家に対する態度の違いは、ともに統一政権であっても、義満のそれと義持のそれとでは性格が大きく異なるということを示唆している。

武家執奏の威力と効果

幕府と朝廷は、当然のことながら、相互になんらかの政治的な申し入れをするとき、原則としてその交渉の公的ルートを経由してこれを行った。その系譜をたどると、鎌倉時代の関東《かんとう》申次《もうしつぎ》の制度につながる。鎌倉時代には朝廷の側に親幕府公卿《くぎょう》の西園寺氏を関東申次という窓口役に任命し、これを通して幕府と朝廷とは互いに交渉し合った。関東申次の職を世襲した西園寺氏は幕府の信頼を背景に、廟堂《びょうどう》に権威をふるった。

南北朝時代になると、この役職はそのまま西園寺氏に受け継がれ、同氏は鎌倉時代と同様に公武交渉の枢要に位置したが、朝廷と幕府が同じ京都に所在する同時代はその性格を大きく変えた。関東申次は、武家執奏と名称変更された。「執奏」とは、取り次いで天皇に申し上げることを意味する。ここでちょっと紛らわしいのは、「武家執奏」という言葉は、その役職者その人を指す場合と、幕府から朝廷に申し入れる行為そのものを指す場合とがあることである。

この武家執奏という窓口を通して、幕府は朝廷に対して開創以来、種々の申し入れを行っている。幕府の権力強化とともにその申し入れは次第に威力を増し、徐々に効力を強めてくることは自然の理《ことわり》であろう。そこで、義満の時期にその威力と効力がどの程度のものであったかを、当時の史料によって考えてみよう。

三条公忠の日記「後愚昧記」永徳元年（一三八一）八月条には以下のような記事がある（『後愚昧記三』三四～四一頁）。永徳元年八月、前内大臣公忠は家門の困窮を足利義満に訴え、四条坊門《ぼうもん》町以東地一町を獲得しようとして義満に仲介を懇願した。この時「京都地事、公家御計也」（京都地のことは朝廷の管轄下だ）とうけあわぬ態度を示していたものの、やがて公忠の懇願に折れた義満は、公忠の要求を武家執奏のかたちで公家側に申し入れた。当然公家側は「所詮京都地事、為公家御沙汰之処、不及申入之、以武家令執奏之状、奇怪之至也」（所詮《しょせん》京都地のことは公家沙汰《さた》であるのに、武家執奏によって取得しようと申し入れるのは奇怪千万だ）と反発した。

京都地に対する武家執奏をめぐる後円融天皇と三条公忠のやりとりのなかで特に注目されるのは、同天皇側からの公忠への返答のなかに、「執奏之下、無御沙汰者、可為公家御咎也」（幕府の執奏を容《い》れないと朝廷の咎《とが》だ）とある点である。武家よりの執奏を受諾しないと朝廷の咎だというのであるから、武家執奏の効力は絶大だというほかない。

こうした武家執奏には従うしかないというほどその効力が高まった背景には、足利義満の権力のいちじるしい強大化という歴史的事実のあることが想定されねばなるまい。

武家執奏施行状の廃絶

南北朝時代、所領関係の裁判など公家社会の訴訟案件は公家政権の裁判所に持ち込まれた。公家政権の裁判所は公家法に准拠して審理し裁許を下す。この公家政権の裁許としての「勅裁」は綸旨《りんじ》・院宣《いんぜん》という形をとって出される。しかしその勅裁の執行が自己の能力を超えるとき、公家政権はその執行を幕府に移管するという制度があった。幕府の持つ守護制度の遵行機能に依存する方法である。そもそもこうしたやり方の存在自体が、公家政権の存立基盤そのものが武家政権によって支えられていたことを示している。

こうしたとき、公家政権の裁許たる「勅裁」（綸旨・院宣）を幕府に移管するために、その施行を依頼する文書が幕府にあてて出される。この案件を移管するための手続き文書を武家執奏施行状《しぎょうじょう》と呼んでいるが、義満が家督を継ぐ貞治六年（一三六七）以降、この武家執奏施行状は管領ではなく、義満にあてて出されている。当該期において、公武交渉の公家側窓口たる武家執奏の役職にいたのが西園寺実俊であった。

永徳元年七月の任内大臣を契機に公家様花押を使用し始め、片足を公家政権の上に載せたような形の義満にとっては、こうした公武間をつなぐ手続き文書は必要ではなくなったのではないかと筆者は考えている。誰か取次役が案件を取り次ぐとそれで済んでしまう。役職としての武家執奏の活動はこの時期に史料から消えるが、おそらくその背後にはそのような制度的な理由があったものと考えている。

右のことを具体的に考えるための一連の文書が残っている。内閣文庫所蔵「山科家文書」に含まれる、山科家領飛騨国江名子・松橋郷（現、岐阜県高山市）の訴訟に関する一連の文書である。この江名子・松橋の二郷については中世公家領研究の視点から菅原正子の考察がある（『中世公家の経済と文化』吉川弘文館、一九九八年一月）。左に関係文書の概略を示そう。文書名のみ掲出する。

①「応安五」一二月二日　後光厳天皇綸旨（「西園寺殿」＝西園寺実俊あて）
②「同」（応安五）一二月三日　武家執奏西園寺実俊施行状（「左馬頭《さまのかみ》殿」＝義満あて）
③応安五年一二月一四日　管領細川頼之奉将軍家御教書（「広瀬左近将監《さこんのしょうげん》殿」＝遵行使あ

て）

④永徳元年七月二日　管領斯波義将奉将軍家御教書（「伊勢因幡《いなば》入道殿」＝貞長《さだなが》・心定あて）

⑤「永徳元」七月二二日　伊勢貞長〈心定〉施行状（稲垣三郎あて）

⑥永徳三年七月五日　管領斯波義将奉将軍家御教書（「佐々木大膳大夫殿」＝高秀あて）

右の一連の文書群は、時期的にみて①～③、④～⑤、⑥の三つのグループに分けられる。まず応安五年（一三七二）の①～③について言えば、①は勅裁で、山科家領飛驒国江名子・松橋郷への垣見左衛門蔵人入道（宗源）以下の濫妨を停止し、下地を山科家雑掌に渡付せよという勅裁を「武家」（幕府）に伝えよ、と武家執奏西園寺実俊に命ずる綸旨、また②は西園寺実俊が①を受けてその旨を将軍足利義満に伝えた施行状、そして③は②を受けて管領頼之が①を施行した将軍家御教書である。応安五年のこのグループでは、勅裁および公家・武家施行状の三点がセットで揃っている点が注目される。

続いて④と⑤。これらも内容的には前のものと同じなのであるが、年次が異なり永徳元年のものである。まず気が付くのは勅裁に当たる文書がないことである。はじめに④の管領斯波義将の御教書が伊勢貞長あてに出て、これを施行する⑤が遵行使にあてて出されている。この場合、勅裁がないのは散逸したのではなく、初めからなかったとみられる。つまり訴人たる山科宰相家雑掌は、応永五年の時のように北朝天皇の綸旨を獲得することなく、直接に幕府に提訴し、その結果幕府関係の④と⑤が出されたわけである。この事例は永徳元年のものであるが、他方で右の三点セットの終見事例のうちの一点である〈永徳二年〉二月一六日後円融天皇綸旨（「長門国分寺文書一」、『山口県史 史料編 中世4』六四九頁）が確認されることを勘案すると、永徳年間にはいまだ①～③でみたような事例も混在したとみたい。しかし状況は確実に変化しており、公家社会でも公家の「勅裁」を得ることなく、幕府に直接に提訴するという方式が一般化しつつあったものと考えられる。武家執奏施行状が消滅する背景には、このような事情があった。

最後に⑥。これは④⑤に準じて考えてよい。⑥は飛騨守護京極高秀《きょうごくたかひで》にあてられた管領斯波義将の御教書であり、⑥を受けて高秀は飛騨守護としての施行状を飛騨守護代あたりに出したものと考えられるが、文書自体は残存していない。

要するにここでは、公家社会での訴訟は従来、まず公家の訴訟機関に提訴して勅裁を得て、その後公家より幕府に勅裁の執行を移管することによって完結するという形をとるのがふつうであったのに、永徳年間になると公家の訴訟機関をとばして、直接に幕府の訴訟機関に提訴するのが常態化するということを確認すれば、それでよい。さらに進んで、そういう変化が公家訴訟の世界で起きた理由を探ると、足利義満の公武統一の構想と直接的に関係があるのではないかと思われる。

こう考えるとき一つ問題となるのは、武家執奏西園寺実俊施行状の消滅（先述のように永徳二年までたどれる）と、以下に述べる義満の意を受けた万里小路嗣房《つぐふさ》の活動の活発化との関係である。たしかに両者はほぼ同時といってよいほど時期的に接近していることから無関係とは思えない（「八坂神社文書」によると、嗣房は永徳元年一二月に義満の意を受け、祇園社大政所別当職等の改替人事について後円融天皇に奏聞した事実がある。〈『八坂神社文書上』名著出版、一九七四年五月、八三八～九頁〉）。そこで考えられるのは、右に述べたように訴人たちが直接的な提訴先を公家から武家へ変えたことである。こうなると公家の「勅裁」を武家に移管するための手続き文書たる武家執奏施行状が必要でなくなる。武家執奏施行状はこうして消滅したものと思われる。こののち公武統一政権を完成させた義満は、その公武社会での裁許を管領奉書や伝奏《てんそう》奉書によって発令することができるようになる（265頁参照）。

ちなみに、西園寺実俊について一言。最後の武家執奏西園寺実俊については、同時代人たる三条公忠による興味深い人物評が残されている。「後愚昧記」貞治五年（一三六六）一〇月二一日条にみえる、「右府（西園寺実俊）実俊公、此人無才過法欤、新詩人、可謂比興」がそれである（『後愚昧記二』九五頁）。貞治五年当時、実俊は右大臣、三三歳、他方評者の公忠は前内大臣、四二（三カ）歳（『公卿補任二』六八八頁）。同じ時代に廟堂につどった同僚公卿の二人であるが、こうした歯に衣《きぬ》着せぬ辛辣《しんらつ》な批評は、彼らの人間関係を知るうえで興味深く、また貴重である。

鎌倉公方との関係に変化

京都将軍と鎌倉公方《かまくらくぼう》、当該期でいえば足利義満と足利氏満との関係（両人はいとこ同士、年齢では義満が氏満より一歳上）については、第五章で詳しく述べる予定であるが、永徳年間のこととしてここで触れておきたい一つの事実がある。それは京都将軍が鎌倉公方に遣わすさいの文書の形式に関わる問題である。結論的には、義満が氏満に遣わす文書は従来御内書《ごないしょ》でなされていたのに、永徳二年（一三八二）にはすでに御判御教書に変わっているということ、つまりこの時期に使用される文書の形式がより薄礼となっていることである。このことは義満が氏満に対して以前より尊大な態度をとり始めたことを意味し、氏満にしてみれば義満に見下されたと思わせる行為である。左に関係史料を掲出しておこう（①②の義満の花押はともに武家様）。

①黄梅院領相模国小坪郷事、為等持院殿（足利尊氏）御追善、寄進昌皎（饗庭氏直）地上者、一円被渡付寺家之様、
可有御沙汰候也、謹言、
五月三日（康暦元年）　義満（足利義満・武家様）（花押）
左馬頭殿（足利氏満）

②円覚寺黄梅院花厳塔事、明年秋以前為（可脱カ）造畢也、以鎌倉中課役、被付彼要脚、急速可被遂
其節之状如件、
永徳二年五月七日　（花押）（足利義満・武家様）
左兵衛督殿（足利氏満）

（①②ともに「黄梅院文書」、『鎌倉市史三・四』三一頁。『神奈川県史 資料編3』収録）

『神奈川県史 資料編3』は①を「将軍足利義満御内書」とし（六〇〇頁）、②を「将軍足利義満御教書」とする（六一六頁）。足利義満が足利氏満にあてた文書は、管見の限り永和元年（一三七五）ころから見え始め、康暦元年（一三七九）四月一五日付で関東管領に上杉道合《どうごう》（憲方）を指名する御内書を氏満にあてて遣わしたりしているが（『上杉家文書一』一七頁）、当初よりその形式は御内書であった。その御内書での実例が右掲史料①まで続き、それより三年後の②より御判御教書に変わっている（氏満の官途は①と②の間の康暦二年〈一三八〇〉二月一八日に「左馬頭」から「左兵衛督《さひょうえのかみ》」に移る。『愚管記六』一〇八頁）。義満の明らかな示威的な行為であることは疑いないが、興味深いのは②以降に出された同様の文書形式である。ふつう御内書はその私的性格から年次を書かず文末は「謹言」などで書き止め、他方、御判御教書はその公的性格から年次を書き、末尾は「状如件」で終わるのが定型である。そこで義満が②以降よりのち氏満にあてて遣《のこ》した文書をみると、文体は紛《まが》うことなく御判御教書であるものの、年次を書かないという珍しい形式をとっている。差出書の書式も名前と花押とを併記する形から花押のみへと薄礼化している。

　このことが当時の京都将軍と鎌倉公方の間の独特な政治的関係の産物であることは明らかである。将軍義満は鎌倉公方氏満を自らの統率下に収めたいという政治的意図をみせつつも、細心の配慮を怠っていないのである。両者の政治的対立はいまだ本格化してはいないけれども、その火種はすでに播《ま》かれていたといってよい。

　ここで押さえておきたいのは、氏満あての義満文書の様式が御内書から御判御教書に変わったのも永徳元年七月の任内大臣を契機とした可能性が高く、こうしたところに顕在化する鎌倉公方に対する示威行動も、つまるところ義満の描く公武統一構想につながるものではないか、ということである。そうであれば、永徳年間の義満政治の画期的展開は、当然将軍と鎌倉公方との関係にも一定の変化を及ぼしたと考えても一向に不自然ではない。

三　公武統一政権の成立（至徳・嘉慶年間）

義満の意を受けた万里小路嗣房奉書の登場

足利義満が公家社会を併呑し、武家社会とを合わせた公武統一政権を樹立するにあたって極めて大きな役割を果たしたのは、公家官制に置かれた伝奏という役職の公家たちであったといってよい。ここではその伝奏について述べたいが、公家の役職である伝奏の補任記事としては、個々の公家日記などに断片的にみられる以外に、まとまったものとして「実隆公記《さねたかこうき》」文亀《ぶんき》元年（一五〇一）九月二日条に写し取られた、永和二年（一三七六）八月編成の伝奏番文《ばんぶん》（後円融天皇の伝奏全九人）がある（続群書類従完成会『実隆公記三下』、一九八〇年二月、七三五頁）。なお、伝奏制度の成立と展開については神田裕理編著『伝奏と呼ばれた人々―公武交渉人の七百年史―』（ミネルヴァ書房、二〇一七年一二月）が参考になり、特に同書第四章、水野智之「動乱期の公武関係を支えた公家たち―『武家伝奏』の誕生―」は有益である。

万里小路嗣房は仲房《なかふさ》の子、後醍醐天皇の腹心宣房《のぶふさ》の曾孫《そうそん》にあたる。仲房・嗣房父子はともに後光厳の親政・院政時代の側近で、綸旨・院宣を多く残している。後円融天皇の代の永和二年八月の伝奏番文には父子ともにその名がみえ、北朝公家として重きをなしていた。ことに嗣房の顕著な特徴は、多くの北朝公家が義満の権勢のもとに家礼《かれい》として仕えるなかでその代表格というべき人物であることで、そのことは康暦元年（一三七九）四月、義満が参内したとき、「嗣房（万里小路）卿以下の殿上人が皆悉《ことごと》く家礼の有無を謂《い》わず四足門外に出迎えた」という記事に明らかである（「後愚昧記」康暦元年四月二八日条、『後愚昧記三』一四頁）。参考までにいうと、権中納言花山院通定《かざんいんみちさだ》のように、大納言に推挙してくれれば義満に家礼を致すとの約束をして大納言になった例もある（「後愚昧記」永徳元年七月八日条、『後愚昧記三』二三頁。『公卿補任二』七三七頁）。

　こうした万里小路嗣房が義満の家礼という立場から義満の意を受けて発給した奉書が残存している。まず以下の史料をみてみよう。この文書は大和の「春日社権神主大中臣（西）師盛の神事日記」（『群書解題一中』一八八頁）である「至徳二年記」の至徳二年（一三八五）八月三〇日条に載せられたもので、同記は『歴代残闕日記《れきだいざんけつにっき》22』（臨川書店）にも収録される。

（端書）「室町殿御教書案」

御社参事、被先敬信、不能儼儀之処、満寺沙汰鄭重、懇志至歟、就中延年風流、希世荘（壮）観、匪啻遊僧之奇芸、剰及舞童之妙伎、一場尽美、万感多端、此等之次第、殊可被達仰寺門之

由、内々可申旨候也、以此旨可被申入給、恐々謹言、

「至徳二乙丑」八月卅日　（万里小路）嗣房

謹上　（平知輔）権右中弁殿

（「至徳二年記」、『続群書類従二上』三八六頁）

この文書は万里小路嗣房奉書であるが、どのような経緯で出されたかについては前後の記事をみるとおのずからわかる。その骨子だけいえば、至徳二年（一三八五）八月二八日に足利義満は春日社に参詣しており（「足利家官位記」、『群書類従四』）、翌二九日に春日社で公武の歴歴の観覧のもとに演じられた延年舞の希世壮観ぶりに感銘して、万里小路嗣房に命じて主催者たる「摂政殿」（二条良基）にあてて出させたお礼状というべき奉書である。この文書はその端に「室町殿（足利義満）御教書案」と書かれているが、同じ日の条の記事によってこの文書が、室町殿義満の意を受けた「万里小路大納言」（嗣房）が「摂政」（良基）にあてた「御感御教書」であることもわかる。宛名の「権右中弁」（平知輔）は摂政家の家司《けいし》であろう。この文書を受けた摂政良基は、自らの御教書を添えて興福寺の衆中へ件《くだん》の義満御教書を送り届けた。こうして義満御教書は大中臣師盛の日記に書き留められて、今日に伝わったわけである。

ここで肝心なことは、すでに至徳二年八月の時点で、公家社会では現任の伝奏の地位にある公卿が室町殿義満の御教書を発給している事実である。注意すべきは右の奉書の内容である。この奉書の内容が訴訟・安堵《あんど》とか公事といった公的性格を持つものでなく、延年舞のお礼とい

う私的性格のことがらなので、奉者としての万里小路嗣房の関わりも伝奏としてより義満の家礼としてとみる方が自然であろう。

伝奏はもともと公家側の官職であるから、その任免は公家側で行うのが道理であろう。しかし右で述べたように足利義満の権勢が強大化し、多くの公卿が義満の傘下に入るようになると、伝奏たちのなかには義満の家礼となってその意を奉じた御教書を発給するものが出てきた。その一等最初のケースが万里小路嗣房だというわけである。

ちなみに、万里小路嗣房という人物は、義満の伝奏を通した公家支配を可能にした功労者であるといって過言ではない。それだけに義満の信頼はことのほか厚かったとみえ、応永五年（一三九八）八月六日に嗣房（時に入道従一位内大臣。法名道房《どうぼう》）が薨《こう》じたときには、義満は「御悲歎、極まりなし」という状況であった（「迎陽記」同日条、『迎陽記二』一〇二頁）。

なお応永初期における万里小路嗣房の伝奏としての動向については、のちの該当箇所で適宜ふれることにしたい。

検非違使庁機能の衰退――使庁諸官評定文の終見

平安時代の九世紀前半に令外《りょうげ》の官《かん》として置かれた検非違使《けびいし》は、京都の治安維持・警察機能を担当する官衙《かんが》として活動した。中世、特に鎌倉時代後期から南北朝期にかけての時期には洛中の治安・警察・民事訴訟、とりわけ所領関係の裁判を担当する機関として整備され、検非違使庁（単に使庁とも）と称される公家政権の重要な裁判機関となった。公家政権は京都に立脚基盤をおくだけに検非違使庁との関係は特に深く、いわば検非違使庁は公家政権にとっては政治・経済のうえでの最後の守りというか、砦《とりで》となった。

この公家政権の最重要な制度的拠点である検非違使庁は、残存する多くの関係史料（別当《べっとう》宣《せん》・下文《くだしぶみ》・諸官評定文《しょかんひょうじょうぶん》、紛失証判《しょうはん》）からうかがわれるようにさまざまの活動の跡を残しているが、武家政権の勢力拡大には抗しえず、次第に武家政権に依存するかたちでその役割を譲り渡すことになる。

鎌倉・南北朝時代の検非違使庁関係文書のなかに、実際の洛中の民事訴訟の審理に当たった使庁官人（法曹輩・法家輩）たちが作成した使庁諸官評定文というものがある。訴訟の判決はこの注進状に基づいて検非違使別当宣によって下される。したがってこの諸官評定文の残存は、検非違使庁の民事訴訟機関としての機能がいまだ存続していることの証《あか》しとなる。比較的残り具合のよいこの諸官評定文の残存の状況を調べることによって、使庁のこの機能がいつまで続いたかについてみてみよう。

現在知られている諸官評定文のなかで時期的に一番遅いものは、南北朝最末期の至徳二年（一三八五）六月一三日付のものである（「京都御所東山御文庫記録」）。この諸官評定文は院庁召《めし》次国永《つぎくになが》の訴える「謀書」（文書偽造）についての、法律の専門家である使庁諸官たちの審議内容を記したもので、詳しい内容についての説明は省略するが、犯罪者の認定や量刑について細かく議論し、その結論を上申している。

ここで最も注目すべきは、すでに文殿《ふどの》とか記録所とかいった他の公家訴訟機関が停廃《ていはい》しているなかで、検非違使庁だけが、しかも至徳二年という時期的に遅い時点で「謀書」についての案件を所轄している事実である。検非違使庁の機能にはこうした訴訟の管轄のほかに、紛失証判（提出された紛失状に証判を加えて法的効力を与えること）があるが、使庁官人が紛失証判を行った事例は応永六年（一三九九）一〇月まで認められ（「宝鏡寺文書二」、『大日本史料』七編四、一二五頁）、首都京都の民政に深く根をおろした検非違使庁の官衙としての強さを感じさせる。とはいえ、応永一五年（一四〇八）一一月になると、東寺が山城国内の同寺領文書の紛失状を立て幕府に証判を申請している事実があるので（「東寺百合文書」、『大日本史料』七編一一、二五頁）、義満の没直後にあたるが、このころになると紛失証判の機能も使庁から離れ、幕府に移っていたものとみられる。

ちなみに、公家政権の検非違使庁の機能を引き継ぐのは、幕府の京都の治安・警察を主務とする役所である侍所《さむらいどころ》である。この侍所と検非違使庁の関係についても、歴史的な段階に即して詳述する必要があるがここではふれない。ただ義満がらみでの役割交替の時期的指標として、永徳元年（一三八一）一〇月、公家政権に提訴中の京都四条地の案件につき、検非違使庁の沙汰（正確には「官人〈中原章忠《なかはらのりただ》〉沙汰」）が緩怠して進捗《しんちょく》しないのにしびれを切らした三条公忠が、足利義満に依頼して侍所に命じ、侍所から「厳密に相触」れてくれるよう伝達した事実がある（「後愚昧記」永徳元年一〇月二日条、『後愚昧記三』四六頁）。この事例もまた別の側面での使庁機能の衰退を象徴している。

武家様花押の消滅

義満の御判始が行われたのは、応安五年（一三七二）一一月二二日、一五歳のときであった。そのことについてはすでに述べたが（76頁参照）、この日義満は武家様の花押を据えた寄進状を石清水八幡宮に発している。義満の公的な花押の使用はこうして武家様花押でもって開始された。

その義満が、永徳元年（一三八一）七月二三日、二四歳で内大臣に昇進したのを契機に、公家様の花押を使い始め、従来の武家様花押もそのまま使い続けたので、これ以降しばらくの間、義満は公家・武家両様の花押を使い分けつつ併用することとなった（121頁参照）。

しかしその武家様花押にもやがて廃止されるときがやってくる。それがいつかを確定する史料は今のところ見当たらないが、実例によってみると全く見当がつかないわけではない。以下の至徳三年（一三八六）一二月八日付足利義満袖判御教書は、筆者の収集の範囲で義満の武家様花押の終見である。以下にあげる。

（付箋）「鹿苑院殿」
（花押）（足利義満・武家様）
摂津掃部頭（能直）入道々賛本知行地事、已宛彼跡、成安堵畢、左馬助能秀（摂津）可令領掌之状如件、
至徳三年十二月八日

（「美吉文書」二、『加能史料 南北朝Ⅲ』二七一頁）

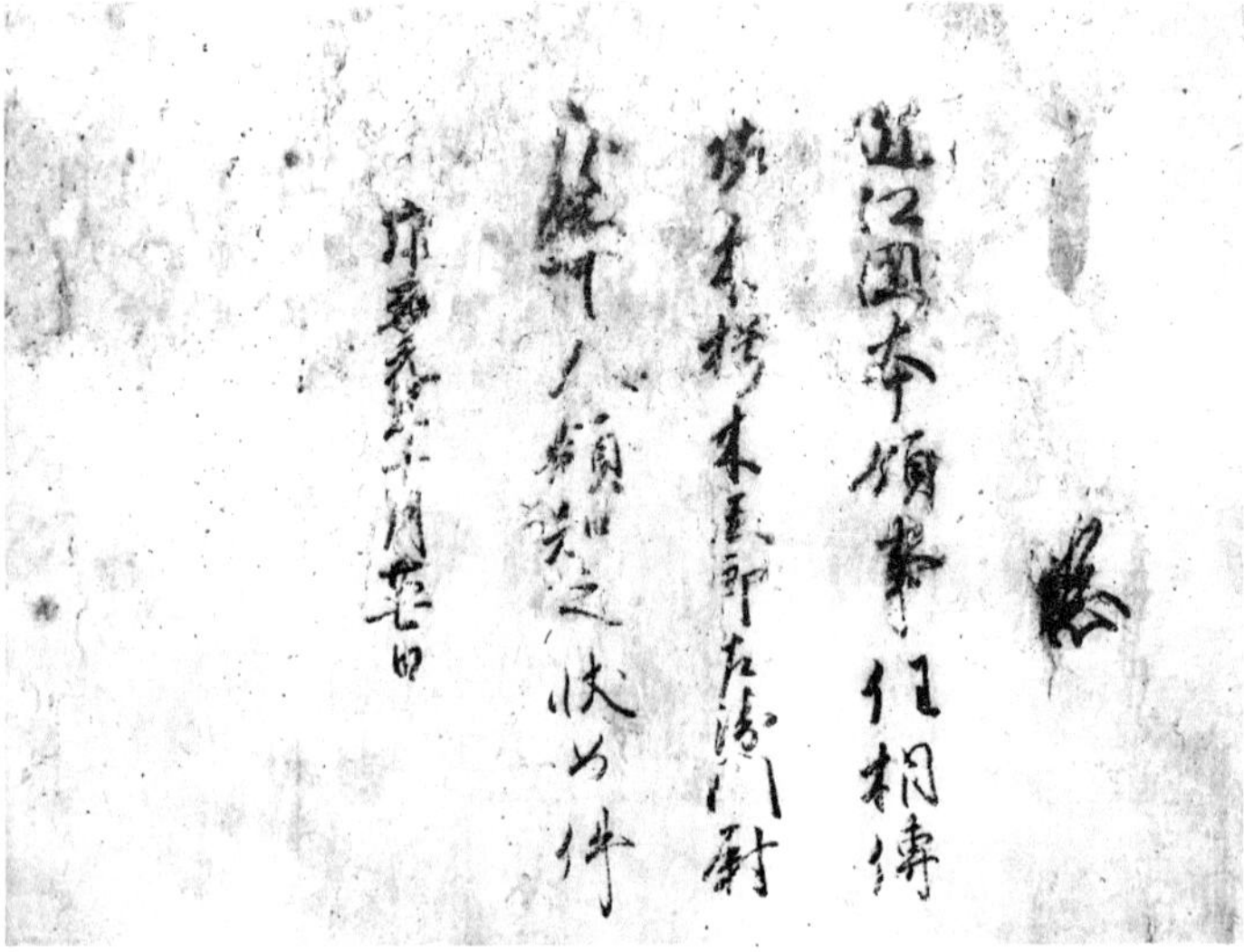

足利義満袖判御教書(康応1年10月27日)　国立公文書館・内閣文庫蔵、朽木家古文書
＊武士への安堵状に公家様花押を用いた例

足利義満が、摂津（中原）能秀《よしひで》に父能直《よしなお》（道賛《どうさん》）の遺領加《か》賀《が》国《のくに》倉月《くらつき》庄等の本知行地を安堵するという内容の袖判御教書である。この文書の袖には、紛れもなく義満の武家様花押が据えられている。この文書以降に義満の武家様花押を持つものは見当たらず、一般武士にあてた文書にも公家様花押が据えられるようになる（一例を挙げると、『朽木文書一』一三頁、康応元年一〇月二七日、佐々木氏綱《うじつな》あて義満袖判御教書は公家様花押。内閣文庫影印叢刊『朽木家古文書 上』一六頁）。

それまで併用してきた公武両様花押のうち、武家様を廃止して公家様のみに一本化することは、公家・武家社会を一つの花押のもとに一元的に統治するという政治構想につながることは推測に難くない。おそらく義満は、前述した万里小路嗣房を通した公家社会の支配と、従来の武家社会の支配とを統合するかたちで、公武統一政治を実現する自信を得て、その手始めとしてまず花押の一本化に踏み切ったのではあるまいか。

一つ気になるのは、武家様花押の終見と思われる右掲の袖判御教書が出された日より十ヵ月ほど前の至徳三年二月一二日に、義満の嫡子義持が誕生していることである。つまり武家様花押の廃止には、義持の誕生がなんらかの心理的影響を有しはしないかという憶測である。

義満の袖判を持つ口宣案

職事《しきじ》（蔵人頭《くろうどのとう》と五位蔵人）が上卿《しょうけい》に口頭で伝達する勅命の控書を口宣案《くぜんあん》といい、僧俗の叙位や任官を当人に伝達するのに用いられる。特に武士に対して出される口宣案の袖に室町殿が花押（袖判）を据えるという行為は、義持以降になると散見されるが、実は義満にもその実例のあったことが金子拓によって指摘されている（金子『中世武家政権と政治秩序』吉川弘文館、一九九八年一二月、八五・九六頁）。当該文書を左に掲出する。ただし金子は、本文書は写《うつし》であり、いまだ検討の余地を残すということを付記している（なお、端裏に「口 宣案」という銘《めい》があったか否かは不明）。

（端書）
薄墨紙　義持公加判
「綸旨」

（花押影）（足利義満・公家様）

「上卿（上卿銘）花山院（通定）大納言」

嘉慶二年三月廿日　宣旨

越智（河野）通義

宜任伊予守

蔵人頭右大弁藤原頼房　奉

伊予の「河野家文書」に入っている、蔵人頭万里小路頼房《よりふさ》の奉ずる後小松天皇口宣案である。刊本では景浦勉編『河野家文書』（伊予史料集成3、伊予史料集成刊行会、一九六七年八月、一九五頁）『南北朝遺文　中国四国編六』（一三六頁）に収録される。義満が武士あての口宣案に袖判を据えた目的は、その口宣案自体の権威付けであろうが、まず問題となる袖判の主は形状からみて、紛うことなく足利義満である（公家様花押。東京大学史料編纂所《へんさんじょ》で確認済み）。問題の二つめは、今のところ義満袖判付きの口宣案はこれ以外に知られていないこと。これ以降義満存命中に武士に出された後小松天皇口宣案に袖判は据えられていないことである。現時点ではそれ以上のことはいえないが、これまでみてきたような義満の権力掌握の道筋からして、嘉慶二年（一三八八）の時点で義満がこのような行為に及んでもまったく不自然ではない。

口宣案の袖に室町殿が花押を据えるという方式は、次代の義持以降になってからより多くみられるようになる（前掲金子著書八五頁に一覧あり）。その初例が孤立的ではあれ、義満の嘉慶年間に出現するのも不自然なことではない。義満の試みは新儀としての役割を果たしたのである。

形式的な後円融上皇院宣

室町幕府がその開創以来、二人三脚の関係にあった北朝の公家政治の活況は、観応の擾乱《じょうらん》に至る前の光厳上皇の院政期がそのピークであった。光厳上皇院政下ではいまだ幕府は制度設計の途上であったので北朝との関係もゆるやかで、そのぶん院政の運営も比較的のびやかであったためである。しかし、観応の擾乱を克服した幕府機構が次第に整備され、将軍権力も強化される方向に転じると、北朝は次第に精彩を欠いてゆく。

光厳上皇の跡を継いだ後光厳天皇は、その親政時代の応安四年（一三七一）九月に「応安法」と呼ばれる雑訴法を制定したりして政道の興行に努め、その後の後円融天皇は永和二年（一三七六）八月、伝奏番文を作り伝奏を通じた政道の活性化に努めるなど、それぞれに公家政治のために意を用いた。

その後円融の親政・院政の時期の、後円融と足利義満との関係について、伏見宮貞成親王の「椿葉記」は次のように描く。

　さて禁裏（後円融院）ハ御在位十二年まし〱て、永徳二年四月御譲位ありしかとも、今度ハ伏見殿（崇光天皇）より御微望を出さるゝに及ハねハ、あらそふかたなく一《仙洞》の御子（後小松天皇）に御位に即ぬ、新院（後円融上皇）ハ御治世なれとも、天下の事ハ大樹《准后左大臣》(足利義満)執行ハせ給、その比、伏見殿へ(義満)准后つねに御参ありて、いと時めき給、
(『図書寮叢刊 看聞日記別冊』一一頁)

後円融天皇は十二年在位したあと、永徳二年(一三八二)四月に譲位した。この時崇光上皇側から何の異議も出なかったのですんなりと「一の御子」(幹仁《もとひと》)が即位した。後小松天皇である。後円融上皇は治天として院政を始めたが(明徳四年〈一三九三〉四月没)、天下の事は足利義満が執り行った。そのころ、義満はよく伏見宮にやってきたので宮家は時めいた(後光厳・後円融・後小松代に皇太子が立てられなかったのは伏見殿に対する義満の配慮か)。このくだりにはそういうことが描かれているが、時期的には永徳末から至徳・嘉慶を経て明徳にかかる約十年の期間と考えられる。右の記事中の「天下の事ハ大樹《准后左大臣》(足利義満)執行ハせ給」とは、公家政治の重要部分は義満が執り行ったということであるから、逆にみると勅裁が本来持っている万鈞《ばんきん》の重みは失われたということになる。

以下の一連の文書によってこの時期の勅裁の性格の一端をみることにしよう(「理性院文書」、『醍醐寺文書一五』五八〜六〇頁)。

①尾張国(丹羽郡)長幡寺別当職事、任先例、可令執務之状如件、

嘉慶二年九月十五日　(足利義満・公家様)(花押)

理性院(宗助)僧正御房

②山城国東安寺、幷尾張国（丹羽郡）長幡寺別当職、可令管領給之由、新院（後円融上皇）御気色所候也、仍執啓如件、

嘉慶二年九月廿四日　（平知輔）（花押）

謹上　理性院（宗助）僧正御房

③尾張国（丹羽郡）長幡寺別当職事、任去月十五日御下知之旨、可沙汰居理性院（宗助）僧正房雑掌之状、依仰執達如件、

嘉慶二年十月三日　左衛門佐（斯波義将）判

土岐伊予守（満貞）殿

④尾張国（丹羽郡）長幡寺別当職事、任去月十五日案堵（安）御判幷今月三日御教書之旨、可沙汰居理性院（宗助）僧正房雑掌之状如件、

嘉慶二年十月五日　伊予守（土岐満貞）（花押）

戸蔵左近将監殿

まず簡単に右の文書の説明をしよう。内容はともに尾張国《おわりのくに》の長幡寺《ちょうばんじ》別当職を醍醐寺理性院僧正房（宗助）に与えるということに関わるものであるが、①はそのことを宗助にあてて命じた足利義満御判御教書、②は山城国東安寺のことを含めた同内容の後円融上皇院宣、③は①を施行するために当該国尾張の守護土岐《とき》満貞《みつさだ》にあてられた管領斯波義将施行状、また④は③を受けた尾張守護土岐満貞が同国の戸蔵左近将監にあてた遵行状、である。

注目すべきは①と②の関係である。日付をみればわかるように、②の後円融上皇院宣は①が出された九日後、別個に発給されたもので、①の足利義満御判御教書と同じ内容である。従来、北朝の勅裁が先に出て、それを幕府側が一見するという行為はみられたが、このような逆のかたちは珍しい。③の管領奉書は「任去月十五日御下知之旨」との文言を持つことからわかるように①を施行するもので、また④は③を受けて発給されている。

つまり②は③④の文書のなかにその片鱗もとどめていない。②の嘉慶二年後円融上皇院宣はまったく形式的なものであったのである。かといって②を無意味な文書として捨て去るわけにはゆかない。②もそれなりの役割を果たしたからこそ現存するわけで、この尾張国長幡寺別当職補任をめぐる一連の文書発給のあり方は、公武のトップ同士の政治的な立場を端的に反映するものとみることができる。

義満の諸国遊覧

義満の用いる花押が公家様に統一される至徳三年（一三八六）ころから、義満の地方名所への遊覧、寺社参詣が堰《せき》を切ったように開始される。しかし遊覧・参詣とは言いながら、実質的にはその名を借りた地方政情の視察であって、京都における義満の政治が地方でどのように生かされているかをその目で確かめることであった。見方によっては、地方の敵対勢力への示威行動を意味していた。そのように考えると、義満の諸国遊覧は公武統一政治の本格的開始に向けての全国規模での一大イベントであったとみなすことができる。

この時期に義満がどのようなところに遊覧したか。具体的にいくつかをあげよう。

①【丹後天橋立《あまのはしだて》】（至徳三年〈一三八六〉一〇月）
十月廿一日、府君《(足利義満)》回自丹後天橋、鹿苑《(無求周伸)》書至、明日参府、廿二日、絶早、出上生入官府、々君会話、及天橋之遊、天橋去京師二十八里、蓋往返七日程也、府君促程、三日而帰、…

（辻善之助編著『空華日用工夫略集』二二七頁）

②【紀伊高野山】（嘉慶二年〈一三八八〉春）
南朝元中五年戊辰、北朝嘉慶二年春、将軍義満詣高野、遊紀州、宿岡城、詠和歌、是紀州南方軍兵多、若此時有蜂起、自可征伐云々、楠正秀等少々河州出張、為山名氏清、被追罰敗、

（「南方紀伝」、『改定史籍集覧三』三三頁）

③【駿河富士山】（嘉慶二年〈一三八八〉秋）
和漢合運云、是年、義満遊紀州浜、又赴富士、…

南方紀伝云、秋将軍《(足利義満)》駿河国に下向す。今川上総介泰範館にて、富士山を題し、歌の会あり。同じ月、上洛あり、

（『後鑑二』二五五～六頁）

④【安芸厳島《いつくしま》社・西国】（康応元年〈一三八九〉三月）

「鹿苑院殿厳島詣記」（『群書類従一八』所収）、および「鹿苑院西国下向記」（宮内庁書陵部所蔵）

⑤【越前気比《けひ》社】（康応二年〈明徳元・一三九〇〉九月）

東寺王代記云、九月十五日、室町殿《義満》北国御進発、越前気比御参詣云々、

（『後鑑二』二八四頁）

右の数例のうち、①は至徳三年（一三八六）一〇月の丹後国天橋立遊覧、②は嘉慶二年（一三八八）春の高野山参詣・紀州遊覧、③は同年秋の駿河富士山遊覧（のち永享四年〈一四三二〉九月、義教富士遊覧の先例となる）、④は康応元年（一三八九）三月の安芸厳島社参詣および西国遊覧、そして⑤は康応二年（明徳元・一三九〇）九月の越前気比社参詣、という具合に、義満は至徳三年から康応二年の四年間に、東は駿河、西は周防《すおう》・長門《ながと》、南は紀伊、北は越前・丹後といった広い範囲に所在する各所に赴いている。

これらの義満の諸国遊覧のことを記す史料のうち最も詳しいのは、西国下向にかかる④である。これについて少しふれておこう。

まず「鹿苑院殿厳島詣記」である。康応元年（一三八九）三月、足利義満は多くの名だたる重臣を引き連れて安芸厳島神社に参詣したが、これに随行した九州探題今川了俊が著した紀行文がこれである。義満は厳島参詣のついでに、周防・長門、さらに筑前《ちくぜん》まで足を延ばそうとしたが、周防三田尻《みたじり》を経て長門赤崎《あかさき》浦に達したとき大風に見舞われたためにこれより引き返した。

守護大内義弘《おおうちよしひろ》との関わりもそうであるが、明徳二年（一三九一）四月の細川頼之の政界復帰の伏線的な意味合いで、義満が旅の途中讃岐の宇多津《うたづ》で、頼之と二人きりで親しく語り合い旧交を温めたという事実も注目される。

他方「鹿苑院西国下向記」は、「鹿苑院殿厳島詣記」と同じ康応元年（一三八九）三月の義満の安芸厳島参詣を題材とした紀行風の物語である。表紙に「鹿苑院西国下向記　元綱」とあるところから「元綱」なる者の著作とされているが、作者の詳細は不明。末尾に「康応元年九月廿五日夜」と記されるが、成立については要検討。この記には大内氏の祖とされる琳聖太子《りんしょうたいし》（大内氏の家譜「大内多々良氏譜牒」〈『山口県史　史料編　中世1』山口県、一九九六年五月、七四〇頁〉によると「百済《くだら》国聖明《せいめい》王第三皇子」）の渡来伝承が明確に記されており、本記と大内氏（特に大内政弘《まさひろ》）との関係が注目される。なお小川剛生は「鹿苑院西国下向記」について以下のように述べている。

鹿苑院西国下向記は、大内氏の政治神話によって脚色された、いわば紀行文に擬装された物語という側面も持っている。大内氏側から見た、室町殿との関係を浮き彫りにしており、これもたしかに室町期の政治的真実を伝えるのである。

（『足利義満』一八一頁）

筆者は、少なくとも「鹿苑院西国下向記」の一部は、その記載どおりの「康応元年九月廿五日夜」の成立ではなく、それより百年近く下った文明《ぶんめい》年間（大内当主は大内政弘）のころに改編されたと考えているが、物語の元になったのは今川了俊の「鹿苑院殿厳島詣記」であることは動くまい。その元本に描かれた、足利義満が南北朝末期に周防・長門までやってきたという過去の歴史が大内氏を中心とした祖先神話に仕立て直されたのは、父祖大内義弘と足利義満との関係が、文明年間の大内政弘の勢力拡大を思想史的に支える物語として有効であったからに他なるまい。

四　足利義満と管領斯波義将

足利義満の文書

先に細川頼之が管領として義満を輔佐《ほさ》していた十年余の期間（貞治六年〈一三六七〉から康暦元年〈一三七九〉まで）、義満の将軍としての文書発給は頼之の羈絆《きはん》から脱しえなかったためか十分な展開を遂げなかったと述べた。康暦の政変で頼之が管領を去ると、新管領斯波義将のもとで、義満は文書の発給の面において新たな境地を切り開くことになる。それはとりもなおさず、足利義満の本格的な治世の始まりを意味していた。

ここでは義満が、斯波義将の管領在職期間である康暦元年閏四月から明徳二年（一三九一）三月までの十二年の間に、どのような種類の文書を発給しているかを調べてみよう。この間の義満発給文書の残り方は、同時に義満政治がどのような経緯で本格化したか、その様子を雄弁に物語っている。まず文書形式の面からいえば、以下のようなものがある。

Ⅰ　足利義満袖判下文

将軍文書としての袖判下文《そではんくだしぶみ》の用途が、元来武士への恩賞地宛行《あてがい》であったこと、また義満も頼之管領時代においては父祖と同様の方法でこれを行っていたことを前述した。この方式はその後一体どのようになるのであろうか。

筆者の収集では、斯波義将が義満の初回管領であった時期（右記の康暦元年～明徳二年の十二年間）において、康暦元年閏四月二〇日付（『後鑑二』一一八頁）から明徳元年一二月二四日付（同、二八五頁）までの全一九通の袖判下文を探すことができた。用途はすべて所領の宛行である。つまり義将の第一次管領期において、義満が所領宛行のために採用した文書の形式は袖判下文であったこと、つまり父祖のそれを踏襲していることが知られる。

後段で述べるように、義満はのちにこれを袖判下文から袖判御教書に変更している。その初見は、現存史料によると明徳二年（一三九一）三月二七日付（『大徳寺文書一二』一三三頁）であり、その変更は、斯波義将が管領を辞任して後任の細川頼元（頼之の弟にして養子）が就任するまでの約一ヶ月間の、いわば管領不在の期間中のできごとであった。なぜこの時期に替わるのか、その理由については深く掘り下げて考えてみる必要がある。

Ⅱ　足利義満御教書

足利義満の発給文書のなかで最も多く残っているのが御教書である。その用途は多種多様のものを含んで広い。細かくいうと、義満御教書は、その据えられた花押の位置によって、①袖判御教書、②奥上署判《おくうえしょはん》御教書、③御判御教書、の三種に分類される。①は花押が文書の袖の部分にあるもの、②はそれが文書の奥の上方にあるもの、そして③はそれが日下にあるもの、である。また書札礼の厚薄でいうと、①→②→③の順で厚さを増す。義満にとって最も出しやすかったのは③であったようで、現存史料のなかでは、一番多く残存している。以下、順に述べる。

①足利義満袖判御教書

足利義満袖判御教書は、発給人である義満の花押（花押のみ）がその文書の袖の部分に据えられているので、古文書学ではそのように呼んでいる。書札礼でいうと一番尊大な様式である。筆者は、斯波義将の義満代第一次管領在任期において、康暦元年五月九日付（上杉憲方にあてて上野国《こうずけのくに》守護に補任。『上杉家文書一』二八頁）より、明徳元年一二月二九日付（某にあてて石見《いわみの》国《くに》鳥居《とりい》郷鳥越《とりごえ》村等を安堵せしむ。『萩藩閥閲録三』五九八頁）まで約六〇通の義満袖判御教書を集めた。

その用途についてみると、大半は一般武士にあてて所領を安堵するというものであり、書き止め文言としては、例えば「任相伝、〇〇可令領掌之状如件」などの表記を用いる。同じく所領関係では、康暦元年（一三七九）一〇月に勲功賞として地頭職を「預置《あずけお》」くものが一点認められる（『小早川家文書二』三一一頁）。

②足利義満奥上署判御教書（除、寄進状）

足利義満の発給する御教書で、義満の花押が文書奥の上方に据えられたものがある。奥上署判御教書である。この文書は一般武士にあてられるものではなく、寺社にあててその所領の安堵や課役・諸役の免除などを内容とする。寺社に対してあてられるだけあって、差出書もきちんと官途・位署を書き付ける。この点、寺社への寄進状と共通するものがある。

この手の御教書は初代尊氏・二代義詮にはほとんどみられず、三代義満に独特の文書様式ということができる。筆者の収集内での初見は、周防永興寺《ようこうじ》にあてたと思われる至徳三年（一三八六）四月七日付（「周防永興寺文書」、『南北朝遺文 中国四国編六』七四頁）である。内容は、周防永興寺領周防国屋代《やしろ》庄北方以下の地を守護大内義弘の申請に任せて当寺領とするというもの。これを皮切りに、斯波義将の管領在任中に限定すると、明徳元年（一三九〇）一二月一九日付（内容は、権僧正頼昭《らいしょう》の申す摂津国西中条牧内穂積・時末両名への守護の関与を停止し寺用を全うせしむ、というもの。「冷泉家文書」、『冷泉家時雨亭叢書51 冷泉家古文書』三二頁）までの約四〇通を集めることができた。この間の義満の奥上署判は、「左大臣源朝臣《あそん》」（義満の任左大臣は永徳二年正月二六日）、左大臣を辞した嘉慶二年五月以降は「従一位源朝臣」（同じく叙従一位は康暦二年正月五日）である。

そこで奥上署判御教書の登場の契機は何かと考えるとき、任左大臣との関係を想定したくなるが、時期的にみて義満の任左大臣と奥上署判御教書の登場とが四年も離れているので、この様式の登場を任左大臣に引き付けて考えるのには無理があろう。むしろ先に至徳三年の武家様花押の消滅と関係するかもしれないと憶測した嗣子義持の誕生（至徳三年二月一二日）との関係の方が蓋然性《がいぜんせい》は高いとみるのは考えすぎであろうか。

③足利義満御判御教書

最後は、袖判でも奥上署判でもない、ふつうの日下に署判された御判御教書である。同じ御教書でも先述した①や②に比べて数的にみてはるかに多く残存している。それだけに用途が広く、使い勝手がよかったものと思われる。

当該期間において、筆者が収集した足利義満御判御教書は、㋑康暦元年（一三七九）閏四月二三日付（『阿蘇文書一』四一一頁）から、㋺明徳元年（一三九〇）五月六日付（「瑞岩寺文書」、『岐阜県史 史料編 古代中世一』一一七七頁）までの約七〇通を集めた。㋑は義満が九州探題今川了俊にあてて、肥後阿蘇社大宮司阿蘇惟村の訴訟についてはまず惟村の軍功を見届けてから重ねて注進せよ、ことはそれからだと指令したもの、また㋺は善益西堂にあてて、瑞岩寺領美濃国本郷牛洞内壱所・中津河地頭職等を安堵せしめたものである。参考までに㋑㋺を引いておく。

㋑阿蘇大宮司惟村訴訟事、令出陣、就致忠節、依重注進、可有其沙汰之状如件、

康暦元年潤（閏）四月廿三日　（足利義満・武家様）（花押）

今河伊与入道殿（了俊・貞世）

㋺瑞岩寺領美濃国本郷牛洞内壱所・中津河地頭職、巌利孫坂伊佐見、尾張国玉江枳豆志領家職事、早可被領掌之状如件、

明徳元年五月六日　（足利義満・公家様）（花押）

善益西堂（大中）

収集した足利義満御判御教書を内容的にみてゆくと、㋑のような軍事関係のこと、㋺のような寺社や武士の所領・所職の安堵・遵行に関すること、その他に護持僧の補任、祈願寺の指定、天下静謐《せいひつ》祈禱《きとう》の要請など広く祈禱関係のこと、伊予守護職に関すること、相国寺や天龍寺など五山禅寺等の住持職補任に関すること、等々用途は多岐にわたる。換言すると、義満の公武統一政治を最も広範に支えたのは御判御教書であったということもできよう。

Ⅲ　足利義満下知状

足利義満の下知状では、永徳元年（一三八一）一二月二六日付（『石清水文書六』一三五頁）から、明徳元年（一三九〇）八月二九日付（「東寺百合文書ア」）までの全一五通を集めた。

このうち嘉慶二年（一三八八）六月一二日付義満下知状（「備前八塔寺文書」、『南北朝遺文 中国四国編六』一四五頁）のみ他と異なるので、これについて先に説明を加えておこう。この下知状は、美作八塔寺《みまさかはっとうじ》の文書紛失に伴う寺領安堵の申請を、山名義理《よしただ》・赤松義則《よしのり》の注申により認めるという内容のもので、文書の袖に義満の花押が据えられている（現存のものは案文）。この下知状の機能は、当該地が洛中であれば検非違使庁が行っていた紛失証判に相当する。

右の一例を除く下知状一四例はすべて奥上署判で、署判の仕方は前出の「奥上署判御教書」と同じである。内容は、土地訴訟・所領安堵に関するもので、文書の体裁といい、本文の長さといい、ひところの足利直義下知状を想起させるに十分である。

ちなみに、この種の文書としては、細川頼之の管領時代に一点のみ、永和三年（一三七七）一二月二一日付（『朽木文書一』四頁）があることを前述した（87頁参照）。

Ⅳ　足利義満寄進状

足利義満の寄進状では、康暦元年（一三七九）五月七日付（「善法寺文書」、『石清水八幡宮社家文書』六六頁）から、明徳元年（一三九〇）一二月三日付（「成簣堂古文書所収退蔵庵文書」、『南北朝遺文　中国四国編六』二二三頁）までの全一五通を集めた。

内容は文字どおり石清水八幡宮・天龍寺・臨川寺・祇園社等の寺社に所領を寄進するというもので、寄進者義満の差出書についてみると、以前と同様に、日付の次行（奥下）や奥上の位置にきちんと官途書きされている。細かくみると、当初は前代以来の「右近衛大将《うこんえのだいしょう》　源朝臣」、永徳元年七月の任内大臣以降は「内大臣右近衛大将源朝臣」、永徳二年正月の転左大臣以降は「左大臣右近衛大将源朝臣」、至徳元年三月の辞右大将以降は「左大臣源朝臣」、嘉慶二年五月の辞左大臣以降は「従一位源朝臣」と位署している。

Ⅴ　足利義満御内書（含、書状）

御内書には年次は書かれない。したがって推定するしかないが、当該期間に年次が推定できるものを現時点で三五通ほど集めた。すでに述べたように、御内書はその名のとおり、もと内々の私信のようなものであったが、義満の御内書ともなると私的を飛び越して公的な内容のものも少なくない。義満の御内書を等閑視できない所以《ゆえん》である。

この時期の義満御内書を集めてみると、武家関係では鎌倉公方足利氏満、九州探題今川了俊、美濃守護土岐頼康、伊勢守護仁木《にき》満長《みつなが》、南朝から一時北帰した河内守護楠木正儀など、公家関係では関白二条師嗣、権中納言勧修寺《かじゅうじ》経重《つねしげ》、右大臣久我《こが》具通《ともみち》、左大臣徳大寺《とくだいじ》実時《さねとき》など、仏教界では春屋妙葩（普明国師《ふみょうこくし》）、醍醐寺報恩院隆源《ほうおんいんりゅうげん》など、聖俗両界の枢要な人物にあてられていることが知られ、御内書はその時々の特別の状況に適応した意思伝達の手段であったとみたい。

管領斯波義将の文書（義満代一度目）

これまで将軍としての足利義満の発給文書を概観してみたが、この項では、斯波義将の管領奉書についてみることとしたい。康暦元年（一三七九）閏四月から明徳二年（一三九一）三月までの約十二年間（義満代の一度目）、管領の職にあった斯波義将は、実に多数の管領奉書を今日に残している。それはほぼ同程度の期間管領の座にあった細川頼之の奉書の数をはるかに凌《しの》ぐ。

これまで室町時代の管領研究というと対象となるのは細川頼之がお決まりで、斯波義将について本格的に検討されることは少なかった。しかし近年になって、細川頼之・斯波義将を筆頭として山名・土岐・京極氏といった有力守護たちの織りなす南北朝後期の室町幕府政治史を新たに捉え直そうとする試みが、山田徹によって精力的に行われている（「南北朝後期における室町幕府政治史の再検討」）。山田はこの一連の研究のなかで、康暦元年の康暦の政変をめぐる足利義満と有力大名たちの動向を追跡し、その前後の室町幕府政治の展開の様相を通説を再検討しつつ斬新《ざんしん》に描き出した。なかでも足利義満と管領斯波義将の相互関係について述べた箇所は殊に興味深い。細川頼之と斯波義将は同じ管領の職にあっても、時代の状況は大きく異なるし、彼らが近仕する将軍権力の性格も変わってゆく。彼らが発する管領奉書の用途や内容がその時代の影響を受けて変化するのは至極当然のことである。

筆者が収集することのできたこの間の斯波義将奉書は、康暦元年（一三七九）六月二五日付（「石清水文書」、『石清水文書六』八二頁）を初見とし、明徳二年（一三九一）一月一九日付（「八坂神社文書」、『八坂神社文書 下』六五九頁）を終見とする、全約四〇〇点である。多数の斯波義将の管領奉書群をざっと見渡して気付くのは、かつての細川頼之が残したそれと比べて内容が大きく異なることである。

I 将軍家御教書

まず斯波義将の奉ずる将軍家御教書である。細川頼之の場合特に多かったのは、所領・所職をめぐる相論関係や濫妨停止などについてのことがらであった。しかし、義将の場合はむろん頼之時代と同様の状況を基盤としつつも、新たに、諸国からの年貢や材木などの輸送・海上警固、新関の停廃、兵庫嶋札狩《ふだがり》など経済・流通にかかることがら、それに洛中敷地等課役、東寺・最勝光院《さむようこういん》寄検非違使《きけびいし》俸禄、北野社神人酒麴役《じにんしゆきくやく》などといった経済・流通活動の中心的都市＝京都に関わることがらなどが加わり、全体的に面目を一新している。

なかでも年貢輸送の勘過《かんか》（検《しら》べて通すこと）に関する史料は興味深いので、左にあげておく。①は永徳二年（一三八二）六月のもの、②は至徳二年（一三八五）三月のもの。内容は、いずれも管領斯波義将が義満の仰せを奉ずるかたちで、臨川寺領加賀国大野《おおの》庄の年貢米を運送するにあたり、近江国高島郡の船木関《ふなきのせき》を煩いなく勘過させるよう、山門使節《さんもんしせつ》に命じたものである。

これを受けた山門使節は配下の者に命じてそのように取り計らうよう指示したものと考えられる。幕府による山門支配の仕方を具体的に示す史料として興味深い。

①臨川寺領加賀国大野庄(石川郡)年貢米弐千百石所運送也、船木関(近江国高島郡)無煩可被勘過之状、依仰執達如件、

　永徳二年六月廿一日　左衛門佐(斯波義将)判

山門使節御中

(「臨川寺重書案文」、原田正俊編『天龍寺文書の研究』思文閣、二〇一一年五月、八六頁)

②臨川寺領加賀国大野庄(石川郡)年貢運送事、任貞和官符幷延文綸旨・御教書等之旨、船木関(近江国高島郡)無煩可令勘過之状、依仰執達如件、

　至徳二年三月二日　左衛門佐(斯波義将)判

山門使節御中

(「臨川寺重書案文」、『天龍寺文書の研究』八九～九〇頁)

右のような「山門使節中」あての管領奉書は、義満期の管領のなかでは斯波義将のものしか見当たらない、細川頼之の管領時代にはなかったものだった。それだけに義将期に特徴的な文書であるが、筆者の収集においては今のところ右の二通しか見当たらない。

さらに以下のようなものもある。いわば経済活動に伴う訴訟＝「雑務沙汰」関係の案件である。管領奉書が扱う内容にこの種の案件が含まれている事実は、幕府をとりまく訴訟環境の変《へん》貌《ぼう》を実感させる。

日吉御師中務大輔成光申、近江国建部庄内当社神供料所事、山徒仏眼院秀運、号有借銭押領云々、於負物者、為一陪(倍)沙汰之条、傍例也、早止彼妨、可被全成光代所務之状、依仰執達如件、

　康応元年十二月十五日　　左衛門佐(斯波義将)（花押）

　佐々木大夫判官(六角満高)殿

（「生源寺文書」〈近江〉、『創業二十五周年記念 潮音堂書蹟・典籍目録』二〇二二年）

この文書は、日吉御師《おし》の中務大輔《なかつかさのたいふ》成光が提訴した、近江国建部《たけべ》庄の日吉社神供料所が山徒の仏眼院秀運によって借銭の抵当として押領されているという案件について、これを審理した幕府が、負物の利息についての傍例を示してその押妨を止め、成光に所務を全うさせよという判決を下したうえで、当該国近江の守護六角満高《みつたか》にその執行を命じた管領斯波義将奉書である。

Ⅱ　管領施行状

次は管領施行状である。義満の出した下文や寄進状を施行する管領奉書も数は少ないけれども、依然として発給されており、消滅したわけではない。

Ⅲ　管領下知状

筆者が当該期間中に収集しえた斯波義将の管領下知状《げちじょう》は、康暦元年一一月二五日付（「南禅寺文書」、『南禅寺文書上』一四七頁）を初見とし、康応元年（一三八九）一一月二七日付（「福山天野文書」、『静岡県史料四』八六七頁）を終見とする、全五通である。うち三点が京都金蓮寺《こんれんじ》敷地の安堵、祇園社領四条東洞院西北頬東西二丈の安堵、遠江国《とおとうみのくに》山香《やまか》庄内小河村地頭職の安堵、また二点が寺院（南禅寺・東福寺《とうふくじ》）の造営や修造のための材木運送に際しての勘過、というぐあいである。

細川頼之の管領下知状は、頼之が幼主義満の将軍代行として発給したものであったが、この斯波義将の管領下知状はそのような状況下で出されたものではない。また頼之の場合は、ほとんど将軍の袖判下文の代替として出されたが、義将の場合は木材輸送の勘過のためのものが登場している（頼之には勘過の事例は見当たらなかった）。両者を比較した場合の違いである。この違いは、両人の管領在任時の時代的な相違でもある。

引付頭人奉書の廃絶

斯波義将の発給文書を論ずるとき、あわせて考えるべきは引付頭人奉書《ひきつけとうにんほうしょ》（略して引付奉書とも）との関係である。管領奉書が引付頭人奉書を吸収するという現象は、今に始まったのではなく、すでに応安～永和の細川頼之の管領時代にかなり進行していたが、これを受けた斯波義将の管領時代にその衰滅は決定的となるからである。引付頭人奉書とは、引付方の頭人（当該訴訟を担当した引付方の当番局の長）が発給する文書のことである。

そもそも引付方とは、建長《けんちょう》元年（一二四九）一二月、鎌倉幕府下で、訴訟処理の当事者主義・証拠主義に基づく合理的迅速化を意図として創設された訴訟機関のことで、鎌倉時代・南北朝時代に武家政権たる幕府の所務沙汰関係の訴訟を審理・判決し、結論は将軍の「仰」を奉ずるというかたちで発令された。この引付方の制度は、武家の訴訟制度の思想的な根幹として長く幕府の存立を理念面で支えてきたが、南北朝時代に入り幕府将軍の権力が強化されるにつれ当初の設置趣旨が忘却されて、拙速な職権主義的な方法に変わっていった。

こうした引付方の衰退は、その発給する引付頭人奉書の残存の状況によってあらかたうかがうことができる。引付方は南北朝時代に入ると、当初は停廃の憂き目に遭いつつ細々ながら運営された様子で、引付頭人奉書はいくらか収集することができる。細川頼之の管領時代についてみると、応安～永和の間において、山名氏冬《うじふゆ》・仁木義尹《よしただ》・細川業氏《なりうじ》・吉見氏頼《よしみうじより》・山名時義《ときよし》・山名義理・吉良《きら》満貞《みつさだ》らが引付頭人奉書を数は少ないが発給している。

けれども康暦元年になって開始される斯波義将の管領時代になると、様子が一変する。引付頭人奉書自体がほとんど残っていないのである。なぜか。このことについてはすでに山田徹の以下のような指摘がある。

この時期の義将についてたしかに注目されるのが、康暦元年の管領就任以降（第二次斯波義将期）の発給文書現存数が、細川頼之以前の執事（管領のこと＝筆者注）と比べると、格段に増加しているという点である（小川信によれば、三四七通とのことである。現段階ではさらに増加するだろう）。その理由は簡単で、それまで引付頭人奉書で処理されていた所務沙汰関係の濫妨停止・沙汰付命令が、管領奉書で出されるようになったためである。
（「南北朝後期における室町幕府政治史の再検討（下）——足利義満と斯波義将——」、「文化学年報68」、二〇一九年三月、二四七〜八頁）

まさに右の山田の指摘のとおりであろう。斯波義将の義満代初度の管領時代約十二年間において、筆者が集めえた引付頭人奉書は、以下の一点のみであった。

「元来写也」
小早川安芸守宗平申、安芸国造果保事、書状如此、任御下知状、可遵行之由、度々被仰候之処、厳島下野入道了親構城郭、不承引云々、頗招罪科候（欤）、早小早河又三郎相共、莅彼所、沙汰付下地於宗平、可被執進請取状、若不叙用者、為有其咎、以起請之詞、可被注申之状、依仰執達（如件）三字不分、
永徳元年二（ママ）月十日
沙弥（吉良満貞カ）（花押）
児玉石見守殿
（『小早川家文書二』五〇七頁）

内容は、室町幕府が、小早川安芸守宗平《むねひら》の訴える安芸国造果保について、小早河又三郎とともに現地に臨んで厳島下野入道了親の濫妨をとめて下地を宗平に渡付せよ、と児玉石見守に命じた引付頭人奉書である（同文の写が同書三一二頁にあり。但し月日は「五月十日」）。文書のあて名の「児玉石見守」、文中の「小早河又三郎」の二人はこのことを執行するために選任された遵行使、文書の差出人「沙弥《しゃみ》」とは、幕府の引付頭人吉良満貞であろう（この花押は『花押かがみ八』一四六頁に載せられた吉良満貞のそれと酷似）。

これによって斯波義将の管領時代には、引付方はほとんど機能していない状況だったと推測される。おそらく先の山田の指摘どおり、斯波義将の管領奉書によって引付頭人奉書の役割が代替されていたためであろう。

それもそのはずで、幕府引付方の停廃はいまに始まったことではなかった。すでに前管領細川頼之の時代の永和二年（一三七六）二月、東寺が寺領近江国速水・河道両庄本家役押妨について、幕府引付方にではなく、同国守護佐々木高詮に訴えた事実がある。その理由は「於公方申奉書之処、引付沙汰曾未行間、事及迫候間」、つまり幕府の引付方は開かれておらず緊急の故、ということであった。幕府引付方の当時の停廃状況は推して知るべしである（「東寺百合文書」へ、『大日本史料』六編四六、一六五～九頁）。

かくして引付頭人奉書はますます出されることがなくなり、筆者の収集では、応永元年（一三九四）九月六日付、備後国地毗庄《びんごのくにじびのしょう》内河北村領家職をめぐる細川弥九郎（基之）あて引付頭人吉良俊《とし》氏《うじ》奉書が引付頭人奉書の終見である（「桂文書一」、石井進編『長福寺文書の研究』山川出版社、一

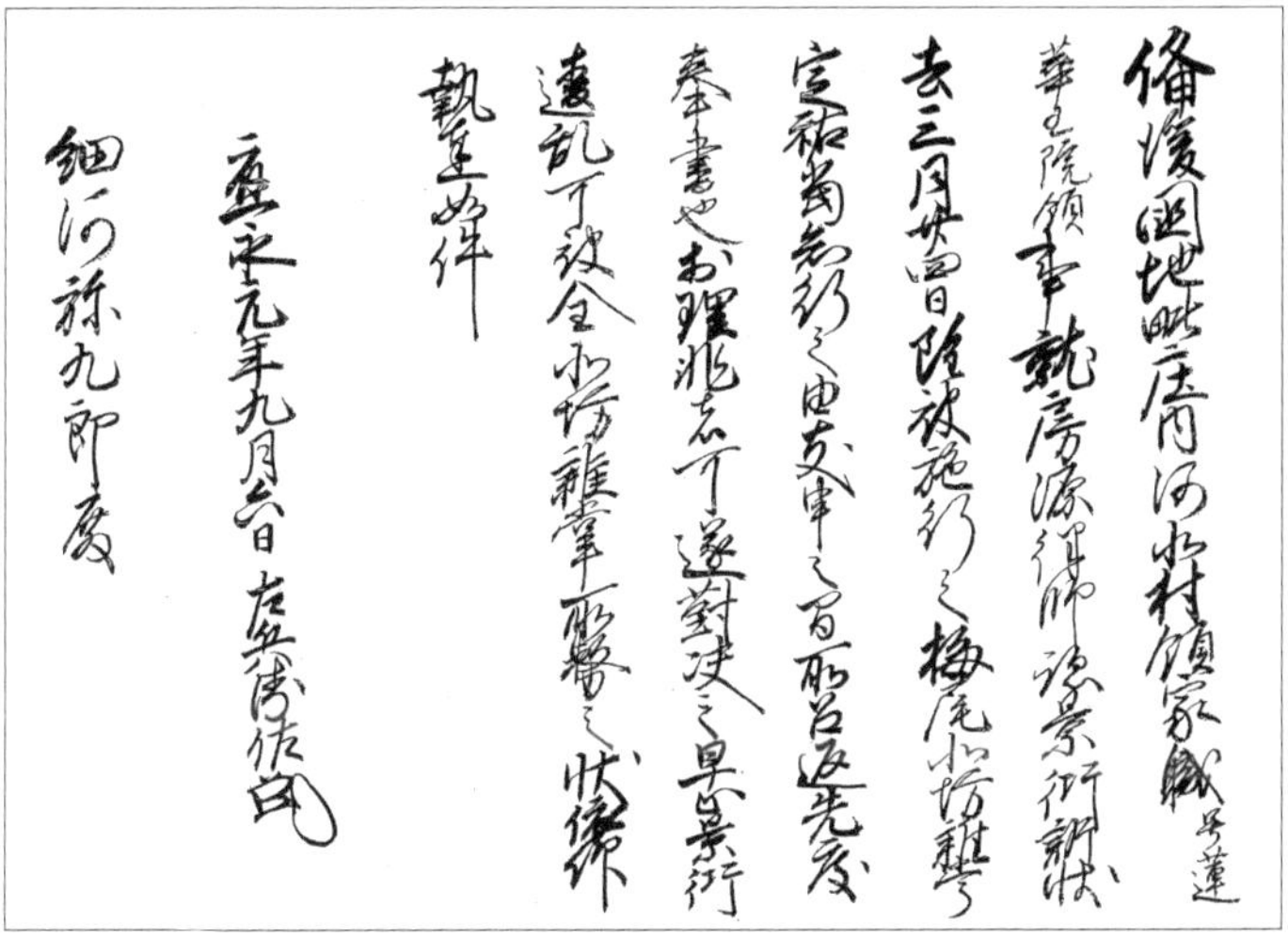

引付頭人吉良俊氏奉書（応永1年9月6日）　東京大学史料編纂所蔵影写本、桂文書

九九二年一月、三〇三頁）。当時は義将の義満代二度目の管領時代である。

鎌倉時代の建長元年（一二四九）に設置された引付方は、少なくとも応永元年まではその存在を史料的に裏付けることができる。この間、百四十五年。

斯波義将の管領としての特質

康暦元年（一三七九）閏四月、細川頼之に替わって斯波義将が管領に就任すると、またたくまに、武家政治の中心足利義満の周辺がガラリと変わってくる。すでに述べたように、義満は公武統一政権樹立への歩みを着実に進め始める。小川剛生がその様子を「康暦元年（一三七九）から永徳三年（一三八三）のわずか四年間、義満の登場によって、公武関係は劇的な変化を遂げた」（『足利義満』九四頁）と述べているが、まさにそのとおりである。この劇的な変化は、義満と義将の、将軍―管領の組み合わせと無関係とは考えられず、むしろその組み合わせが意図的に引き起こした事態とみなすほうが実態に即している。

山田徹は前掲「南北朝後期における室町幕府政治史の再検討（下）」において、足利義満と斯波義将の関係について論じている。斯波義将が管領として発給した奉書は細川頼之を超える夥《おびただ》しい数にのぼるが、この論文で山田は、幕政における将軍と管領との組み合わせと、発給される文書との相関関係を検討して、「どれほど管領奉書が多く発給されていようとも、それは管領斯波義将の裁量が大きいことを意味しない」と指摘した（前掲山田論文、二五〇頁）。たしかに山田の指摘するとおりで、義将の管領奉書が多く残っているということだけでは、義将の裁量権の大きいことの支証にはならない。そもそも政務文書としての管領奉書は、決まった形態をとるので、その文面に管領の裁量権を推測できるような文言がみられることはほぼない。

そこで義満に対する義将の位置については、これまで「あくまで将軍義満を補助する存在」と評価される一方で、義将の幕政参画に関しては、その比較的平穏で安定的な運営状況からみて、彼の政治的力量を評価する向きも強かった。

しかし、山田は先の論文で、当時の史料に散見する義将の「義満への扈従《こしょう》と奉仕」の側面に着目して「脆弱《ぜいじゃく》なる管領」という特質を指摘した。その理由として、細川・山名・土岐氏のような大守護でない斯波氏（一ヵ国程度しか分国を持たない）の基盤の脆弱さを指摘する。そのことが同時に義満への従属性を高めたという理解である。その結果「それまでのように諸大名たちから警戒されることがなくなった」とし、「康暦の政変による変化のなかで義満の権力確立にとって最も重要だったのは、義将の管領任用によって義満と管領との関係が大きく変化したことだった」と結論づける。

この意見は説得的で、残存史料からうかがえる斯波義将のイメージにほどよく合致する。要するに義将という存在は、義満の政治的野望を実現にむけて促進させる能力に長《た》けた能吏といったところであろうか。義満もまた義将という政務の遂行に長けた人材を得て、その夢の実現に向けて多大の恩恵を受けたといってもよいであろう。

ちなみに、管領義将の、主君義満に対する「公方」観を考えるための希有《けう》な史料が残っている。左のような義将の管領奉書である。

(御教書)
備前国散在斗餅田領主千代寿丸申当領主職事、申状如此、所詮熊野山使節幷僧玄盛等、募武威致違乱云々、結句今者、号　国宣、守護方及遵行云々、更無謂、已為公方沙汰上者、何為国司可有成敗之儀哉、太以無道也、然者早不日退彼等違乱、可全千代寿丸所務之状、依仰執達如件、

康応元年七月廿五日　　　　　　　　左衛門佐(斯波義将)　御判

赤松上総介(義則)殿

（「八坂神社文書」、『八坂神社文書 下』六一七頁）

この文書は、管領義将が備前国散在斗餅田領主の千代寿丸の訴訟に関して、熊野《くまの》山《さん》使節と僧玄盛らが「国宣」を拠《よ》り所にして武威を募り違乱することに対して、裁許者側＝幕府の判断を下し、千代寿丸の所務を全うさせるよう当該国備前の守護赤松義則に命じた管領奉書である。注目すべきは「已為公方沙汰上者、何為国司可有成敗之儀哉」のくだりであって、「公方沙汰」が「国司成敗」に勝るという考え方が管領によって明確に示されている。そこには「公方」の「国司」に対する権威上の優越性がうかがわれて大変興味深いものがある。

義満と義将に共通する精神性

義満の代において義将は二度管領の座に就いている。一度目は康暦元年（一三七九）から明徳二年（一三九一）までの約十二年、二度目は明徳四年（一三九三）から応永五年（一三九八）までの約五年、これだけでも通算約十七年間となる（この他に、義詮の代に四年間、義持の代に二ヵ月間、管領に在職）。これほど長い間、義満の側に近仕する管領の職にありつづけるには、単に政務の遂行に長けるだけではとても勤まるものではあるまい。必ずやまた別のしかるべき要因があったに相違ない。

そこで筆者は、もう一つの要因は両人の感性ではなかったかと憶測している。先に述べたように、義将には応永三年（一三九六）八月、関白一条経嗣から「優美を以て先と為す」（「荒暦」）と評されたことがあった（114頁参照）。義将の持つこうした美意識というか精神性が、義満のそれと響き合ったのではないかと想像するのである。

義満も同じような精神性の持ち主である。かつて吉村貞司は、足利義満の政治と芸術を総合的に考察した著書『黄金の塔—足利義満—』のなかで、義満の生まれ持った素質を端的に評して、「つまりは彼はもっとも良質の芸術を選びとる資質があった」（同書、二七八頁）と述べている。

以上のことを考え合わせると、将軍義満と管領義将とは芸術性というか美意識の面において共通するところがあり、それがまた主従関係においても長期在職においても有効に働いたものと考えられる。のち応永二年（一三九五）六月、義満は三八歳で出家するけれども、義将もまた追随して出家することによって（義将四六歳）、ともに法体《ほったい》にて在俗時代の政務上の関係をさらに継続させたということができる（後述のように、管領奉書の書き止め文言がこの出家を契機に変わる）。

管領斯波義将の辞意

先に細川頼之の箇所で少しふれておいたが（66頁参照）、斯波義将もまた義満への抗議の意思表示として管領職を一旦《いったん》辞した経験の持ち主である。以下のような記事がある。この義将の管領職辞退事件については山田徹の論文にふれるところがある（前掲山田論文（中）、七〇～一一頁）。

①（永徳元年）九月十八日、（伝聞）○武家管領事、（斯波）義将朝臣自去比、固辞退之処、（補書）「一」昨日（足利義満）大樹罷向、種々

問答之間、無処于固辞、令領状云々、

（『愚管記六』一五四頁）

②（同右）九月廿二日、（中略）、余（義堂周信）又賀管領復職、君（義満）曰、以赤心任之、故復領（管領）如故、余（義堂周信）曰、只箇赤心、最是緊要也、凡古今君臣相疑、不善始終者、上下不以赤心相待故也、殿下（義満）果以赤心待天下人、則無事不済云々、時細川右京大夫（頼元）・命鶴（饗庭氏直）霜台・山科中将等在傍聆（聞）之、

（辻善之助編著『空華日用工夫略集』太洋社、一四七頁）

このうち①は、斯波義将が「去比」より管領を辞退したいと言い出したため、九月一六日義満が義将のもとに出向いて種々説得したので、「無処于固辞」、つまり固辞する理由がなくなり復職に応じた、ということになる。そもそも管領職辞退の原因は何かというと、このころ義満は康暦の政変で没落した細川頼之一門の京都復帰を画策しており（「愚管記」永徳元年六月五日条には細川頼元〈頼之の弟で養子〉の邸で義満を招いての合同酒宴の記事あり）、山田によると、この頼元復帰のことが義将の管領辞退の原因だったらしい。

ここで注意すべきは、この六月五日の義満を招いての頼元邸での酒宴に「管領（斯波義将）・山名（時義）」以下が参加し、しかも「酒宴快然云々」と日記に書かれている点である。政治的な立場からみて、山名時義もそうだが当の斯波義将が真っ先に参加しないのではと思われるからである。そこになにかもう一つの媒介項がないと理解に苦しむ。

そこで②の記事をみよう。蔭木英雄は著書『訓注　空華日用工夫略集―中世禅僧の生活と文

学―』（思文閣出版、一九八二年五月）で、②を以下のように訓《よ》んでいる（二四〇頁）。

余又管領の復職を賀す。君曰く、「赤心を以て之に任ず。故に領に復すること故の如し」と。余曰く、「只だ箇の赤心最も是れ緊要なり。凡そ古今君臣相ひ疑ひて始終善からざる者、上下とも赤心を以て相ひ待《たい》さざるが故なり。殿下果して赤心を以て天下の人に待せば、則ち事として済《な》らざる無し云々」と。時に細川右京大夫（頼元）・命鶴（饗庭氏直）霜台・山科中将等、傍に在りて之を聆《き》く。

（同書、二四〇頁）

ここで義堂周信《ぎどうしゅうしん》が強調するのは、「赤心」（いつわりのない心。まごころ）の肝要さである。というのは義将の管領復帰を賀した義堂に対して、義満が「赤心を以て之に任ず」（まごころをもって義将を管領に任じた）と言ったので、義堂はこれを受けて、古今の君臣の疑心暗鬼は互いの「赤心」の欠如からくるものであり、義満に即して言うと、義満が「赤心」をもって天下の人に応対すれば、何事も成るものだ、と言っている。つまり、義満が義将を管領に復職させ得たのは、義満の「赤心」のしからしむるところだとして、義満を間接的に持ち上げているのである。

①と②の関係でいうと、①の「種々問答之間、無処于固辞」の部分が、②では「以赤心任之」に相当する。つまり義満は誠心誠意、義将を説得し、それを了とした義将が復帰を諒解《りょうかい》したということになっている。さらに②によると、義堂が義満に対して義将の管領復帰を賀した

とき、その場に管領辞退の原因ともなった細川頼元が居合わせて義堂の言を聞いたとの記載がある。これは先に述べた（永徳元年）六月五日の義満を招いての頼元邸での「快然」の酒宴に義将や山名が参加していたことを併考すると、義満の「赤心」の効果もさることながら、義将と頼元の対立がさほど深刻なものでなかったことを推測させる。それは義満の茫洋《ぼうよう》として優柔不断な、よくいえばおおらかな生来の性格のなすところとは考えられないだろうか。

ちなみに、義将が義満代第一次の管領職を辞職するのは（就任は康暦元年〈一三七九〉閏四月二八日）、明徳二年（一三九一）三月一二日のことである（「武家年代記」、『増補続史料大成51』一一一頁）。この時、義将四二歳。

第四章　南北朝の合体——公武統一の前提

一　応安年間以降の南朝の動向

長慶天皇から後亀山天皇へ

正平二三年（応安元、一三六八）三月、後村上天皇が摂津住吉《すみよし》の行宮《あんぐう》で四一歳の生涯を閉じると（「花営三代記」同年三月一一日条、『群書類従二六』）、あとは皇子寛成《ゆたなり》親王によって嗣《つ》がれた。長慶天皇である。この天皇は立場的には南北和平に消極的であった。そのために長慶天皇の時代（一三六八〜八三）に和平論議が起こった形跡はない。

南朝では、長慶天皇の即位後、少なくとも応安五年（一三七二）までは九州の征西将軍宮懐良親王を中心とした南朝勢力の隆盛期であったため、この間に南朝で和平論議が起こることはなかっただろうが、応安五年の大宰府《だざいふ》征西府の陥落後、後亀山《ごかめやま》天皇と交替する弘和《こうわ》三年（永徳三、一三八三）までの十年間は南朝衰微の時期であるので、何らかの和平交渉が行われた可能性はあるけれども、史料がなくてまったくわからない。南朝では、あるいは主戦派と和平派の間で、南北合一をめぐる綱引きがあったのかもしれない。

やがて、弘和三年（永徳三）末には長慶天皇は退位し、替わって弟の後亀山天皇が登場する。後亀山天皇の登場は、南朝の和平派が主戦派を抑えて発言権を強めた結果と考えられる。こうしてまた和平派はかつての力を取り戻し、後村上天皇時代以来の和平交渉が再開される気運が生まれたことが想定される。

後亀山天皇は合体後十年経《た》った応永九年（一四〇二）三月、自分が合体に踏み切ったのは永年の争いを止《や》め、民間の憂いを除くためだったと述懐しているように（「吉田家日次記」、『大日本史料』七編五、四三六頁）、いつのころからか大局的な見地から本気で合一を考えていたらしい。

約三十年間天皇の座にあった後村上天皇が、この間に約五〇〇通の綸旨《りんじ》を残しているのに比べ、十五年在位の長慶天皇は六〇余通、約十年在位の後亀山天皇になると二〇余通しか収集することができない。むろんこの残存綸旨の点数は参考程度にしかならないが、それでもこの数の違いは三代の南朝天皇の活動状況の差を雄弁に物語っている。そこには後村上以降の明らかな南朝勢力の退潮という動かしがたい事実がある。そのような現実をふまえて後亀山天皇は徹底抗戦を避けて、北朝との合併、実質的には室町幕府支配への平和的帰属を考えはじめたものと思われる。

楠木正儀の南朝復帰

弘和三年に長慶天皇が退位し、替わって弟の後亀山天皇が即位する。こうなると、楠木正儀には再び古巣というべき南朝で、目一杯活動する余地が生まれてくる。主戦派の退潮とともに、和平派の頭目から南朝への復帰を呼びかけられた可能性も否定できない。応安二年（一三六九）に幕府側に転じた正儀は、永徳二年（弘和二、一三八二）閏《うるう》正月二四日にはすでに南朝に復帰していることが知られている（内閣文庫所蔵「諸家文書纂三」）。長慶退位の少し前の時期である。

他方、正儀に関わる幕府内での問題もあった。正儀の投降は彼が南朝での居場所を失い、幕府内での同じ和平派の管領《かんれい》細川頼之を頼ってのことであったが、頼之は正儀を河内・和泉守護に補すなど厚遇した。しかしその頼之の正儀贔屓《ひいき》は幕将たちの反撥《はんぱつ》を引き起こし、のっぴきならぬ重大問題に発展したことは前述したところである。

幕府内での問題とは、正儀の庇護《ひご》者であった管領細川頼之が康暦の政変（一三七九年）で失脚したことに伴う正儀の周辺事情の変化である。頼之の失脚から正儀の南朝復帰までに三年ほどの間隔があることからみて、頼之の失脚が直ちに正儀の身上に直接的な大影響を与えてはいないけれども、庇護者頼之を失った正儀への風当たりは次第に強まったと考えられる。正儀が一旦降《いったんくだ》った幕府を離れて南朝に復帰した背景には、幕府内におけるそのような事情があったものと想定される。

以上を要約しよう。楠木正儀が弘和二年（永徳二、一三八二）に南朝に復帰した事情は、幕府側に投じたときとちょうど正反対であった。幕府側では、正儀の庇護者であった管領細川頼之が康暦元年（一三七九）の政変で失脚し、替わって頼之の政敵斯波義将が管領の座に就いた。

この管領の交替はじわじわと正儀の立場に影響を及ぼしたであろう。一方、南朝側では、長慶天皇の率いる主戦派が次第に南朝の主導権を失ったものと考えられる。

では、弘和二年（永徳二）の初めに南朝に復帰した楠木正儀は、復帰後、どのような行動をとっているであろうか。発給文書に即してみておこう。年次が記されたもの、それに無年号ではあるが年次が推定されるものでは、以下の四通が知られている（出典はいずれも『長慶天皇側近者事蹟研究資料』臨時陵墓調査委員会、一九三八年一二月）。

①「南行雑録三」弘和二年（一三八二）二月一八日　渡辺左近将監《さこんのしょうげん》あて、左兵衛督《さひょうえのかみ》楠木正儀安堵状《あんどじょう》

②「観心寺文書」（弘和三年）一一月二四日　河野辺兵庫頭あて、参議楠木正儀施行状《しぎょうじょう》

③「淡輪文書」元中《げんちゅう》二年（一三八五）八月四日　淡輪隼人佑《たんのわはやとのすけ》あて、楠木正儀宛行状《あてがいじょう》

④同右、元中三年（一三八六）四月一九日　淡輪因幡左衛門尉《さえもんのじょう》あて、楠木正儀宛行状

いずれも河内・和泉など畿南地域の案件に関わる内容であり、正儀の活動範囲をうかがわせる史料の残り方であるが、注目すべきは正儀の官途である。

正儀の官途についてみると、当初南朝下で正平三年（一三四八）ころから「左衛門少尉《さえもんのしょうじょう》」の官途で登場する正儀は、同九年ころ「河内守」を兼ね、一〇年代後半には「左馬頭」に在任、同二二年（一三六七）には「左兵衛督」になり、幕府に投降する直前の同二三年（応安元）末

まで「左兵衛督」であった。幕府に降って直後は北朝下での「左兵衛督」の地位にあったものの（「土屋家文書」〈河内〉応安二年四月二五日楠木正儀書下）、その後「散位」の時期もあったが、応安六年（一三七三）ころからは「中務大輔《なかつかさのたいふ》」の官職で、南帰するぎりぎりの永徳二年（一三八二）正月まで幕将として活動している。

その後南帰したのち、正儀の官途は①では「左兵衛督」、②では「参議」であるから、南朝でもしかるべき地位にあったことが知られ、正儀は決して敗軍の将として南朝に出戻りしたわけではないことがわかる。うがった見方をすると、むしろ和平論が主流となった後亀山天皇の南朝下で、筋金入りの和平論者として知られた正儀は、その強力なリーダーとして輿望《よぼう》を担い、積極的な意味で迎え入れられたとみても一向に不自然ではない。

このあと、義満の南北合体への壮大な長期計画のなかで、正儀は南朝側での議論を取りまとめ、合体に向けて相当な活動をしたと推測されるが、そのことを裏付ける史料はいまだ知られていない。筆者は、頼之の弟細川頼元が明徳二年（一三九一）四月にいきなり管領に任用されたのは、南北合体という目的のためだったのではないかと憶測している。頼之同様に和平論者と目される頼元を管領に据えることによって、兄頼之と関係の深かった楠木正儀の協力が得られるからである。果たして頼元は南北合一の難題を成し遂げた半年後、管領をもとの斯波義将と交替している。しかしこの南北合一という最終的局面で正儀がどのように動いたかは史料がなくて不明というしかない。没年も不詳。

二　南北朝合体への根回し

細川頼元の管領就任と頼之の政界復帰

着々と進められてきた足利義満の天下統一事業の最終段階で、その政治日程にあがってきた最重要課題はやはり南北合一の問題であったことは想像に難くない。南北合体は、果たそうとして果たせなかった父祖の悲願であった。

こういうとき、この難題の克服を託するに足る人材は幼少より父のごとき親密な関わりのあった細川頼之を措《お》いて他にいなかったであろう。義満はこうして頼之を政界に復帰させようとしたに相違ない。しかし頼之はすでに法体《ほったい》の身である。そこで考えられたのが、頼之の弟にして養子の頼元を管領に任じて、その背後で頼之が後見するという方法であった。

義満は康応元年（一三八九）、西国遊覧の旅に出た際、讃岐の宇多津で頼之と密談し、すでに内諾を得ていたと思われるので、話は早かったものと推察される。現職管領の斯波義将がこれに反撥することは自明だった。義満はそれを承知のうえで管領の交替に踏み切るのである。目的のためには手段を選ばない義満の常套《じようとう》的な行為である。こうして義満は細川頼之の力を借りるかたちで、南北朝問題に本格的な取り組みをみせることになる。

まず細川頼元という人物について簡単な紹介をしておこう。この人物の経歴についてのまとまった記事は「細川系図」（『続群書類従五上』）に載せられてはいるが、系図史料として定評のある『尊卑分脈三』の「細川頼元」の箇所（二八一頁）には、細川頼春《よりはる》の子として、官途が「左京大夫《さきょうのだいぶ》・右馬助《うまのすけ》」であったこと、もと「頼基」と名乗ったこと、「為頼之継子」、つまり頼之（頼元の兄）の継子（養子）になったこと、また職歴については「自明徳二、至同四管領」、明徳二年（一三九一）から同四年（一三九三）まで幕府の管領に在任したという記載がある。

また、一四、五世紀の成立とされる「武家年代記」（『増補続史料大成51』一一一頁）にはもう少し詳しく、「四八補職、母堀川殿女、応永二落飾、同四五七卒五十五才、法名梵栄。道号春林、号妙観院」という記事が付いている。このなかの「四八補職」とは、細川頼元が明徳二年（一三九一）四月八日に管領に補任《ぶにん》されたことを、また「同四五七卒五十五才」とは、没日《もつにち》が応永四年（一三九七）五月七日、行年が五五であることを意味している。頼元の生年は逆算して康永《こうえい》二年（一三四三）ということになる（兄頼之との年齢差は一四歳）。ちなみに、細川頼元の史料上の初登場は、応安元年（一三六八）四月に行われた足利義満の元服式で細川一門で独占した四役のうち「泔坏《ゆするつき》」を務めたときである（47頁参照）。当時頼元二六歳。これ以降、頼元は頼之を筆頭とする細川一門の結束のなかで、義満に近仕する役職を務めつつ、幕府内での地歩を築いてゆく。

これによって細川頼元の管領就任が明徳二年四月八日ということがわかるが、「武家年代記」の同じ明徳二年の箇所にはもう一つ注目すべき記事がある。それは「三十二義将朝臣辞管領下向越前、四三武州禅門入洛」というものであるが、この記事によってさらに、斯波義将が管領を辞して分国越前に下向したのが明徳二年三月一二日であったこと、これを受けて、同年四月三日に「武州禅門」が義将と入れ替わるかたちで入洛《じゅらく》したことが知られる。この「武州禅門」とは十二年前の康暦元年（一三七九）の政変で京都を追われた細川頼之その人のことである。失脚の時薙髪《ちはつ》したともいう（『愚管記六』三六頁。なお「武家年代記」には「康安《(暦)》元閏四十四落飾」とある）。

以上のように、この頼之の政界復帰への動きが義将の抗議の管領辞任につながり、それがまた頼元の管領就任という新たな展開を生起させた可能性は高い。

そこで考えるべきは、なぜ義満が頼之を政界復帰させようとしたかである。結論のみいえば、筆者は前述したように、義満の構想する公武統一政権を完成させるためには、分裂している皇統を合体させることが大前提だということがわかっていたからではないかと推測する。そのためには、細川頼之の持つこれまでの豊かな経験や広い人脈、こと志半ばで不本意の南帰を遂げた楠木正儀との固い信頼関係を活用し、体面を保つかたちで衰弱した南朝を吸収することが肝要だ、と考えたとしてもまったく不自然ではない。

そのように考えると、新管領細川頼元の背後には兄にして父にあたる頼之がいたとみて不自然ではないだろう。そのさまは貞治年間の管領斯波義将とその父高経との関係に似ている。

しかし、肝心の南北合体自体は明徳三年閏一〇月に成功裡《り》に達成されたものの、すでに同年三月には頼元の後見人であった頼之が没しており、強力な支えを失った頼元は翌四年には管領辞職を余儀なくされる。わずか二年間の管領在職であった。こうした幕府側の和平への動きに対して南朝側で楠木正儀がどう応じたかは知るよしもないが、南北合体の実現に果たした細川頼之・頼元父子の役割は実に大きいといわねばならない。

管領細川頼元の発給文書

右で述べたように、斯波義将の管領辞任は越前下向の明徳二年三月一二日、細川頼之の上洛が同年四月三日、そして頼元の管領就任は同年四月八日であることはわかった。頼元はこの時四九歳である。そこで次に、頼元が管領時代にどのような文書を発給しているか調べることにしたいが、頼元が管領を辞した時期について史料は「明徳四年」とするにとどまり、辞任時期についての月日の記載がない。しかしその次代の義将の就任（義満代二度目）は「明徳四年六月五日」（「執事補任次第」、『続群書類従四上』三六一頁）であるから、頼元の辞任は遅くとも明徳四年の半ばごろであったことがまず推測される。そのようなわけで、頼元の管領在職期間を明徳二年四月八日〜同四年半ばとみて、以下述べることとする。なお、頼元はほぼ同時期に摂津・丹波・安芸・讃岐・土佐の守護に在職しているので、その立場からの文書も発給している。

この間に筆者が収集しえた管領細川頼元の奉書は、明徳二年五月九日付管領施行状（「室町家御内書案」、『南北朝遺文 中国四国編四』二二三八頁）から、同四年二月一七日付将軍家御教書《みぎょうしょ》（「園城寺文書」、『大日本史料』七編一、一六四頁）までの約五〇通である。

頼元奉書を通覧してみると、約半数が所務沙汰《さた》の遵行命令であり、その他に数点の施行状（後円融上皇院宣《いんぜん》や義満下文《くだしぶみ》などの施行）、違乱・濫妨の停止、祭礼の遂行、段銭《たんせん》など諸役の催促停止等を命ずるもの、それに「山名一族退治」・「山名一族事」（明徳の乱）に関係して武士に「忠節」を求めるという軍事的な内容のものもある（「三刀屋文書」諏訪部一族中あて、明徳三年正月一〇日付、『南北朝遺文 中国四国編六』二七一頁等）。細川頼元の管領下《げ》知状《ちじょう》は管見の限り見当たらない。

　時が時だけに、南北合体に関する記事もあるかと思ってしまうが、現存の文書中にそれはない。頼元が管領として発給した文書群は小規模ながらも種類と内容の面で頼之時代のそれによく似ていて、頼之の後見としての影響力を強く感じさせる。

明徳の乱

南北合体の交渉は義満の主導のもとに、主として頼之の人脈を通して水面下で着実に進められていたに相違ない。この大詰の局面において、幕府側で突出して強大化した大守護が出てあれこれ発言すると、義満にとって交渉の妨げになるどころか内紛の種にもなりかねない。こうしたとき、義満が彼らを粛清するためにとった常套的な手段は、一族の内部事情に乗じて彼らを挑発し反乱を起こさせ、これを鎮圧することによってその勢力を削減するというものであった。南北合体を目前に、義満の粛清の餌食《えじき》となった有力守護が、本拠美濃に尾張・伊勢を

【山名氏略系図】

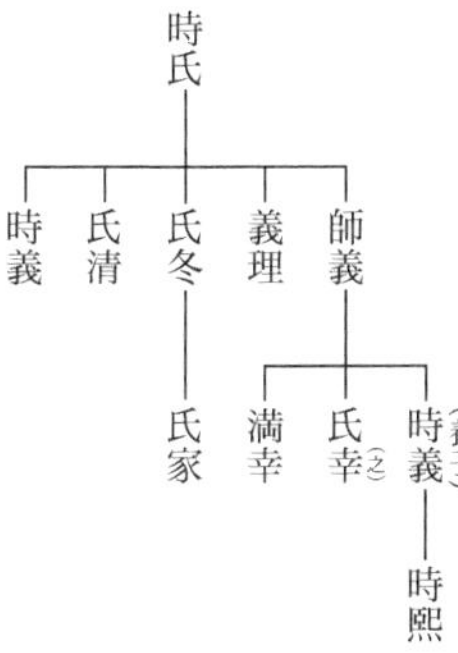

加えた三ヵ国守護の土岐氏と山陰地方の雄族山名氏であった。土岐氏の事件は康応元年（一三八九）に（『明徳記』は「美濃国御退治の合戦」と表記）、山名氏の事件は明徳二年（一三九一）一二月に起こった。このうち、後者の明徳の乱について少し述べておこう。明徳の乱は、のちの史料では、山名氏の名をとった「山名騒動」（『満済准后日記二』）・「山名奥州（氏清）謀反事」（『図書寮叢刊 看聞日記二』）とか、戦いの時と場所にちなんだ「明徳内野合戦」（『満済准后日記二』）と呼ばれている。

山名氏は新田《にった》義重《よししげ》の子義範《よしのり》を流祖とし、上野国緑野《みどの》郡山名郷を本貫地《ほんがんち》とする御家人である。その地歩は南北朝期に入って足利尊氏に仕え、室町幕府創業に功績のあった山名時氏によって築かれた。山陰の伯耆を本拠とする時氏は観応の擾乱《じょうらん》を機に反尊氏側に与《くみ》し、幕府を大いに苦しめたが、貞治二年（一三六三）幕府に帰順した。この帰順が幕府からの招請によるものであったことは、この時丹波・丹後・因幡《いなば》・伯耆・美作の五ヵ国に及ぶ山名氏領国が安堵《あんど》されたことに明白である。山名氏の家督は、時氏のあと嫡子師義《もろよし》を経て、時義（師義の弟にして養子）に継がれた。

山名氏は永和年間には、一族で右記の五ヵ国に但馬《たじま》・和泉・紀伊・出雲・隠岐《おき》・備後の六ヵ国を加えて、総計一一ヵ国の守護職を獲得して「六分一殿《ろくぶんのいちどの》」と呼ばれたという（日本全国は六八ヵ国）。この「六分一殿」の歴史用語についてその出所を追跡した谷口雄太は、「六分一殿」の語は中世史料には登場せず、近世史料にしか確認できないという。あわせて谷口は、当時室町幕府の直接支配が及ぶのは、関東（一〇国）・奥羽《おうう》（二国）・九州（一一国）を除いた全四五ヵ国であるから、むしろ「四分一殿」と呼ぶほうが実態に近く、また義満にとっての「脅威」も実感されると述べているが、そのとおりである（谷口「幻の『六分の一殿』」、「日本歴史867」二〇二〇年八月）。

明徳の乱の顚末《てんまつ》を記した戦記物語に『明徳記』（岩波文庫、冨倉徳次郎校訂、一九四一年一二月）がある。これによると合戦の経過の概要は以下のとおり。明徳元年（一三九〇）足利義満は、生前の時義が京都の成敗にも従わず雅意にふるまったという理由で、時義の子時熙《ときひろ》・師義の子氏幸《うじゆき》を討つように一門の氏清《うじきよ》・満幸《みつゆき》に命じた。両人はこれを決行し、恩賞として氏清は但馬、満幸は従来の出雲に加えて伯耆・隠岐の守護職を得た。

ところが翌明徳二年になると、義満は仙洞《せんとう》領出雲国横田《よこた》庄を押領したことをとらえて満幸を責める一方で、先に追討した時熙・氏幸を赦免する動きをみせたため、山名一門を分裂させてこれを滅ぼそうとする義満のたくらみに気付いた満幸は、和泉国の叔父《おじ》にして岳父の氏清に挙兵することを決意させた。

挙兵は来《きた》る一二月中、満幸は西国軍を率いて丹波路より、また氏清は和泉・紀伊勢を率いて宇治《うじ》八幡より攻めのぼるという作戦が立てられた。ついで氏清は紀伊の兄義理を引き入れ、また南朝からは「御旗」を賜った（「看聞日記」によると、北朝は義満のために錦の御旗《みはた》を新調したという）。山名側の挙兵計画はこうして実体化されてゆく。

他方、幕府側ではまず東寺へ今川泰範《いまがわやすのり》・赤松顕則《あかまつあきのり》・六角満高《ろっかくみつたか》らの軍勢を差遣し、細川・京極・赤松・斯波・大内・一色らの軍勢は、京都北西部の内野《うちの》（平安京大内裏の跡）を包囲するように配置された。一二月三〇日、両軍は内野で衝突、なかでも幕府軍として二条大宮に陣した大内義弘は獅子奮迅《ししふんじん》の大活躍をなした。『明徳記』の成立に大内氏が深く関与しているといわれる所以《ゆえん》である。『蜷川家文書《にながわけもんじょ》二』はこれを「内野かせん（合戦）」と記している。

この戦いの結果、氏清は戦死、満幸は逃亡、幕府軍は一日のうちに勝利を収めた。明けて明徳三年の正月四日、義満は今度の合戦の論功行賞を行った。一族を分裂させて合戦を行った結果、旧来の山名氏の分国のうち同氏にとどめられたのは、時熙の但馬、氏家《うじいえ》の因幡、そして氏幸の伯耆の三ヵ国に過ぎなかった。逆に義満側からみると、それは目的に向けての大きな一歩前進であったことはいうまでもない。

その目的とは、南北朝合体のための布石のことである。山名氏が失った守護国のうち、和泉（前任守護は山名氏清）と紀伊（同じく山名義理）両国の守護職はともに大内義弘に与えられた。和泉も紀伊も南北分立の初期段階から南朝の勢力基盤であったから、南北合体に本腰を入れ始めた義満は、両国の守護に自らの腹心の有力大名を据えようとした可能性は高い。そう考えると、結果として義満の信頼厚き大内義弘が後任守護に据えられる明徳の乱は、義満の南北朝合体計画の一環として引き起こされたと見ることもできる。その後の南北合体に向けての大内義弘の尽力と功績はそのことを裏書きしている（松岡久人『大内義弘』人物往来社、一九六六年一〇月〈二〇一三年戎光祥出版より再刊〉。平瀬直樹『大内義弘』ミネルヴァ書房、二〇一七年三月）。本節で明徳の乱を扱った所以である。

崇光上皇あて足利義満請文

義満は南北合一のために、いろいろな方面での地ならしを周到に行っている。右で述べたのはそのうちの武家社会における地ならしといってよい。義満は同様の地ならしを公家《くげ》社会でも怠っていない。義満の官位の上昇も同様の意味を持ったと考えられ、これについてみると、義満は位階では康暦二年（一三八〇）に従一位に叙され、また官職では永徳二年（一三八二）に左大臣となり、嘉慶二年（一三八八）にはこれを辞しているので（明徳三年一二月左大臣還任）、南北合体の時点では前左大臣・従一位ということになる。

ここで述べたいのは、幕府が擁立する北朝天皇家の近縁皇族、崇光上皇に対する義満の対応である。崇光上皇は現職天皇たる後小松の祖父後光厳の兄にあたり、天皇家の系譜からいうとこちらが長子の系統である。観応の擾乱のあおりで崇光天皇は廃位され、幕府によって再建された北朝での皇位は、崇光上皇の弟後光厳天皇の流れによって継承された。足利義満が、貞治六年（一三六七）冬、崇光上皇に故足利義詮の別業（別荘のこと）であった室町第《てい》（元室町季顕《すえあき》宅）を進めている事実は（『愚管記』応安元年正月二三日条、『愚管記三』一九九頁）、義満と崇光上皇との関係をうかがううえで注意される。南北合体の時点でも崇光上皇は健在であり、しかも北朝皇室の嫡流として以下述べる長講堂領などの広大な皇室領荘園《しょうえん》を保持していたので、崇光上皇の社会的存在は依然として大きかった。そのようなことをふまえて以下の明徳二年六月九日付足利義満書状をみよう。

（端裏書）「明徳二六九」

被仰下之趣、跪以承候畢、長講堂御領事、厳密可下知候、以此旨、可令披露給、

（明徳二年）六月九日　（足利）義満請文

（宮内庁書陵部所蔵、伏―409）

この書状自体にはもともと年次と宛名がない。まさにそのこと自体がこの文書の中身の内密性をうかがわせるが、端裏書によって日付が「明徳二年（一三九一）六月九日」であることが知られ、差出書の「義満」とは足利義満のことである。また名前の右下にみえる「請文《うけぶみ》」の文字は本文書が請文であることを示している。つまりこの文書は、明徳二年六月九日足利義満請文ということになる。古文書学的にいうと請文とは「将来の行為の予約承諾書」（佐藤進一『新版古文書学入門』法政大学出版局、一九九七年四月、二〇九頁）である。明徳二年は南北朝合体の前年にあたる。

宛名はどうか。文書自体には記載がないが、本文書が伏見宮旧蔵本であることから、崇光上皇（当時の後小松天皇の大伯父《おじ》。五八歳）にあてられたものであることがわかる。では義満はこの請文で一体なにを予約承諾しているのか。請文の内容は、「長講堂御領」（持《じ》明《みよう》院統《いんとう》天皇家に相伝された一大皇室領荘園群）の安堵を崇光上皇に約束するもので、しかも「跪以《ひざまずきもつて》」や「厳密」の言葉の使用からわかるように、極めて丁重で厳格な表現をとっている。それもそのはずで時期的にみて、義満は崇光上皇の経済基盤である長講堂領荘園の安堵を条件

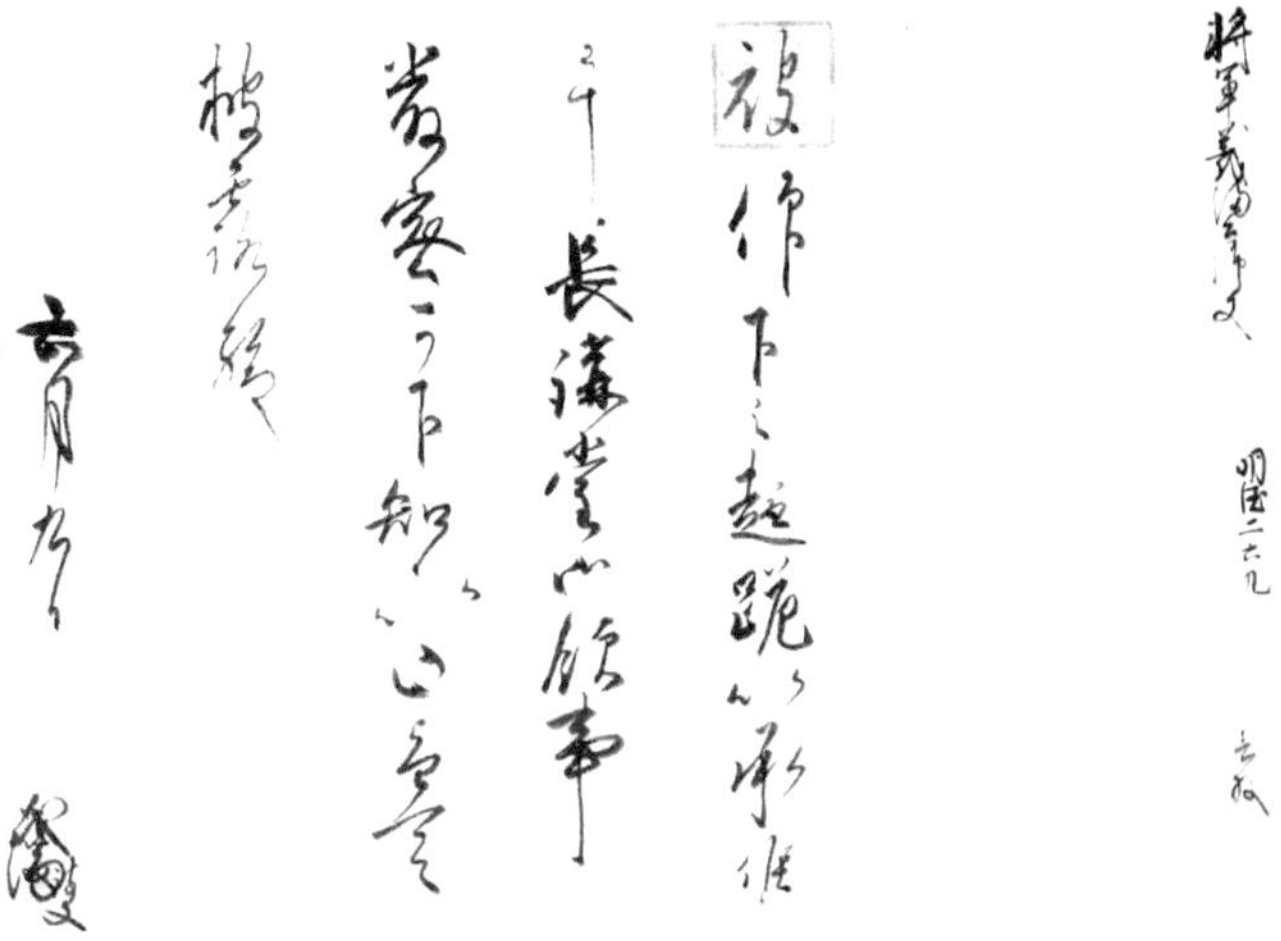

足利義満請文案（明徳2年6月9日）　宮内庁書陵部蔵

に、つまり経済的な支援を決して怠らないという約束付きで、経済面での懸念をかこつ崇光上皇から南北朝合体の諒解《りょうかい》をとりつける心算だったと思われる。

なお後述するように、義満が翌明徳三年一〇月一三日、南北合体の条件を南朝に提示した請文（陽明文庫所蔵「近衛家文書」）のなかにみられる「於長講堂領者、諸国分一円、可為持明院殿御進止候」という箇所は、右に掲出した明徳二年六月の請文の内容と照応すると思われる。すなわち、義満は北朝方の経済基盤に関しては、すでに長講堂領荘園をあてるという方向で妥結させようとしていたと考えられる。

三　南北朝合体の実現

南北朝合体前後の義満文書

まず細川頼元が管領に就任した明徳二年四月八日から、次代の斯波義将が新管領に任命された同四年六月五日までの約二年間に足利義満が発給した文書とその性格について述べよう。時期的には南北合体の日、すなわち明徳三年閏一〇月五日前後の期間である。この間に義満はどのような文書を出しているか。

Ⅰ　足利義満袖判下文

これまで足利将軍は武士に所領・所職を恩賞として宛行《あてが》うとき、決まって袖判下文《そではんくだしぶみ》を用いていたが、三代義満になると当初は袖判下文を使っていたものの、明徳二年から袖判御教書に切り替えられたため、従来の袖判下文はほとんど残っていない。

当該期間において管見に及んだ義満袖判下文（これは写《うつし》）は、明徳三年二月一〇日付（『萩藩閥閲録三』四一頁）一点のみである。

Ⅱ　足利義満御教書

①足利義満袖判御教書

義満の袖判御教書は従来、主として所領・所職の安堵、恩賞としての預置などに使用されていたが、左に述べるように明徳二年以降になると、それまでの袖判下文の用途である恩賞地の宛行を吸収して、新たなしかも重要な用途を加えることになる。

当該期において管見に及んだ義満の袖判御教書は、明徳二年五月晦《かい》（三〇）日《じつ》付（「白河証古文書二」）、『南北朝遺文　東北編二』三二五頁から、明徳四年四月八日付（「秋田藩採集文書」、『大日本史料』七編一、一七八頁）までの全一二通である。このうち所領の宛行を内容とするものは、明徳三年一月二四日付（美作国委（倭カ）文庄地頭職・同公文《くもん》職を赤松顕則に宛行う。「富田仙助氏所蔵文書」、『南北朝遺文　中国四国編六』二七三頁）から、同四年四月八日付（同右）までの五通である。

この袖判御教書の用途拡大は、時期的には、ちょうど斯波義将が管領を辞して新たに細川頼元が管領に在職した期間にあたっており、義満政治の新しい展開と関係することは明らかだが、それがどのような政治的背景を持つかについての詳しい検討は、今後の課題である。

ちなみに興味深いのは、山名氏の乱＝「明徳の乱」のさい、治罰《じばつ》を内容とする袖判御教書が登場することである。左に引用する。

（足利義満）（花押）
山名一族等事、所加治四（罰）討也、不廻時日、参御方可抽忠節之状如件、
明徳二年十二月廿六日
佐々木古志（義綱）佐渡守殿

（「備後古志文書」、『南北朝遺文 中国四国編六』二六七頁）

一方、同内容で同日付の文書が三木太郎兵衛にも出されているが（「出雲三木家文書」同右）、こちらには袖判が付いておらず、ふつうの御判御教書《ごはんのみぎょうしょ》である。

この時登場した治罰の義満袖判御教書は、こののち応永六年（一三九九）の「応永の乱」のさいに多く発給されている。右掲の明徳の乱のさいの袖判御教書発給がその先例となっている点は注目される。

②足利義満奥上署判御教書（除、寄進状）

当該期間において管見に及んだ足利義満奥上署判《おくうえしょはん》御教書は、明徳二年六月二日付（「井関家文書」、『大覚寺文書 上』一七八頁。霊山如意庵に対し加賀国横江《よこえ》庄地頭職内得分毎年二百貫文を普明国師〈春屋妙葩〉の契状等に任せて安堵）を初見として、同三年六月一四日付（「広隆寺文書」、山城広隆寺《こうりゅうじ》に対し修造料所同国安養院を院宣等に任せて安堵）までの四通である。いずれも有力寺院にあてられたもので、奥上の位置は「従一位源朝臣」である。発給の基調は前述した斯波義将の管領時代と変わるところがない。

③足利義満御判御教書

やはりこの時期にも、足利義満御判御教書の残り具合は他と比較して多い。明徳二年一二月二六日付（「浦上文書」、『後鑑二』三〇三頁）から、同四年四月二六日付（天理大学所蔵「凶徒御退治御告文」。桐田貴史「『凶徒御退治御告文』に見る足利義満の神祇祈禱」、「古文書研究90」二〇二〇年一二月、四七頁）までの一一通を集めえた。内容は、明徳の乱に関わる軍勢催促、神社の別当職の管領、天下静謐《せいひつ》祈禱《き とう》の要請、祈願寺の指定、神社の造営、所領の渡付など多岐にわたっている。署判は日下に花押のみ据えるのが基本。依然として最も日常的に使用した文書様式である。

Ⅲ　足利義満下知状

当該期の足利義満下知状では、明徳三年一二月二六日付（「離宮八幡宮文書」、『大日本史料』七編一、五八頁）一点しか収集できなかった。これは、離宮八幡宮大山崎神人《おおやまざきじにん》の訴える「内殿御燈油荏胡麻」の運送にかかる関津料を摂津守護が徴収することを停止させるものである。文書の袖には義満の花押が据えられている。

Ⅳ　足利義満寄進状

足利義満の寄進状では、明徳二年八月三〇日付（『祇園社記』一一〇九頁）から、同三年一一月六日付（『東大寺文書一八』二二六頁）までの六通を集めえた。所領の寄進先は、祇園社・東《とう》大寺《だいじ》・石清水八幡宮・南禅寺・北野宮寺《きたのぐうじ》である。奥上の位置に「従一位源朝臣」と位署書きしている。

Ⅴ　足利義満御内書（含、書状）

御内書《ごないしょ》には日付に年号は書かないから推定するしか方法はないが、当該時期の足利義満御内書を一二通収集することができた。伊勢守護土岐康行《ときやすゆき》にあてて醍醐寺理性院僧正宗助の申す伊勢国智積御厨《ちしやくみくりや》のことにつき遵行を要請したもの（『醍醐寺文書四』五一頁）、関東管領上杉憲方

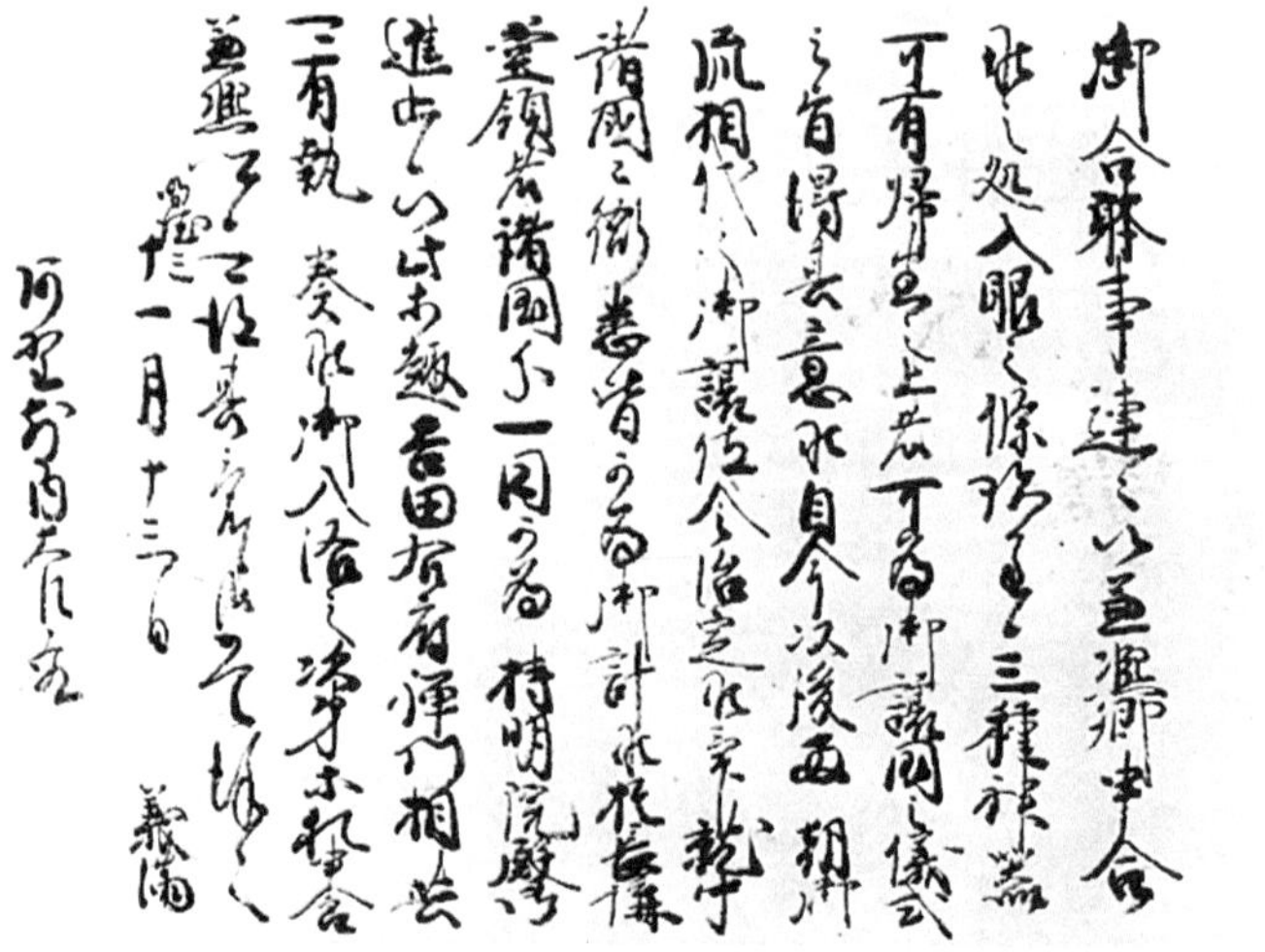

足利義満請文案(明徳3年11〈正しくは10〉月13日)　陽明文庫蔵

にあてて「去卅日合戦」（明徳の乱のこと）についての申し入れに感悦したことを告げたもの（『上杉家文書一』三二頁）、興福寺大乗院御房にあてて六方衆の罪科について報ずるもの（「神木動座度々大乱類聚」、『大日本史料』七編一、二五八頁）などである。

署判の仕方は日下に花押のみを据えるのが通例。御内書の機能は、御判御教書を内々に補完する役割を果したものと考えられる。

義満が南朝に示した合体条件

明徳三年（一三九二）閏一〇月五日、南北朝の合体は実現する。それまでに義満と南朝との間で種々の交渉がなされたに相違ない。義満はその交渉を煮詰めるための努力を怠らなかったであろう。ことに明徳の乱後、和泉・紀伊守護に補された大内義弘の役割は十分に評価されねばなるまい。

そのような下交渉をふまえて、義満は合体の前月に最終的な合体条件を南朝側の交渉責任者に対して示した。左の足利義満請文がそれである。文書中に「以此等趣、吉田右府（宗房）禅門相共可有執　奏候」とあるので、義満はこの合体条件を吉田《よしだ》宗房《むねふさ》とともに後亀山天皇に執奏してほしいと、阿野《あの》実為《さねため》に要請している（同じ文面の請文が吉田宗房にも遣わされたと考えられる）。阿野実為（『尊卑分脈』に「於南山任内大臣」）と吉田宗房（同じく「参南朝任大納言」）はともに代々南朝所縁の重臣である。

御合体事、連々以兼凞（吉田）卿中合候之処、入眼之条、珍重候、三種神器可有帰坐之上者、可為御譲国之儀式之旨、得其意候、自今以後、両　朝御流相代之御譲位、令治定候了、就中諸国々衙、悉皆可為御計候、於長講堂領者諸国分一円可為　持明院殿御進止候、以此等趣、吉田右府（宗房）禅門相共可有執　奏候、御入洛之次第等、猶中含兼凞卿候、可得其意候哉、恐々謹言、

「明徳三」（十）十一月十三日　　義満（足利義満）

阿野前内大臣（実為）殿

（陽明文庫所蔵「近衛家文書」）

南北合体交渉の中身を知るための最重要史料が、右に示した足利義満請文であるが、この文

【阿野系図（『尊卑分脈一』より）】

（阿野）公佐―実直―公仲―公廉┬実廉
　　　　　　　　　　　　　　├季継（参南朝、任大納言）―実村（候南朝）―実為（於南山任内大臣）―公為
　　　　　　　　　　　　　　└廉子（准三宮　従三位　後醍醐院妾　於南朝院号（新待賢門院））

書の史料的性格を含めて南北朝合体という歴史的事件の解説については、当該文書の発掘者である三浦周行《ひろゆき》自身の論文「南北合体条件」がある（『日本史の研究』第一輯、岩波書店所収、一九二二年五月）。

足利義満が示した肝心の合体条件とはどのようなものであったか。それはおおまかにみると、以下の三つに整理されよう。

①三種の神器は南朝後亀山天皇から北朝後小松天皇に譲渡される。その譲渡は「御譲国之儀式」によって行われる。
②今後の皇位継承は、旧南北両方より「相代《あいがわり》」に行う。
③「諸国々衙《こくが》」領は旧南朝（大覚寺統《だいかくじとう》）の領知とする。他方、諸国に散在する長講堂領荘園は旧北朝（持明院統）の進止とする。

右のうち①は、南朝の後亀山天皇の在位を正式のものと認めることを意味し、合体に応じる南朝の体面をつぶさぬための必要条件であった。しかしあまりおおっぴらに認めると北朝が偽朝ということになるのでそうもゆかない。この上皇の尊号問題はのちに生起したが、結局後亀山を「不登極帝」（「荒暦」）、つまり即位しなかった帝《みかど》として扱うという特例でもって切り抜けた。

②については、義満が没する応永一五年（一四〇八）五月までの間に天皇の代替わりはなかったので、義満については必ずしも不履行とはいえない。ちなみに、義満のために一言付加しておくと、義満は没するまでの間、明徳三年（一三九二）の合体交渉のさい「両朝御流相代之御譲位」、つまりは両朝迭立《てつりつ》を約束した手前、責任を感ずるところがあってか、後小松天皇の皇太子に北朝の皇子を立てることを意識的に控えてきた形跡がある。しかしその没後、子息義持が政権を握ると、②の約束はやがて反故《ほご》にされる。

残りの③の諸国国衙領を旧南朝（大覚寺統）の領知とするという点については、最近発見された新史料を含めて検討する必要があるので別項に譲ることにしたい（203頁参照）。

総じていうと、南北合体のさいに義満が提示した三つの条件は、従来不履行という前提で論じられることが多かったが、義満のその後の対応に即して詳しくみてゆくと必ずしもそうとは言い切れないところがある。

南北朝合体の日

明徳三年一〇月二八日、南朝の後亀山天皇は、天皇の地位を象徴するいわゆる「三種の神器」を北朝の後小松天皇の手に渡すための隊列を組み、駕輿丁《かよちょう》の奉舁《ほうよ》する「三種の神器」を先頭に、鎧直垂《よろいひたたれ》の騎馬十騎に守護されて大和吉野から京都への旅に出立した。宮内庁書陵部所蔵の「南山御出次第《なんざんぎょしゅつしだい》」（伏―392）は、その旅程の次第をつぶさに記した記録である。吉野を発《た》ってより京都の内裏（土御門東洞院《つちみかどひがしのとういん》）に到着するまでの旅程、および神器が渡御した同年閏一〇月五日（つまり南北合体の当日）の内裏での祝賀行事に関する記事は以下のとおりである。

十月《（明徳三年）》廿八日、御出南山、依雨橘寺御一宿、同廿九日、酉下刻、著御南都興福寺々中、東室、延年儀在之、其後則欲有御出之処、依甚雨御一宿、閏十月一日、雨猶不止、御立之由有之、同二日夜、嵯峨大覚寺殿著御有、

明徳三年壬《（閏）》十月二日、三種之神宝《霊》、自南山入洛、同五日、渡御内裏《（土御門東洞院）》、仍自今夜被行内侍所御神楽、奉行蔵人左少弁宣俊《（中御門）》、任文治例、可申沙汰之由、室町殿《（足利義満）》被召仰云々、（以下略）

明徳三年（一三九二）一〇月二八日に吉野を出発した一行は、途中雨にたたられつつ橘寺《たちばなでら》（奈良県高市郡《たかいち》明日香《あすか》村）や南都興福寺を経て、翌閏十月二日、後亀山天皇は神器とともに京都

【亀山天皇流略系図】

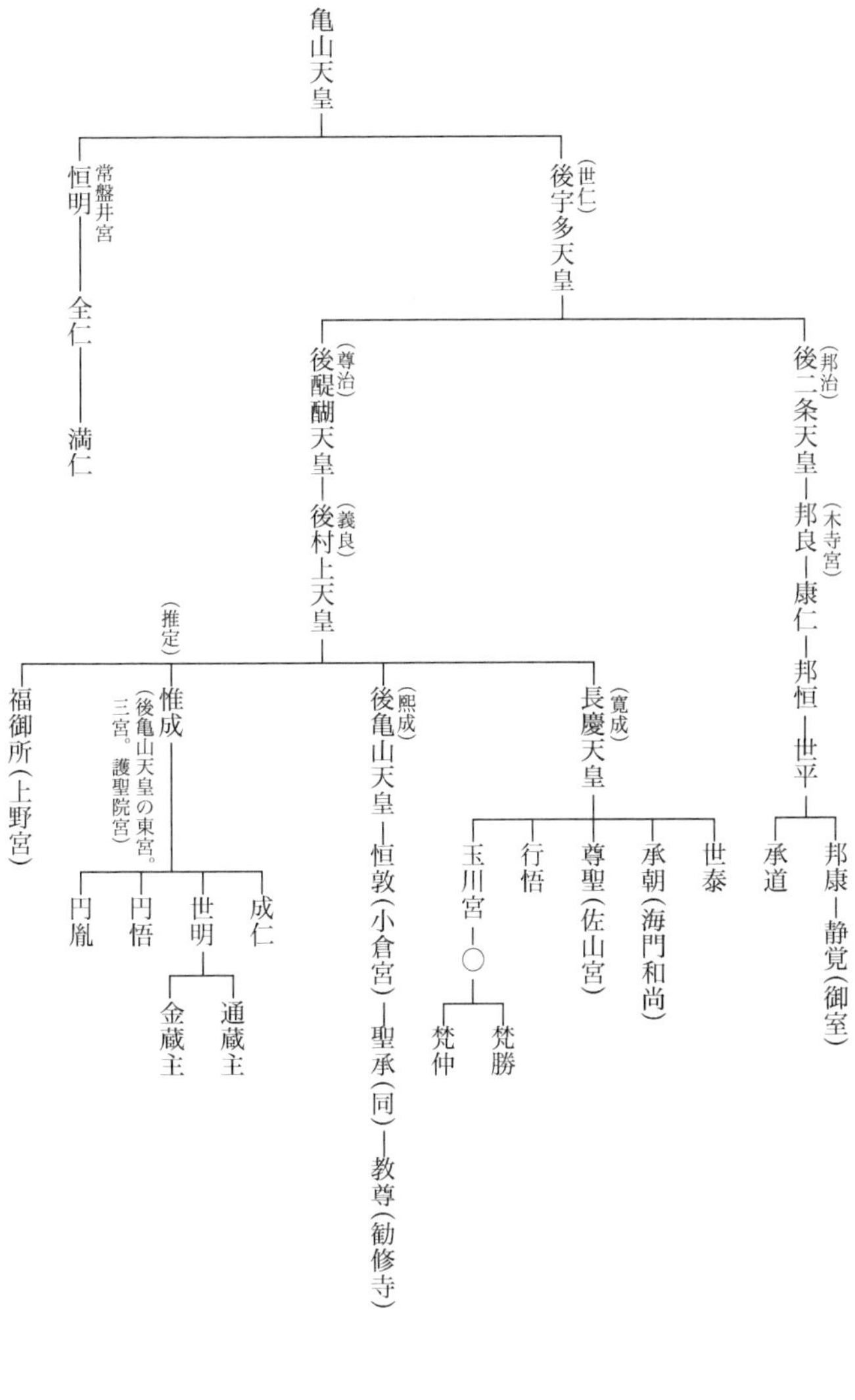
亀山天皇
(世仁)後宇多天皇
常盤井宮 恒明
全仁
満仁
(邦治)後二条天皇
(木寺宮)邦良
康仁
邦恒
世平
邦康
静覚(御室)
承道
(尊治)後醍醐天皇
(義良)後村上天皇
(寛成)長慶天皇
世泰
承朝(海門和尚)
尊聖(佐山宮)
行悟
玉川宮
○
梵勝
梵仲
(熙成)後亀山天皇
恒敦(小倉宮)
聖承(同)
教尊(勧修寺)
(推定)惟成
(後亀山天皇の東宮。三宮。護聖院宮)
成仁
世明
通蔵主
金蔵主
円悟
円胤
福御所(上野宮)

嵯峨の大覚寺に入り、さらに五日には神器を北朝の後小松天皇の内裏（土御門殿）へ渡したこと、北朝朝廷では神器が帰座したことを祝賀して、五日から三ヵ夜にわたる内侍所御《ないしどころみ》神楽《かぐら》が挙行されたことが記される。

入洛のさい、行幸の礼を用いた後亀山天皇に供奉《ぐぶ》したのは、「南山御出次第」によると、関白二条冬実《にじょうふゆざね》以下一七人の南朝廷臣と、伯耆党六人・楠木党七人など若干の武士たちだけで、およそ両朝合体の儀式に臨むにふさわしい行列とはいえなかった。内閣文庫に所蔵される「南朝公卿補任」（内閣文庫所蔵、271—405）の第四冊の奥に、以下の記事がある。

> 私云、元中九年閏十月北朝明徳三年御入洛之時、南朝公卿供奉入洛冬実公等、或下向分国守親公・顕泰卿・尹良卿等、或出家、或留山中、各不奉仕北朝矣、

これがいつ書かれたものかは明瞭《めいりょう》ではないが、「北朝」という歴史用語がみえるので当時のものではないことは明らかである。しかし、南朝廷臣たちのなかには、京都に移って北朝に仕えた者たちのほかに、あるいは自分の分国に下向したりあるいは出家したり、またあるいはそのまま吉野山中にとどまったりして、北朝に奉仕することを潔しとしなかった者たちがいたのだ、とこの奥書は南朝の最後を描く。

ここに南北双方の懸案であった両朝合体が成り、六十年にも及ばんとする狭義の南北朝時代は終わりを告げた。しかし、この合体劇は将軍足利義満の計略によるものであって、目的のた

めには手段を選ばない義満の常套的な手法であったといわざるを得ない。けれども後亀山天皇にとってはそれが予想されることであろうと、一縷《いちる》の望みをかけて講和に踏み切るより道はなかったのもまた事実であろう。

新出の「理性院・金剛王院等相承血脈次第紙背文書」

ここでは先の「義満が南朝に示した合体条件」で整理した条件③のなかで、諸国国衙領は旧南朝（大覚寺統）の領知とするとした点について少し掘り下げてみたい。というのは、この点については従来議論されつつも関係史料が乏少で実態がよくつかめなかったが、近年になって新たな史料が発見されて、それらを含めての再検討が可能となったからである。

その新しい史料とは、『新鳥取県史　資料編　古代中世1　古文書編』（鳥取県、二〇一五年三月）に収録される「理性院・金剛王院等相承血脈次第紙背文書」（鳥取市歴史博物館所蔵）である。この文書については、鳥取市歴史博物館の石井伸宏による解題が同巻に付されている。石井にはこれに先立つ解説付きの紹介が別にあり（「鳥取市歴史博物館所蔵『理性院・金剛王院等相承血脈次第』」、「鳥取県地域史研究14」、二〇一二年二月）、その成立事情・史料価値についても解説されている。この『新鳥取県史』の解題を引く。

「理性院・金剛王院等相承血脈次第」は、醍醐寺の子院である理性院・金剛王院および勧修寺、高野中院などの師匠と弟子の関係図（相承血脈）を記した史料。その紙背には、六点の後亀山上皇の院宣案（ママ）が記されている。これは南朝側が室町幕府に対して自分たちの権利のおよぶ土地を示すために、因幡・紀伊・越州の国衙領の管領を認める院宣を書き写したものと考えられる。（中略）後南朝に関する文書は少なく、中世史研究上重要な史料であるとともに、稲束保・峯寺保・国安保・吉里保・日野田保など、因幡国内の国衙領の地名が多く確認できる点でも貴重である。（同書二一〇頁）

右の解題にあるように、本文書群（後亀山上皇院宣六通）は京都の真言宗寺院醍醐寺の血脈史料の紙背に残ったものである。なぜ醍醐寺の血脈史料に後亀山上皇の院宣が写されたか、筆写時の醍醐寺と後亀山上皇との関係はどうであったかなど依然として不明だが、南北朝合体後の後亀山上皇の動向、ことに合体のさいの③の条件の履行状況を示す史料として大変興味深くかつ貴重である。

南北朝合体後、後亀山上皇は京都嵯峨に隠棲《いんせい》したため、その発給文書たる院宣はほとんど今日に残されていない。今回、石井によって応永四～七年の間に出された未紹介の院宣六通が発掘されたわけであるが、右の解題にも記されるように、内容的にみるとすべて因幡・紀伊・若狭などの国衙領の管領に関わるものである。この種の院宣としてはそれ以外に筆者の管見に及んだ以下に示す三通が加わる。

①「福島文書」応永四年一〇月一一日　後亀山上皇院宣（後亀山上皇、紀伊国他田庄幷田殿

庄等国衙分を某に管領せしむ。『大日本史料』七編二、八八八頁）

②「東寺文書」応永四年一一月一九日　後亀山上皇院宣（後亀山上皇、若狭国司の同国太良庄を国衙領に混ずることを禁じ、別納の地として東寺供僧中に安堵せしむ。同右、九〇〇頁）

③「保阪潤治氏所蔵文書」応永四年一二月九日　後亀山上皇院宣（後亀山上皇、若狭国々衙領内友次浦を某に管領せしむ。同右、九一四頁）

これら三通も国衙領関係であるので、先の六通を合わせて全九通が諸国国衙領の支配に関わる後亀山上皇院宣ということになる。こうなると、もはや同上皇が諸国の国衙領支配に大いに関わったとみる他はあるまい。つまり先の合体条件の③との関わりでいえば、少なくとも応永四～七年の段階では③の条件は履行されているということになり、従来のどちらかというと否定的な考え方は見直さねばならない。そのように考えると、南北合体以降義満が生存している間、しばらく後亀山上皇は諸国国衙領を支配していた可能性が高くなってくる。他方、義満の側にしても、義満が公家社会に進出してその中枢を担うようになった当時において、彼の強引かつ強力な政治手法からみて、諸国国衙領を大覚寺統（後亀山上皇）の支配下に置き替えることなど、さほど難しい問題ではなかったのではないか。

義満にとって合体は何であったか

では義満にとって南北合体はいったい何であったか。換言すれば、義満が南朝を実力で潰《つぶ》すことを避け、あくまで交渉による平和裡での合体を望んだのはなぜであろうか。それはおそらくこうであろう。南朝を武力で潰し皇統を断絶させても根絶するのは難しく、いずれ抵抗勢力が潜伏した皇胤《こういん》を擁立し、大義名分を掲げて決起する。そういうことが起きないようにするには、合体の儀式を行うことによって神器を正式に接収する必要があった。

明徳の乱が起こった明徳二年（一三九一）にはまだ南朝が存立していたので、反乱者山名氏清は南朝より「錦の御旗」を拝領した。『明徳記』には、山名氏清が被官の小林義繁《こばやしよししげ》に対して「南朝より錦の御旗を申給て今にあり。今度この旗を差して合戦をすべし」と語る場面がある（冨倉徳次郎校訂『明徳記』岩波文庫、三七頁）。この時、北朝側では義満のために「錦の御旗」を新調している（『図書寮叢刊　看聞日記六』永享一〇年九月一六日条）。南朝皇胤を放置するとまた同様の出来事が起こりかねない。義満にとって南朝皇胤は危険極まりなかった。

その意味では、後亀山の心の内もさることながら、南朝にとって三種の神器を北朝に渡し、合体に応じたことは完全な敗北であったといえる。のち、嘉吉《かきつ》三年（一四四三）九月の禁闕《きんけつ》の変において後南朝一味が内裏をおそって神璽を強奪したのも、長禄《ちょうろく》元～二年（一四五七～八）の長禄の変において赤松遺臣がそれを奪回したのも、神器が、分出・拡散する性格の中世王権に権威を甦《よみがえ》らせる力を持ったからにほかなるまい。

皇統の分裂はすでに鎌倉時代の一三世紀後半からその萌芽《ほうが》がみえはじめ、両統迭立の時期を経て、一四世紀前半には南北に分立するという事態にまで発展するのであるが、武家政権が伝統的にとってきた「両統（持明院統・大覚寺統）不可断絶」の原則が、結果的に南朝を温存させ、合体するまで約百年の間、延命させたのである。

公武統一政権の樹立をめざす義満にとって、南北朝の合体は避けることのできない難関であった。義満は父祖の遺産を受け継ぎつつ、懸命な努力を重ねてこれを達成した。その結果、南朝皇胤はよほどのことがない限り、賊軍の頭目とはなりえても賊軍に軍事行動の大義名分を付与することは困難となった。このことは、国家の治安を維持し、いくさのない社会を築くうえでは最重要の案件であった。こうして危険要因に最善の対策を講じた義満は、統一国家の樹立に向けていよいよ王手をかける段階に入ったということができよう。

南北両朝が講和合体し南朝が消滅したことは、ひとり軍事面のみならず、日本の政治・経済・社会の各面に、多大な影響を及ぼしたに違いない。一例を挙げると、軍勢催促状や軍忠状といった軍事関係文書の残存状況である。すなわち、尊氏・義詮の代に多発された軍事関係文書は、義満の時代になると減少傾向の一途をたどり、南北朝合体前後以降ほとんど残っていない。換言すれば、南北朝時代は、紛れもなく日本歴史上、最大の「合戦の時代」だったのである。

第五章　地域権力との対応

一　京都将軍と鎌倉公方

京都と鎌倉

鎌倉公方《かまくらくぼう》とは、室町幕府が鎌倉に置いた関東統治の行政機関＝鎌倉府の長のことである。建武二年（一三三五）、足利尊氏が幕府創設に向けて動き始めると在鎌倉の子義詮がその役割を果たし始め、貞和五年（一三四九）義詮が父尊氏の跡を継ぐために上洛《じょうらく》すると、入れ替わるかたちで弟基氏《もとうじ》が鎌倉に下向した。

管轄区域は鎌倉時代以来の関東八ヵ国（相模・武蔵・安房《あわ》・上総《かずさ》・下総《しもうさ》・上野・下野《しもつけ》・常陸《ひたち》）および建武新政期に付加された伊豆《いず》・甲斐《かい》の合計一〇ヵ国（「建武記」に足利直義の管轄領域として「関東十ヶ国成敗事」とあり。『中世政治社会思想 下』日本思想大系22、岩波書店、一九八一年二月、七三頁）であった。関東地方は旧鎌倉幕府の地盤であっただけに、室町幕府の東国統治機関としての鎌倉府の役割は重く、その長たる鎌倉公方の権力には強大なものがあった。

その意味で、南北朝・室町時代史に占める鎌倉公方・鎌倉府の役割は大きく、鎌倉公方を中心とした関東地方の動勢は日本歴史を強く牽引《けんいん》した。それだけに鎌倉府への関心も高く、特に近年の東国史研究の飛躍的な進展のなかで、鎌倉公方足利氏四代に即した研究が進展した。黒田基樹編著『関東足利氏の歴史』四巻（戎光祥出版、二〇一三～一六年。基氏・氏満・満兼《みつかね》・持氏《もちうじ》を個々に扱う）はその最たるものであろう。厚い研究史のなかでも鎌倉府の発給文書を通して京都将軍と鎌倉公方との関係の変動を追跡した小林保夫の手法はすぐれた着眼であった（「南北朝・室町期の京と鎌倉（上）（下）」、「堺女子短期大学紀要17、18」、一九八二年三月、一一月）。

　鎌倉公方の基氏は将軍足利尊氏の子息であった。京都将軍と鎌倉公方とは以降それぞれの血筋で嗣《つ》がれたので、両者の関係が親子のうちはまだよいとして、次第に血縁関係が遠のくと、京都と鎌倉の間にトラブルが発生するようになる。鎌倉公方の地位が基氏（貞治六年〈一三六七〉没）のあと、氏満―満兼―持氏と継承されるにつれ、独立志向を強める鎌倉公方は次第に

【足利氏略系図】

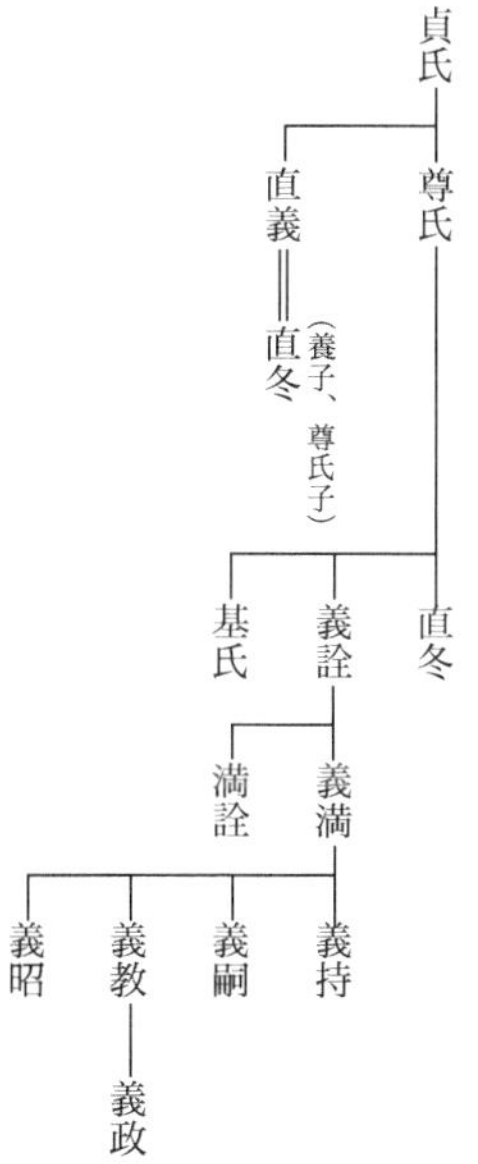

【鎌倉公方足利氏略系図】

基氏──氏満┬満兼──持氏
　　　　　　└満隆

京都将軍との対立関係を強めるようになってくる。

　両者の間に立った波瀾《はらん》の早期のケースでは、すでに康暦元年（一三七九）の康暦の政変において、頓挫《とんざ》したものの氏満が義満に対して反旗を翻《ひるがえ》した事実がある（「迎陽記」）。これより永享の乱（一四三八～九）で持氏が義教に敗れるまで、幕府と鎌倉府の対立抗争は見え隠れしつつ続いている。鎌倉公方についての一般書では、田辺久子『関東公方足利氏四代―基氏・氏満・満兼・持氏―』（吉川弘文館、二〇〇二年九月）がコンパクトで要を得ている。

　尊氏の三男基氏が鎌倉公方だったころには将軍との間で波風が立つ可能性は低かったものの、基氏が貞治六年に二八歳で没し子息氏満があとを嗣ぐに至り状況は変わってくる。

　京都将軍と鎌倉公方との儀礼上の関係を考えるためには、将軍から鎌倉公方に出される文書の書札礼に着目することが有効な方法である。この点について見通すと、尊氏や義詮が基氏に対して発給する場合は御内書・書状が基本であるが（まれに御判御教書《ごはんのみぎょうしょ》）、義満―氏満の代になると当初の永和～康暦段階では御内書・書状であったものが、永徳二年（一三八二）五月七日付氏満あて義満御判御教書（「黄梅院文書」）を現存初例として、義満代においてはこれ以降御判御教書のままで変わらない（133頁参照）。

京都将軍―鎌倉公方間のトラブルの原因の一つに、所轄関係に伴う任命権の問題があった。具体的にいうと、京都将軍と鎌倉公方の間には、任命―被任命の関係はないが、将軍と関東管《かん》領《れい》（鎌倉公方の補佐《ほさ》役）・東国守護との間にはこの関係があって、京都の将軍が関東管領や東国守護を任命していたのである（関東管領については次項参照。東国守護については、伊豆・上野両国守護補任《ぶにん》に関する「上杉家文書」応永二年七月二四日付義満袖判御教書《そではんみぎょうしょ》を参照、『上杉家文書一』三四頁）。この手続きは、将軍にとっては全国を統治するために譲れない一線であったが、他方自立志向の強い鎌倉公方にとってはこのうえもなく堪えがたいものであったに相違ない。

足利義満が父義詮のあとをうけて幕府の主であった時代は、貞治六〜応永一五年（一三六七〜一四〇八）の約四十年間である。時期的にこれに対応する鎌倉公方は、足利氏満（応永五年没）・満兼（同一六年没）父子の二人である。よって以下、義満と氏満・満兼との対応において、京都将軍と鎌倉公方の関係を具体的にみてゆくことにしたい。

足利義満と足利氏満

足利氏満の生年は、延文四年（一三五九）である。「迎陽記」応永五年（一三九八）一一月四日条に「後聞、今日鎌倉左兵衛督殿（足利）氏満他界、年齢四十云々」（『迎陽記一』一〇九頁）とあり、この年四〇歳で没しているところから逆算するとそうなる。とすると、義満の誕生が延文三年（一三五八）であるから、両人は年齢差一歳ということになる。二人が対抗心を燃やす原因の一つはここにあると思われる。

筆者は、年次が明記されるか、推定が可能である足利氏満の御教書として、永和四年五月二六日付（鶴岡八幡宮《つるがおかはちまんぐう》神主にあてて天下安全を祈禱《きとう》せしむ。「大伴文書」、『鎌倉市史 史料編一』二〇五頁）から、応永五年六月二七日付（円覚寺長老にあてて所々怪異を祈禱せしむ。「喜連川文書」、『神奈川県史 資料編3』七五八頁）までの約一一〇通を集めた。内容はさまざまで、所務沙汰《さた》関係、祈禱関係、軍事関係、寺院の住持職・禅衆職補任、さらには所領宛行《あてがい》・預置《あずけおき》に関するものまでが含まれており、またその他に寄進状が二〇点ほど残っている。それらは総体として鎌倉府の権力の強さと管轄範囲の広さとを物語っている。

京都将軍と鎌倉公方との抗争はいつから始まったか明確ではないが、はっきりとした形で現れるのは二代氏満のころで、それは管領の交替を招いた康暦の政変の時である。「迎陽記」康暦元年（一三七九）三月七日条に以下の記事がある。

七日甲戌、後聞、今日関東管領上杉（憲春）自害、不知其故、或有鬱憤、或為狂乱云々、

（『迎陽記一』二二二頁）

この日記の記主東坊城秀長《ひがしぼうじょうひでなが》は、時の関東管領上杉憲春《うえすぎのりはる》が自害したという後聞を、康暦元年三月七日条に書き付けているが、秀長は「不知其故」とあるように、憲春自害の理由がわかっていない。「或有鬱憤、或為狂乱」の表記からみると、憲春の「鬱憤《うっぷん》」（心に積もる怒り）もしくは「狂乱」（心が狂い乱れて常態を失うこと）ぐらいにしか思っていない。どちらかというと

憲春の個人的な理由である。しかしこの事件の背後には、鎌倉公方足利氏満と将軍足利義満との厳しい対立があった。佐藤進一の言葉を借りると、これは「鎌倉の主、氏満（基氏の子）が反幕の決意をかため、これを知った執事（関東管領のこと＝筆者注）の上杉憲春（憲顕《のりあき》の子）が諫死するという事件」（『南北朝の動乱』中公文庫、二〇〇五年一月、四四〇頁）というのが実態であった。この事件はさまざまの波紋を及ぼしたが、結局義満と氏満の全面対決には至らず、氏満の義満に対する野望なしの陳謝でもって一応の収まりをみせた（『鎌倉大草紙』、『群書類従二〇』所収）。氏満と義満との政治的関係でいうと、この事件によって氏満が義満に対してある種の「借り」を作ってしまう（康暦の政変との関係も考える必要がある）。

その弱みを突かれたか、幕府との関係でやや興味を引くのが、鎌倉公方の輔佐役たる関東管領のポストの選任に関することである。以下の足利義満御内書をみよう。

関東管領事、可被仰付上椙安房入道（上杉憲方）々合候也、謹言、
（康暦元年）卯月十五日　（足利義満）（花押）
（足利氏満）左馬頭殿

（「上杉家文書」、『上杉家文書一』二七頁）

この文書は、右の事件直後の康暦元年（一三七九）四月一五日、将軍足利義満が鎌倉公方足利氏満にあてて、関東管領の職に上杉憲方を指名したものである。文面に「補任」とか「任

命」とかの常套《じようとう》用語を使用せずに「仰付」を使っているが、実質的には義満による関東管領推挙状というべきものである。鎌倉公方は自らの手によってその輔佐役たる関東管領を選任することができなかった。さらに注目すべきは、右のように義満は、康暦元年四月一五日に鎌倉公方足利氏満に対してその輔佐役たる関東管領に上杉憲方を推挙する文書を出したが、その日のうちに今度は当の上杉憲方に対して不日鎌倉に帰参して関東のことを沙汰すべしという内容の御内書を出している事実である（「上杉家文書」、『上杉家文書一』二七〜八頁）。これでは、関東管領の推挙は形だけで、実質的には義満による任命とさほど変わらない。

なお、これ以前の例でいえば、貞治二年（一三六三）三月、鎌倉公方足利基氏が自筆書状を上杉憲顕にあてて関東管領への就任を慫慂《しようよう》したケースがあるが、この基氏書状のなかに「関東管領事、自京都度々雖被仰候、……」とみえるように、将軍義詮の推挙を受けていることが知られる（〈貞治二〉三月二四日足利基氏書状、『上杉家文書一』二一頁）。

こののち永徳二年（一三八二）五月に、氏満にあてた義満の文書の形式がそれまでの御内書からより尊大な御判御教書へと変わったことを前述したが（212頁）、こうした変化は一連の京都将軍と鎌倉公方の関係の変動のなかに置いてみると自然に理解することができる。

ここで関係事実を一つあげておくと、応永年間に入ると、鎌倉公方氏満が治部卿大僧都日暹の申請をうけて幕府管領（斯波義将）にあてて、上総・下総の田畠《でんぱた》在家の安堵《あんど》、寺領の安堵のための挙状を遣わしている（応永四年一二月二三日足利氏満書状、中尾堯編『中山法華経寺史料』吉川弘文館、一九六八年一〇月、五六頁）。これも義満に対する氏満の配慮であろうか。

ちなみに、「後愚昧記」永徳三年（一三八三）三月三日条によると、この年は「鎌倉（足利氏満）左兵衛督重厄」、つまり氏満の重厄であるとの記載がある（『後愚昧記三』一一三頁）。実年齢二五歳である。氏満の官位は、康暦二年（一三八〇）二月一八日の小除目《こじもく》で得た「左兵衛督《さひょうえのかみ》・従四位下」（『愚管記六』一〇九頁。この時、義満の舎弟満詮は左馬頭《さまのかみ》に任官）。すでに義満は「右大将・従一位」にまで昇進していた（『愚管記六』一〇二頁）。

足利義満と足利満兼

応永五年（一三九八）一一月、鎌倉公方足利氏満が四〇歳で没すると、その子満兼が跡を継いだ。満兼の生年は永和四年（一三七八）であるから（「鎌倉大日記」等によると、満兼は応永一六年〈一四〇九〉七月二二日没、三二歳。『大日本史料』七編一一、一一〇頁）、襲職の時満兼は二一歳であったことになる。つまり満兼は応永五年から同一六年までの約十年間、鎌倉公方に在職した。満兼は義満よりちょうど二〇歳年下となる。この満兼の鎌倉公方時代には、京都幕府の周辺でもいくつかの重大事件が立て続けに起こっており、当然のことながら満兼もこれに深い関わりをみせている。

最初に満兼の発給文書の整理をしておこう。まず年次が知られる御教書では（寄進状を除く）、応永六年（一三九九）一〇月三日付（鎌倉浄光明寺《じょうこうみょうじ》に基氏・氏満の遺骨一分を奉納し、追善に励ましむ。「相州文書」、『大日本史料』七編四、一二四頁）から、応永一五年（一四〇八）九月三〇日付（大草三郎兵衛入道に贄殿《にえどの》料所として武蔵国鎌田豊後三郎跡を宛行《あてが》う。「鈴木文書」、『大日本史料』

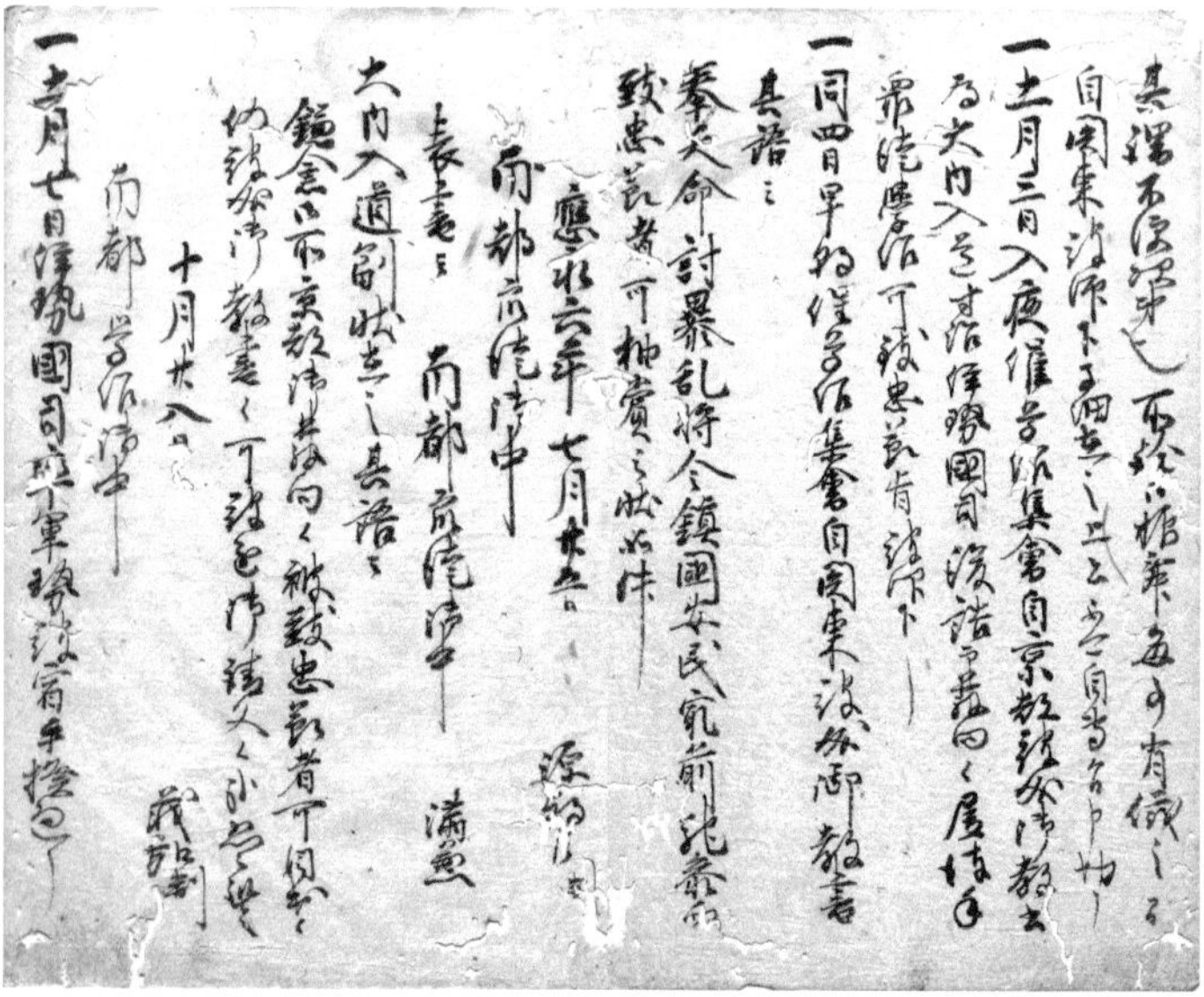

寺門事条々聞書(応永6年11月3〜7日条)　国立公文書館・内閣文庫蔵

七編一〇、四二五頁）までの約四〇通を集めた。内容的には、所領の宛行・安堵等、軍事や祈禱（祈願所指定も）関係、それに諷誦文《ふじゅもん》・願文など多岐にわたる。

　この他、寺社への寄進状（応永五～一三年）が一〇点ほど残っている。満兼の発給文書の初見は寄進状であり、父氏満が没した翌月の応永五年（一三九八）一二月二五日、満兼は鎌倉の守護神鶴岡八幡宮寺に対して所領を寄進し、「天下安全・武運長久」を祈願した（「鶴岡八幡宮文書」、『鎌倉市史 史料編一』三一頁）。この祈願は多分に京都の将軍義満に対する挑戦を意識した行為と考えられるから、鎌倉公方と京都将軍との対抗関係は前月に没した父氏満から子満兼へそのまま継承されたとみなすことができる。

数的には基氏・氏満に比すべくもなく少ないが、所領の宛行状や所務沙汰関係の文書を発しているところからみると、満兼の鎌倉公方としての権限はある程度保たれていたと考えられる。満兼の発給文書のうち興味深いのは、京都将軍への対抗意識のなかで成立したもので、例えば左記のようなものがある（参考までに大内義弘の書状も付ける）。出典は内閣文庫所蔵の「寺門事条々聞書一」（古22―367）である。

①一　同四日（応永六年十一月）、早朝催学侶集会、自関東被成御教書、其語云、
　奉天命、討暴乱、将令鎮国安民、最前馳参而致忠節者、可抽賞之状如件、
　　応永六年七（ママ）月廿五日　　　　　　源朝臣（足利満兼）　判
　　南都衆徒御中
「表書云、南都衆徒御中　　　　満兼（足利）」

②大内入道（大内義弘）副状在之、其語云、
鎌倉御所（足利満兼）京都御発向候、被致忠節者、可目出候、仍被成御教書候、可被進御請文候哉、
恐々謹言、
　　十月廿八日（応永六年）　　　　義弘（大内義弘）　判
南都学侶御中

（『大日本史料』七編四、一七二～三頁）

右の文書は「応永の乱」の直接的な関係史料である。このうち①は、鎌倉公方足利満兼が南都興福寺の衆徒にあてて、味方として挙兵することを促したもの。聞き書きの地の文に「自関東、被成御教書」とあるから、①は鎌倉から到来したことになる。日付が「応永六年七月廿五日」であるのは挙兵計画の機密性・緊急性からみてやや早すぎるが、文中の「天命を奉じ、暴乱を討つ」という表現がひときわ目をひく。

また②は、この乱の主人公たる大内義弘（この時、周防・長門・豊前・石見・和泉・紀伊の全六ヵ国守護）の、満兼が京都に向けて発向したことを南都学侶《がくりよ》に伝え、あわせて忠節を致すよう告げた請文《うけぶみ》である。文書には年次記載がないが、①と同じ応永六年であることは疑いない。なお、関連文書として、応永六年一〇月二七日付、安芸国の児玉氏にあてた満兼の軍勢催促状が二通、および同年一一月九日付で吉川氏《きつかわ》にあてて味方を募る大内義弘の書状が残っている（「萩藩閥閲録」・「吉川家文書」、『大日本史料』七編四、一七三～四頁）。

満兼は、応永六年一一月武蔵府中で軍勢を整えて、いざ京都に向けて関東を出発する段になって一二月二一日の義弘討死の報に接し、京都発向を中止して鎌倉に帰還した。これがいわゆる「応永の乱」であるが、九州探題として著名な今川了俊は、この乱について探題解任後著した「難太平記」（成立は応永九年〈一四〇二〉二月）のなかで、「天下万民のための御むほん」と記している（『群書類従二一』六二二頁）。

この満兼の中途半端な挙兵行動については、満兼自身の後日譚《ごじったん》がある。この事件の翌年の応永七年六月に、満兼は以下のような願文を伊豆の三嶋《みしま》神社に納めている。

敬白
　三嶋社壇
　　立願事
右、満兼（足利）誤以小量、欲起大軍、然依輔佐（上杉憲定）之遠慮、有和睦之一途、仍止発向、早随時宜重又有諫言、々々良有所以、令定運命之通塞、須由冥助之深浅、若違冥慮者、争達微望、若有神助者、自開福運、不可求力、不可労心、故任彼諷諫、忽飜異心、即為改其過而謝其咎、記此意趣、偏仰冥鑑、伏願当社早照丹心、弥加玄応、都鄙無事、家門久栄矣、仍願書如件、
敬白、
　　応永七年六月十五日　　左馬頭源朝臣満兼（足利）（花押）
（「三島神社文書」、『大日本史料』七編四、五七九頁）

この願文には、満兼が「応永の乱」で大軍を起こさんとしたが、上杉憲定《うえすぎのりさだ》（応永一二年より同一七年まで関東管領）の諫言によって異心をひるがえしたことを述べ、自身の軽挙妄動を悔いている。特に「誤以小量、欲起大軍」から知られるように、それが誤りであったとしていること、自らを「小量」と卑下していることが注目される。

さらに、注目すべきは、満兼の祈禱という宗教行為に対する期待度の高さである。右の自己反省の願文を三嶋神社に納めた時点より五年足らずの、応永一二年（一四〇五）三月には、満兼が鶴岡八幡宮で五壇護摩を修した事実がある。以下の史料にそのことが記されている。出典は「鶴岡社務職次第」である。

「鶴岡社務職次第」廿東弘賢

応永十三年六月二日、鐘楼堂被立改、（中略）其故如何者、去年（応永一二年）三月十五日、為勝光院殿（足利満兼）御祈禱、於社頭諸門跡参籠、五壇護摩在之、中壇西南院大僧正弘賢、大威徳宝幢院宮大僧正尊賢、金剛夜叉大納言法印頼賢、号社務一対、未護持、此三壇者下宮西経所、連壇、降三世一心院僧正御子屋、軍荼利心性院大僧正澄守同東経所、

（傍点筆者）

（「鶴岡社務職次第」、『大日本史料』七編七、三三頁）

右の文中に記されているように、応永一二年三月一五日に鶴岡八幡宮で「五壇護摩」、つまり五壇法という祈禱がなされたことが知られる。五壇の阿闍梨《あじゃり》の構成は、中壇の不動法を西南院大僧正弘賢《こうけん》（鎌倉公方任命の走湯山密厳院《そうとうさんみつごんいん》別当）が、脇壇では、大威徳法を宝幢院《ほうどういん》宮大僧正尊賢《そんけん》が、金剛夜叉法《こんごうやしゃほう》を大納言法印頼賢が、残りの降三世法《ごうざんぜほう》を一心院僧正が、軍荼利法《ぐんだりほう》を心性院大僧正が担当するというかたちである。五人の阿闍梨たちはおそらく鎌倉公方の護持僧たちであろう。

問題となるのは、この時に修された五壇法の願意である。確たる傍証史料があるわけではないが、状況から考えておそらくそれは京都将軍足利義満の調伏《ちょうぶく》であろうと思われる。先に神仏にかけて異心なきを告白した満兼が、その舌の根の乾かぬうちに、義満の調伏のための五壇法を修していることになり、再び京―鎌倉の間に険悪な空気がただよい始めたことが知られる（この傾向は、次代の持氏になるとなお一層顕著となる）。

伊豆密厳院（走湯山）別当職をめぐる京都と鎌倉

室町幕府と鎌倉府との関係を象徴することがらの一つに、伊豆国走湯山密厳院の別当職をめぐる京都醍醐寺と鎌倉鶴岡若宮《わかみや》との訴訟がある。伊豆国走湯山（伊豆山《いずさん》。静岡市熱海《あたみ》市）は、鎌倉時代には箱根山《はこねやま》とあわせて「二所」と称され、「走湯権現は千手観音の示現、二所権現の垂迹《すいじゃく》なり」（「三宝院文書」、『静岡県史料二』一九三二年、四四五頁）と崇《あが》められる霊山であった。今日の伊豆山神社の前身であるが、明治の神仏分離令によりその姿を大きく変貌《へんぼう》させた。

走湯山は、源頼朝の帰依僧文陽房覚淵《もんようぼうかくえん》によって頼朝護持の祈禱を行うために走湯山内に創建された院家《いんげ》であった。したがって密厳院はその当初より頼朝護持を由緒とする武家護持の院家という性格を持った。この走湯山密厳院と醍醐寺報恩院との関係については、すでに永村眞の研究があり（「醍醐寺報恩院と走湯山密厳院」、「静岡県史研究6」、一九九〇年三月）、それに依拠しつつ、密厳院別当職をめぐる醍醐寺と鶴岡若宮との訴訟について概略をみておこう。

醍醐寺報恩院が密厳院と関わりを持つのは南北朝時代以降のことで、醍醐寺報恩院　隆舜《りゅうしゅん》が足利尊氏により密厳院別当職に補任された建武四年（一三三七）七月から（『醍醐寺文書一六』一五三頁）、山門の乗基と交替した文和元年（一三五二）までの十五年間である。その後は関与した形跡はない。他方鶴岡若宮別当弘賢は、貞治二年（一三六三）一二月にはすでに足利基氏によって密厳院院主（別当職のことか）に「補任」されているし（貞治二年一二月一四日足利基氏挙状、「国立公文書館所蔵走湯山什物」、『南北朝遺文 関東編四』三一五頁）、また貞治年中（一三六二～六八）の足利基氏の代に密厳院別当職に「拝補」（補任）されたと弘賢本人も主張している（「醍醐寺文書」応永九年二月五日前大僧正弘賢譲状《ゆずりじょう》案、『醍醐寺文書一三』一四〇頁）。つまり将軍と鎌倉公方は別々に密厳院別当を補任したかたちである。その後、醍醐寺報恩院が密厳院別当職に関わった実蹟のないままに、鶴岡若宮との間で別当職をめぐる訴訟がなお続けられる。

かくして、醍醐寺報恩院が訴訟を起こしても返還されない密厳院別当職は実質のないままに三宝院に譲与され、やがて満済のもとに至ることになる。その満済の時代の応永六年（一三九九）、伊豆国走湯山密厳院の別当職をめぐって、鎌倉公方の足利満兼が京都幕府の申し入れに返答した興味深い文書が、左の足利満兼書状である。

三宝院（満済）雑掌申、伊豆国走湯山別当職付寺院幷寺領以下事、任被仰下之旨、致沙汰之処、若宮社務僧正坊（弘賢）代如支申者、当職拝任之後、已及卅余年、知行無相違候、以何篇可被改動哉之由、捧文書歎申之間、無左右難遵行之由、可令（給脱カ）申沙汰候、謹言、

応永六年九月五日　満兼（足利）（花押）

［京都と鎌倉］

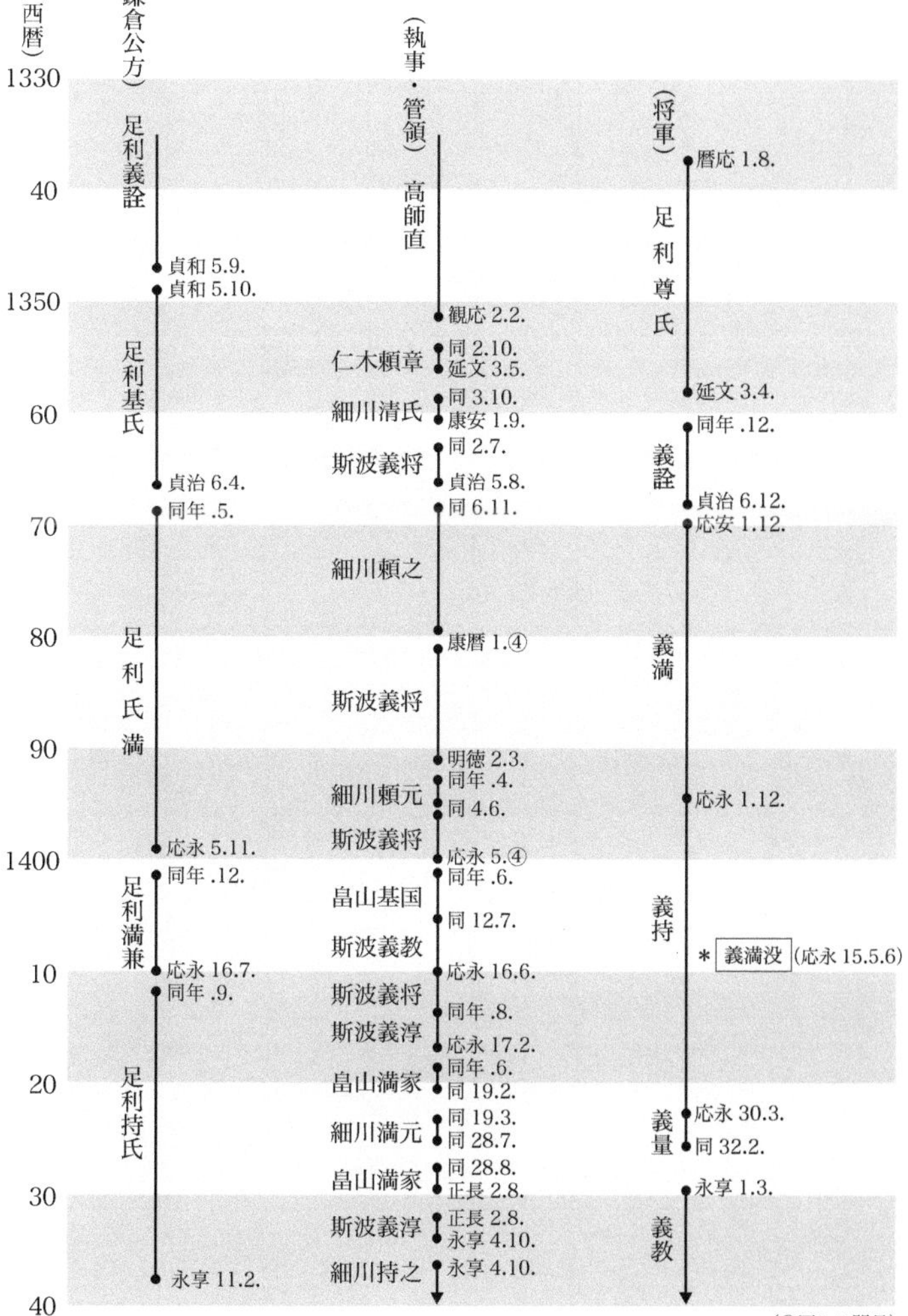

（西暦）
1330
40
1350
60
70
80
90
1400
10
20
30
40
（鎌倉公方）
足利義詮
貞和5.9.
貞和5.10.
足利基氏
貞治6.4.
同年.5.
足利氏満
応永5.11.
同年.12.
足利満兼
応永16.7.
同年.9.
足利持氏
永享11.2.
（執事・管領）
高師直
観応2.2.
仁木頼章
同2.10.
延文3.5.
細川清氏
同3.10.
康安1.9.
斯波義将
同2.7.
貞治5.8.
同6.11.
細川頼之
康暦1.④
斯波義将
明徳2.3.
細川頼元
同年.4.
同4.6.
斯波義将
応永5.④
同年.6.
畠山基国
同12.7.
斯波義教
応永16.6.
斯波義将
同年.8.
斯波義淳
応永17.2.
同年.6.
畠山満家
同19.2.
同19.3.
細川満元
同28.7.
同28.8.
畠山満家
正長2.8.
正長2.8.
斯波義淳
永享4.10.
永享4.10.
細川持之
（将軍）
暦応1.8.
足利尊氏
延文3.4.
同年.12.
義詮
貞治6.12.
応安1.12.
義満
応永1.12.
義持
＊ 義満没 (応永15.5.6)
応永30.3.
義量
同32.2.
永享1.3.
義教

(○囲みは閏月)

右衛門佐（畠山基国）入道殿

（「三宝院文書」、『大日本史料』七編三、九〇九頁）

この文書は、満兼が、醍醐寺三宝院（満済）の訴える伊豆国走湯山別当職について、同年四月に満兼にあてて遣わされた足利義満御判御教書（走湯山別当職等を醍醐寺三宝院（満済）雑掌に渡付するよう計らえという内容。『醍醐寺文書一四』一六四頁。別に管領施行状《しぎょうじょう》あり）に応《こた》えるかたちで出されたもので、宛名は幕府管領の畠山基国（徳元）になっている。

内容は、満兼が義満に対して、若宮社務僧正弘賢の走湯山別当職知行は三十年余も続いているもので今更何で改動するのか、満済への遵行はそうたやすくなしがたいと返答する始末であった。文中の「当職拝任之後、已及卅余年、知行無相違候」は、弘賢が基氏から別当に任命されたという主張、「去貞治年中」「瑞泉寺殿（足利基氏）御代拝補訖」（前述した応永九年の弘賢譲状案、『醍醐寺文書一三』一四〇頁）と符合する。この文書は満兼の義満に対する釈明書というより、弘賢の肩を持ったかたちでの義満への反論書というのが実態に合っていると思われる。足利将軍と鎌倉公方との綱引きはこういうところにも表れている。

それにしても、先項で史料を示したように、満兼は応永六年七月二五日付で南都衆徒中にあてて義満追討の挙兵を促しておきながら、その挙兵の準備中というべき同年九月五日に伊豆国走湯山別当職についての書状を幕府宛《あ》てに出しているわけであるから、とりようによっては満兼はずぶとい神経の持ち主だったと考えられる。

ちなみに、応永一二年（一四〇五）一〇月になると、満兼は密厳院院主職を同九年の弘賢譲状に任せて宝幢院宮僧正尊賢（前述のように、応永一二年三月に鶴岡八幡宮での五壇法で大威徳法を修した）に安堵することを幕府に申し出（『醍醐寺文書一三』一四一頁）、同一九年（一四一二）四月（すでに将軍は義持、鎌倉公方は持氏に代替わり）には持氏が同職を尊賢に安堵、その一ヵ月あまりのちの同年六月には幕府側では管領細川満元《みつもと》奉書によってこれを施行している（同前）。

これまでの長い綱引きの経緯から考えると、あまりにもあっけない幕府側の譲歩というしかない。義満の後の幕府が内部事情から、鎌倉府に対して最大限の配慮をしたのかもしれない。

二　足利義満と大内義弘・今川了俊（貞世）

足利義満と大内義弘

大内氏の氏祖は平安時代から頭角を現す周防国の在庁官人だといわれているが、鎌倉時代には周防に地盤を持つ在地領主で、おとなり長門国の厚東《ことう》氏とともに鎌倉幕府の有力御家人であった。大内氏が周防山口を拠点に力を持ち始めるのは大内弘世《おおうちひろよ》の代からとされる。大内氏は鎌倉後期から家督をめぐる一門内の抗争を続け、これがもとで南北朝時代には南北両派に分裂、観応ころの弘世の代には足利直冬《あしかがただふゆ》に与同した歴史を持っている。弘世は貞治二年（一三六三）

春にはこれまでの南朝寄りの立場をやめて幕府に帰降し（山陰の山名氏も同時期に帰降）、幕府支配の安定化をもたらした。

この弘世の子が義弘である。康暦二年（一三八〇）大内氏の家督を継いだ義弘は、幕府の北部九州支配にも戮力《りくりょく》し、将軍足利義満との間に良好な関係を取り結んだ。例えば、明徳二年（一三九一）の明徳の乱では、義弘は義満側の有力武将として獅子《しし》奮迅《ふんじん》の活躍をなし、乱後は和泉・紀伊の守護職に補《ほ》されるなど義満によって手厚く遇された。義満にとって宿願ともいうべき南北朝合体の実現に向けても大きく貢献したので、義満が義弘を深く信頼したのはたしかである。同世代という年齢関係もあったろう。大内義弘の生まれは、延文元年（一三五六）と考えられているから、同三年（一三五八）生まれの足利義満より二歳年上ということになる。

さらに、義満と義弘の親密さをうかがうことのできる史料を一、二紹介しよう。まず一つめ。南北朝が合体した翌年の明徳四年（一三九三）には、義満は以下のような自筆文書を義弘にあてて遣わしている。

（もと端裏書カ）（足利義満）
「鹿苑院殿様御内書」

「御自筆」

九州にをひての度々忠節と申、去内野かせん（明徳二年の内野合戦）の忠、たにこと（異于他）に候間、向後もふかくたのミ入て候間、一そく（族）の准に思給候、存知せらるへく候也、

（明徳四）十二月十三日　御判（足利義満）

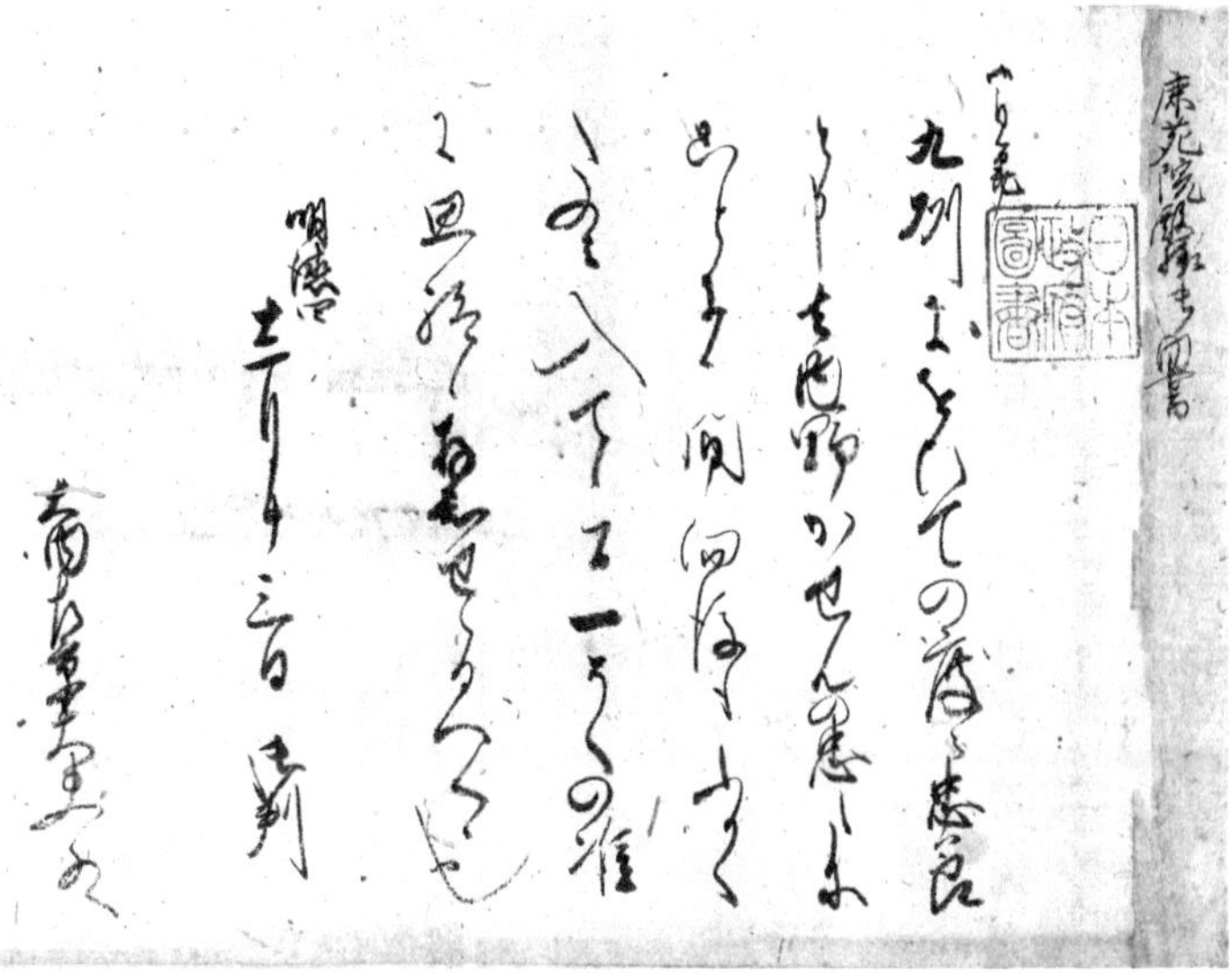

足利義満御内書案(明徳4年12月13日)　国立公文書館・内閣文庫蔵、蜷川家文書

大内左京大夫(義弘)とのへ
(「蜷川家文書」、『蜷川家文書一』一一〜一二頁)

内容は以下のとおり。「九州での度々の忠節や、『内野合戦』(明徳の乱のこと)での忠節は格別でした。今後も深く頼み入るところです。ついては、(義弘を)将軍家一族に準ずる待遇とするので、ご承知おき下さい」と義弘に告げている。

もう一つ。これはいつのことかは不明ながらも、義満と義弘の和歌を媒介とした精神的なつながりをうかがうことのできる史料所見である。典拠は「臥《が》雲《うん》日《にっ》件《けん》録《ろく》抜《ばつ》尤《ゆう》」(瑞《ずい》渓《けい》周《しゅう》鳳《ほう》の日記「臥雲日件録」を一五六二年に惟高妙安《いこうみょうあん》が抄録したもの）の文明元年（一四六九）六月八日条である。以下はその意訳。

昭蔵主（黙堂寿昭）がいうには、昔、足利義満が看花のために洛南の伏見に赴き、木幡（宇治市）に至ろうとするとき、天がにわかに陰り雨が降り出そうとした。この時、大内義弘が召されて、即興で以下のような一首の和歌を詠んだ。

雨シハシ雲ニカスラン木幡山　伏見ノ花ヲ行キテミン程

そうすると、天は晴れて雨は降らなかった。足利義満はこれに大いに感じ入り、褒美として義弘の所望するところを聞いたうえで、安芸国東西条（現、東広島市）を与えた。

（『臥雲日件録抜尤』一八三頁）

右のような史料からは、足利義満と大内義弘との間の極めて友好的な関係しかうかがえないのであるが、こういう親密な関係にあった二人がどのようなわけでのちに戦いを交えることになるのか。

要するに、大内義弘は義満に優遇された結果強大化し、かえって義満に脅威を与え警戒される存在になったのである。最終的に義弘が獲得した守護職は、周防・長門を基幹に豊前・石見・和泉・紀伊を加えた全六ヵ国にのぼっている。こうなると、義弘は明徳の乱で粛清された山名氏に似たような立場に立たされてしまう。

なかでも和泉国は対外交易の拠点堺《さかい》をかかえ、かつ南朝勢力の主要地盤の一つであるから、幕府がこの国を政治・経済、さらに軍事の面で重要視したことは当然である。しかし、大内義弘にも独自の考えがあった。義弘は和泉国の守護職を獲得すると、この国に本国である周防国の氏神妙見社《みようけんしや》を勧請《かんじよう》し、妙見信仰を精神的支柱とした領国経営を行おうと考えた（「興隆寺文書」〈明徳三年〉正月二九日大内義弘書状、『山口県史 史料編 中世3』一二三六頁）。妙見社は大内氏の氏神であり、義弘は和泉国を妙見神の威徳の及ぶ支配圏のうちに取り込もうとしたと考えられる。

京都を中心とする首都圏の一角にこうした異質の聖域が形成されることに、足利義満は警戒するどころか脅威さえ覚えたことであろう。加えて義弘は、応永二年（一三九五）ころから朝鮮王朝との通交を切り開き、独自に朝鮮との関係を漸次深めていった。

ちなみに『臥雲日件録抜尤』は、義満と義弘との仲違《なかたが》いの開始時期を「泉州合戦（一三九九年の応永の乱のこと）の前一両年歟《か》」とし、義満が北山第《てい》を造営するにあたり（応永五年に完成・移徙《いし》）、諸大名を土木の役に従わせようとしたとき、義弘のみ「吾士弓矢をもつて業となすのみ、土木に役すべからず」とこれを拒否したことから、二人の間に溝が生じたのだと記している（同書、二九頁）。

やがて東の鎌倉公方足利満兼とともに大内義弘は、西から京都の将軍の存立基盤をおびやかす存在となる。しかしこうした義満と満兼・義弘の対立関係は、当時の将軍―守護体制のなかから必然的に生じる問題でもあった。将軍は守護の成長を政策として容認したからである。一四世紀末から一五世紀初は、武家政権が大きな試練を迎え、政策転換を迫られた時期であった。

南北朝時代以来の幕府政治体制にはひずみが生じ、新たな方向を模索しなければならなくなった。

応永の乱

応永の乱の経過は以下のようである。応永四年（一三九七）三月、九州の少弐貞頼《しょうにさだより》・菊池《きくち》武《たけ》朝《とも》が挙兵した。義弘は幕命を受けて翌五年一〇月、自ら追討に向かい、これを鎮定した。ところが義弘はこの後、将軍義満の命にもかかわらず上洛を遅延し、応永六年一〇月になってやっと数千騎の軍兵を率いて和泉の堺まで戻ったものの、ついに上洛するに至らなかった。『応永記』によれば、堺に逗留《とうりゅう》する義弘に対し、義満は相国寺長老の絶海中津《ぜっかいちゅうしん》を遣わし説得に努めたが、義弘は三項目にわたる謀反理由を述べ、これに応じなかった。この時の義弘の言は、

①九州平定、明徳の乱、両朝合体、少弐退治など三十ヵ年にも及ぶ「無二之忠節」にもかかわらず、少弐退治の際に義弘退治の命令を下したというのはどういうことか、

②明徳の乱のさいに、粉骨砕身の軍忠をとげ、その恩賞として得た紀伊・和泉両国の守護職を程なく召し上げようとするのはなぜか、

③少弐退治の時、舎弟伊予守大内満弘《おおうちみつひろ》が討死にしたのに、いまだにその恩賞がないのはけしからん、

というものであった。

大内義弘に翻意の余地なきを悟った足利義満は、直ちに義弘の「陰謀露顕」として五壇法を

修して戦勝を祈るとともに、八坂神社以下の山城・摂津の諸寺社に対して「天下静謐《せいひつ》」「凶徒退治」の祈禱《きとう》を命じ、あわせて毛利《もうり》広世《ひろよ》ら中国・九州の武士たちに義弘追討を命じた。以下はその実例である。

袖御判(足利義満)

大内入道(義弘)陰謀露顕之間、所加治罰也、早可致忠節之状如件、

応永六年十月廿八日

毛利左近将監入道(広世)殿

（「福原家文書」、『大日本史料』七編四、一六八頁）

大内入道(義弘)陰謀露顕之間、所差遣討手也、鎮西事、為御方致忠節者、可有抽賞之状如件、

（花押）(足利義満・公家様)

応永六年十一月三日

薩摩国地頭御家人中

（「島津家文書」、『大日本史料』七編四、一六九頁。『東京大学史料編纂所影印叢書1　島津家文書』八木書店、二〇〇七年五月、一九八頁に写真）

義弘側では、京都幕府に対して自立心の強い「鎌倉御所」（鎌倉公方）足利満兼の命令を奉

【大内氏略系図】

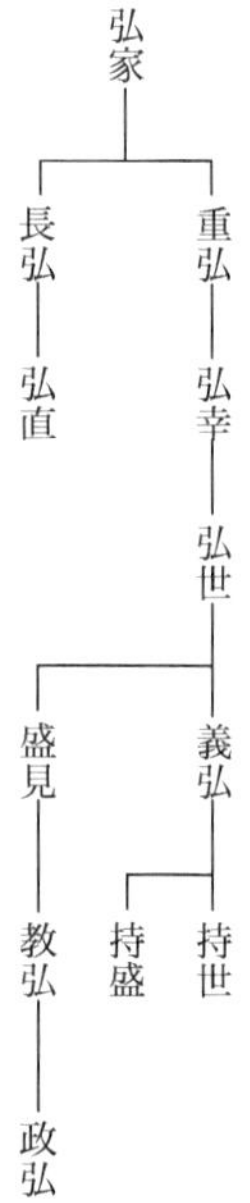

ずるかたちで興福寺・安芸児玉《こだま》次郎らの兵を募った。義弘の挙兵の頼みの綱はこの足利満兼だとみてよいが、満兼の御教書で注目されるのは「天命」を挙兵の大義名分とした点である。

応永六年（一三九九）一一月に入って、戦機は次第に熟していった。同月八日、義満は八千騎の大軍を率いて東寺に陣し、一四日には石清水八幡宮へ進発、三万余騎の幕府軍は八幡から和泉へ発向した。一方、五千余騎の義弘軍は、海陸交通の要衝和泉の堺城に籠城《ろうじょう》することに決し、要害の構築が短時日のうちに終了した。両軍は二九日に激突。合戦は「卯時（午前六時ころ）より夜半に至」るまで続き、「敵御方手負死人、幾千万と云数を知らす」（「堺記」『大日本史料』七編四、二〇〇頁）という状況であったが、義弘自身は危うく難を切り抜けた。この月、義弘の挙兵に呼応して、山名時清《ときききよ》（氏清の子）が丹波で、土岐《とき》詮直《あきなお》が美濃で、また京極秀満《きょうごくひでみつ》が近江で、各々兵を挙げたが、それらは局地的なもので程なく鎮圧された。

義弘にとっての最大の誤算は、義弘が最も期待した鎌倉公方足利満兼が輔佐役の関東管領上杉憲定の諫止にあって予定の行動に出られなかったことである。当初の申し合わせによると、満兼は一一月二日に入洛の予定であり、義弘が絶海中津の斡旋《あっせん》を蹴《け》ったころには、すでに箱根山を越していなければならなかった。満兼が幕府援助のためと号して一万余騎の兵を率いて武蔵府中に発向したのは、一一月二一日。その後、軍勢を集めるために上野足利庄に滞在している間に、一二月二一日の堺城の陥落と義弘戦死の報が満兼のもとにもたらされた。満兼は何らなすところなく翌七年三月に鎌倉へ帰った。堺城陥落のさいの義弘の奮戦ぶりについては『応永記』（「堺記」）があますところなく伝えている。

興福寺関係の史料「寺門事条々聞書一」（内閣文庫所蔵）はこのことについて、「一、（応永六年一二月）同廿一日、大内入道（義弘）・豊後（杉弘信）巳下数百人打死、新介（大内弘茂）・平井（道助）ハ被生取、希代事也、」と書き留めている（『大日本史料』七編四、二二三頁）。この事件を「応永の乱」というが、「大内乱」（『満済准后日記二』）とか、「堺合戦」（『北野社家日記』）とも呼ばれている。応永の乱ののち、大内氏の六つの分国のうち、本拠たる周防・長門両国が義弘の弟弘茂《ひろしげ》に安堵された以外は、すべて他に移った。

応永の乱における義弘側敗北の最大の原因は、各地の反幕府勢力を糾合できなかった点にあった。この反乱計画が鎌倉公方と連携した大規模なものであったことは、京都の幕府の心胆を寒からしめたに違いない。のち、永享一〇年（一四三八）に起こった足利持氏の反乱は、将軍と鎌倉公方との初めての正面対決であった。

足利義満と今川了俊

室町幕府の運営にとって、九州は極めて重要な地域であった。と同時に、九州は変革エネルギーの噴火口として油断のならない土地柄であった。そのため歴代の将軍は九州の政治的重要性にかんがみ、九州支配には格別の意を用いた。九州には幕府の地方統治機関として九州探題（鎮西管領・鎮西探題とも）を置き、しかるべき一門の武将を任命して九州の統治に当たらせた。京都の将軍はこの九州探題を通して九州を間接支配したわけである。

もとより自立性の強い九州の武士たちを統率するのは大変だったようで、経済基盤の弱い九州探題は頭を悩ましている。特に南北朝時代の貞治・応安期（一三六〇～七〇年代前半）を中心に九州では南朝勢力が隆盛であったので、幕府の九州支配は思うに任せないところがあった。二代将軍足利義詮の代に入って九州探題に任命された斯波《しば》氏経《うじつね》（義将の兄）や渋川義行《しぶかわよしゆき》（直頼《ただより》の子）はともに不本意な撤退を余儀なくされた。

渋川義行の後任として九州探題に選任されたのが今川了俊（貞世《さだよ》）である。このポストは並の武将では勤まらないため、その選任はかなり難航した模様である。先にみたように（56頁参照）、管領細川頼之は貞治六年（一三六七）一二月、肥後の阿蘇惟村あての書状で、二代義詮の「御逝去」（この月に没）にかかわらず「鎮西大将」（九州探題）をきちんと派遣すると告げており、そこには頼之が主導する幕府の不退転の決意が表れている。かくして同月末には一旦山名師義（時氏の嫡男。当時丹後守護）に決まりかけたが、変更されて今川了俊に決定したのは、応安三年（一三七〇）六月のことだった。おそらく了俊の文武両道に秀でた能力が評価されてのことと思われる。

九州探題に任命された今川了俊は、周到な九州下向の手立てを講じつつ、応安四年（一三七二）一〇月に長門国府を経由して、同一二月、豊前門司《もじ》に到達した。了俊の優れた政治的・軍事的手腕は九州の幕府方軍勢に活力を与え、戦いを有利に導いた。了俊がその巧みな作戦を成功させ、大宰府征西府を陥落させたのは、九州上陸後一年も経《た》たない翌応安五年（一三七二）八月のことであった。了俊は、九州在地の武将たちにあてた書状を実に多く残しているが、この書状に遺憾なく活《い》かされた了俊の文才は、九州の武士たちを論理的に説得し味方に誘ううえで、極めて効果的な武器となったものと思われる。

管領細川頼之の後援のもと応安四年（一三七一）末、九州に上陸してより、応永二年（一三九五）閏《うるう》七月の召喚命令を受けて翌八月に上京するまでの約二十五年間、今川了俊は将軍足利義満の分身という意識を強く持ちつつ地道な努力を重ねて、九州幕軍を総轄して南朝勢力を切り崩すなど、大きな軍事的実績を積みあげてきた。

その長年月にわたる九州経営の実績への了俊の自負の気持ちは強かったに相違ない。しかしそういうことにはお構いなく、幕府からの了俊への召喚命令は突然に下される。それは右記のように応永二年閏七月のことであるが、近年になって、その召喚理由などについて種々議論されている。召喚が即解任を意味したのではないことは、了俊が京都召還後、駿河・遠江両国の半国守護に補任されていることや、正式に新探題渋川満頼《みつより》の下向が決まるのが応永三年三月であることからうかがえるが、この召喚から解任までの期間をどう捉《とら》えるかも問題になってくる。

了俊の京都召還の理由については、これまで今川了俊研究の権威である川添昭二の意見が定説の地位を保ってきた。川添は著書『今川了俊』（吉川弘文館、一九六四年六月）で以下のように述べる。

了俊の探題解任は、幕政中枢部の人事関係の変化を背景とする斯波義将の私情と、南北両朝合体を機とする室町幕府の九州統治政策の変換とが契合《けいごう》し、大内・大友氏の讒言《ざんげん》もからまって惹起《じやつき》されたものである。（同書、二一九頁）

この意見は、当時の新人事に伴う幕府政局の変動と、南北朝合体のあとの幕府の対九州政策の方向転換という新局面とのはざまで、探題の解任が起こったとする見方である。この考え方が長年の定説としての地位を占めてきた。

近年ではまた違った視点からの意見も出されている。それは九州の在地勢力との関係において了俊が九州経営に成功したか否かの評価にかかっている。すなわち、最終的に大友《おおとも》・大内・島津《しまづ》氏という九州の守護との協力関係を破綻《はたん》させ、九州経営に失敗した以上、了俊の九州探題解任はやむなしとの考え方である（堀川康史「今川了俊の探題解任と九州情勢」、「史学雑誌」125編12号、二〇一六年一二月。同「今川了俊の京都召還」、「古文書研究87」、二〇一九年六月）。この意見は了俊の九州経営の成果という観点からのもので、説得力を持つ見解である。

筆者はそこにもう一つ考慮すべき点があるように思う。それは了俊に京都召喚の命令が出されたのが、ほかならぬ応永二年（一三九五）閏七月であるという事実である。結論的にいうと、その直前の六月二〇日に義満は出家を遂げ、この出家を契機に義満の政治手法が専制へと大きく舵《かじ》を切るが、了俊の探題罷免はそのさいの政治的刷新の一環ではなかったか、ということである。義満出家後の専制政治については後述するが、法体《ほったい》の身で「院政」を始めた義満は、公武統一政権の維持・運営への自信を一層強め、ここで思い切った人事の一新をもくろんだ可能性は高い（あわせて管領制の強化を図ったと筆者は考える）。

第六章　公武統一政権の確立——応永年間の足利義満

一　新しい時代の到来

「応永」という年号

後円融上皇は、明徳四年（一三九三）四月二七日、三六歳で没した（「観智院賢宝日記（具注暦）釈文」、『国宝東宝記紙背文書影印』東京美術、一九八六年三月、三三一頁）。この上皇は足利義満と同年の生まれで、その親政・院政の期間は通算約二十年に及んだ。この間、永和二年（一三七六）八月、全九番からなる伝奏番文《てんそうばんぶん》を定めて（『実隆公記三下』七三五頁）、公家《くげ》政治の振興を図ったこともあるが、貞成親王の「椿葉記」に「新院（後円融上皇）ハ御治世なれとも、天下の事ハ大樹（足利義満）執行ハせ給」（『図書寮叢刊　看聞日記　別冊』一一頁）とみえるように、「天下の事」は義満がこれを執り行ったので、後円融に政治の実権はなかった。そのことは、永徳二年（一三八二）四月に践祚《せんそ》した後小松天皇の即位式の次第について父後円融上皇からは何の口入《くにゅう》もなかったことに象徴されている（「後愚昧記」永徳二年一〇月二五日条、『後愚昧記三』八二頁）。

この後円融の没は、義満の権勢欲を一層高める結果を招く。「椿葉記」はその様子を、その（後円融の没＝筆者注）、ち、准后《（足利義満）》（永徳三年六月二六日に准三后《じゅさんごう》宣下＝同）ハ、やかて太政大臣になり給て（応永元年一二月二五日のこと＝同）、威勢弥さかへまし〱、吹風の草木をなひかすかことくに、四夷帰伏して万国静謐せり、

（『図書寮叢刊　看聞日記　別冊』一二～一三頁）

と描いている。後円融が没した翌年の応永元年（一三九四）、太政大臣《だいじょうだいじん》にまで昇りつめた義満が権勢の絶頂にいた様子が極めてリアルに映し出されている。ここで見落とせないのが斯波義将の管領《かんれい》復帰である。先述のように斯波義将が細川頼元のあとを受けて管領に就任するのは明徳四年六月五日のことであった（「執事補任《ぶにん》次第」）。なんと後円融の没後、二ヵ月も経《た》っていないのである。このことは、義満にとって細川頼元の管領起用は南北朝合体という目的のためであったこと、そして合体後は再び斯波義将を管領に復帰させる心算であったことを憶測させる。

　これも先述したように、かつて永徳元年（一三八一）内大臣に就任するころから顕著となる義満の猟官志向の背後には、管領斯波義将の存在があった。南北朝合体を経、さらに義将を再び管領に迎えることによって、この志向は再び頭をもたげてきたのではないか。管領に再任された義将にとって、その課された任務は南北朝合体後の公武統一政権の体制づくり、換言すれば合体後の政治ビジョンの構築だったのである。その時期がちょうど「応永」に当たっていた。

「応永」という年号は、明徳五年（一三九四）七月五日に改元定《かいげんさだめ》（改元を行う手続きおよび儀式

の総称）が行われて登場した。関係史料は『大日本史料』七編の一にあらかた収録されているし、また参議東坊城秀長の日記『迎陽記』明徳五年六月一五日〜七月五日条には改元の経緯が詳細に記されているので（『迎陽記二』一三八〜五五頁）、これらによって、応永年号の登場過程を知ることができる。

それらの史料によって応永年号の選定への将軍足利義満の関わりを調べると、義満は新年号の選字に少なからざる関心を示し、明の洪武帝《こうぶてい》にならって「洪」字を推奨したり（将来の明との通交に備えたか）、伝奏万里小路嗣房から内々に年号勘文を見せてもらったりしている。改元の発議自体は義満の奏請によると思われるが、関白一条経嗣が発した「今度改元沙汰、実儀は旧院御事（後円融の没）により其儀出来か」（『大日本史料』七編一、五五六頁）の言葉から知られるように、後円融院の崩御が改元の直接の契機となっている。

新年号「応永」の文字の出所は、中国で一代の制度・文物を類聚《るいじゅう》記載した『会要《かいよう》』という書物であり、このなかの「久応称之、永有天下」という一文から文字が選ばれた。勘申者《かんじんしゃ》は日野《ひの》重光《しげみつ》である（『迎陽記二』一五二〜三頁）。この年号は、四代義持が没し六代義教（五代義量《よしかず》はすでに没）が登場して「正長」と改元するまで三十五年続いた（応永三五年四月二七日に正長と改元）。日本の歴史始まって以来、明治以降に採用された一世一元の制度以前においては、最長記録を保持する年号である。

足利義満の時代に年号は数多く登場した。その多くの年号のなかでも、「応永」はただ単に長期にわたるだけでなく、義満の全盛時代を象徴する年号である。もっとも顕著な特徴は南北朝の動乱のあとに到来した「平和な時代」であったことであろう。かつて山田邦明は、「室町時代は（中略）人々の生活は安定しているとはいいがたかったが、それでも戦争がしばらくとだえる中で、それなりの平和が維持され、社会は爛熟《らんじゅく》の度合いを深めてゆくことになる」（『〈日本中世の歴史5〉室町の平和』（吉川弘文館、二〇〇九年一〇月、四頁）と述べたことがある。「応永」年号の持つ平和のイメージは、こうした足利義満の「新しい時代」に負っている。

太平の世の到来

「相国寺塔供養記」（『群書類従二四』所収）という史料は、足利義満が応永六年（一三九九）九月一五日、相国寺に建立した七重大塔の落慶供養を行い、父義詮の三三回忌追善供養を催したさいの模様を、参列した関白一条経嗣が漢字仮名交じりの文で叙述した記録である。そのなかに、以下のようなくだりがある（同書、三五八頁）。

此の翁はくちもんもうの身にて侍れとも、等持院殿（足利尊氏）の御代のはしめより、見よひ（お脱カ）奉りしかとも、此（足利義満）の御代のやうに、国々もおさまり、家々もさかへて、思ふやうにめてたき事は侍らす、いまのみならす、すゑの世までも、かゝみさせ給ひて、かしこき御おきてともは、昔もためしすくなくこそ、ことあたらしき申ことにて侍れとも、一天のあるし、万民のおやたる御事の、まつ慈悲をさきとせさせ給はぬはなきにや、ここで、一条経嗣は「此の翁」に、「自分は、足利尊氏の代の初め（南北朝時代の初め）より時代の変遷をこの目で見てきたが、足利義満の御代《みよ》のように国々も治まり、家々が栄え、めでたいことはなかった。それも一天の主《あるじ》、万人の親たる足利義満が慈悲の心を優先したおかげだ」と語らせている。

いま自分たちが享受している太平の世は、足利義満がもたらしたものだとして持ち上げているわけである。多分に義満へのリップサービスの観もあるが、しかし義満が強力な公武統一政権を樹立したおかげであることもまた半面の事実であるといわねばならない。南北朝の合一を実現させることによって、反乱分子に南朝の皇胤を擁立される危険性を少なくし、戦いの火種を限りなく小さくした足利義満は、国内を平定したうえでここに新しい時代を迎えようとしていたのである。

斯波義将の管領再任（義満代二度目）

明徳四年（一三九三）六月五日、斯波義将が管領に復任した（「執事補任次第」、『続群書類従四上』三六一頁）。南北朝の合体後、僅《わず》か八ヵ月後のことである。義満代で二度目の就任である。前述したように、義将はすでに康暦元年（一三七九）～明徳二年（一三九一）の約十二年の間管領に在職し、青年から壮年にかけての義満の政治家としての充実期を身近で支えた経験の持ち主である。今度の二度目の在職も応永五年（一三九八）閏《うるう》四月二三日の辞退（「東寺王代記」、『続群書類従二九下』九四頁）までの約五年に及んだ。この二度目の五年間に、義満は公武統一政権を完成させ、これまでとはうってかわった新しい手法での専制君主ぶりを発揮し、文化的側面においても一つの山の頂点と表現してもよいような文化・思想のピークの時期を迎えた。

　他方、前管領細川頼元の辞任がいつか明瞭《めいりょう》ではない。参考となるのは、頼元の管領奉書の終見が管見の限り明徳四年二月一七日付（『園城寺文書二』講談社、一一〇頁）であることで、それをふまえると頼元辞任は少なくとも同年の前半と考えられる。管領頼元の後見役を果たしてきた兄頼之は明徳三年三月に没しているから、頼之の没後、後見役をなくした頼元はまもなく辞任を余儀なくされたのであろう。

　前にも記したように、頼元の管領任用の目的は兄頼之の人脈と実績とを活用した南北朝合体の実現であったと考えられるので、義満は合体ののちはまたもとの状態に戻そうとかねて心に決めていたのであろう。その意味では管領の交替は予定されたことであった。義満は合体ののち、最も相性のいい義将を管領の座に据え直して、自らのめざす理想的な新しい時代を本格化させようと考えていたに相違ない。

　この明徳四年から応永五年に及ぶ約五年間の時期、将軍義満と管領義将の年齢でいうと、義満三六〜四一歳、義将四四〜四九歳となり、二人の関係は大きな仕事をするうえでまさに理想的な組み合わせだということができる。

　こうして応永年間以降の「新しい時代」は、将軍職を嫡子義持に譲って（応永元年一二月一七日のこと）、武家のトップに義持を据え、以下に詳述する伝奏の制度を整備して公家《くげ》を支配下に置くことによって、公家・武家両社会を一手に統轄しようとする義満の野望によって切り開かれようとしていた。

なお、これは憶測ではあるが、義満晩年の応永一五年（一四〇八）になって、子義嗣（応永元年〈一三九四〉生まれ）が父義満によって偏愛され、厳しい政治の舞台に引き出され、大急ぎで公家社会になじまされたのは、武家のトップに義持を据えたのと同様に、公家のトップに義嗣を据えようと企図したからではあるまいか。この場合、義嗣を天皇の座に据える必要はない。義満はこのようなかたちで、二人の子息を通して、公武両社会を一手に支配しようとしたのではないかと考えたくなる。とはいえ、この壮大な野望は、着手が遅すぎたことなどいくつかの理由で、実現することはなかった。

二　義満の出家と政道・朝務の委任

義満の出家に関する史料

義満が出家したのは、応永二年（一三九五）六月二〇日のことである。この時三八歳。「荒暦」の応永二年六月二〇日条に、以下の記事がある。

（応永二年六月）
廿日壬午、晴、伝聞、室町准后（義満）今晩被遂素懐、四辻前大納言（季顕）・中山前大納言（親雅）等、於彼一所出家云々、或人云、此事去四月欲果遂之処、依臨幸《(後小松)》被思止、其後大略延引之由、可令存知之処、昨日被申執於禁裏之間、万里《(嗣房)》・日野《(資教)》両大納言、為勅使再三参向歟、「凡政道以下事、如此間可申沙汰、参内以下毎事、不可相替之由被申云々」、

（『大日本史料』七編二、五七～八頁。「　」は義満の言葉）

右の記事によって、以下のことが知られる。

①応永二年六月二〇日早朝、義満は出家した。この時、四辻季顕《よつつじすえあき》・中山親雅《なかやまちかまさ》らが一所で同時に出家した。

②「或《ある》人」がいうには、義満は出家のことを去る四月果たそうと考えていたが、後小松天皇がやってきて思いとどまるよう説得したため、その後のびのびになっていたが、義満は昨日（六月一九日）また出家のことを禁裏に申し入れてきたので、万里小路嗣房と日《ひ》野《の》資教《すけのり》は後小松の勅使として再三説得に向かった。

③義満は出家の条件として、「政道以下のことはこれまでどおりきちんと申し沙汰《さた》します。参内以下のことも毎事これまでと変わるところはありません」と述べた。こうして後小松は義満の出家を認めざるを得なかった。

この時の義満と後小松との交渉については、家永遵嗣の論文に詳しい（「室町幕府と『武家伝奏』・禁裏小番」、「近世の天皇・朝廷研究　大会報告集5」二〇一三年三月）。②について補足すると、後小松天皇が義満の出家を止めようとして室町邸に行幸したのが同年四月二二日だったこと

（「荒暦」同日条、『大日本史料』七編二、三五頁）、さらに同年四月二五日には義満は、万里小路嗣房・広橋仲光《ひろはしなかみつ》・日野資教の「三卿《さんきょう》」をもって、翌二六日出家の意思をまげて許容あるよう後小松に奏請していること（同日条、同三六頁）が知られ、②で六月に後小松の勅使として義満説得に向かった嗣房と資教が、逆に義満の家礼《かれい》として義満の奏請を後小松に伝えていて、両属の関係にある彼らの役割がよく表れている。

さらに、「荒暦」応永二年七月二四日条には、以下のような管領・有力守護をはじめとする武家側の出家記事が載せられている。

（応永二年七月）
廿三（四）日、伝聞、今日管領義将朝臣出家入道云々、是又乍居重職、不及辞退、無左右落飾、尤可驚歟、但彼気色無所遁歟、此外諸大名大略無残者云々、大内左京大夫義弘、細川右京大夫頼元以下、先日出家、一色左京大夫（詮範）、一昨日遂其節云々、大名等各号彼御弟子、被当剃刀於頭、進布施物云々、公家・武家出家人々、猶可連続之由、有其聞、天魔所行也、勿論々々、

（『大日本史料』七編二、五九頁。依拠本は「柳原家記録」。『大日本史料』は日付を「廿三日」とするが、歴博所蔵の原本は「廿四日丙辰」とし、『蜷川家文書一』二六四頁も義将の出家を「廿四日」とする）

右の記事からわかることは、以下のとおり。

④応永二年七月二四日に管領斯波義将は出家した。しかも（管領という）重職に居りながら簡単に出家してしまった。一条経嗣はそれに驚いた。その他諸大名が残らずおおよそが出家した。大内義弘・細川頼元以下は「先日」（義弘は七月二〇日出家、法名は実名を用いた。『益田家文書二』六四頁）、一色詮範《いっしきあきのり》は一昨日（七月二二日）に出家した。

⑤出家した大名たちは、義満の弟子と号して、義満の剃刀《かみそり》を受けた。

同様の記事は「蜷川《になかわ》家文書」にもみえ（『蜷川家文書二』二六三～四頁）、そこには以上のほかに、斯波義種《よしたね》（義将の弟）の出家（六月二一日）や今川仲秋《なかあき》（了俊の弟）の出家（七月二四日）のこと、さらに義種と義将の出家した場所がともに「北政所《きたのまんどころ》」であったことが記されている。

もう一つ「荒暦」から、義満と特に関係の深い公家万里小路嗣房（至徳二年〈一三八五〉八月に義満の家礼として奉書を出した）に関する記事をあげておく。

（応永三年）

十月五日、庚寅、晴、後聞、今日内府（万里小路嗣房）落飾云々、拝賀以後、最前可遂其節歟之処、頗遅引之間、違時宜（足利義満の意＝筆者注）、仍仰天出家云々、伝聞、法名宝（道）房云々、生年五十四也、於今者、雖無後栄、非衰耄之齢、猶可惜者歟、直衣始以後、可遂其節之由、令申之間、以外不快云々、

（『大日本史料』七編二、五五三頁）

右の記事からわかることは、以下のとおり。

⑥応永三年一〇月五日に万里小路嗣房は出家した。（同年七月二四日に）内大臣に昇進した嗣房は拝賀の後、真っ先に出家すべきであったのに、すっかり遅れてしまったので、義満の不興を買い、仰天して出家したということだ。時に嗣房五四歳、衰耄《すいもう》の年齢でもないのに、惜しいことだと経嗣は思った。

また⑥について付言すると、東坊城秀長の日記「迎陽記」の、万里小路嗣房が「癰疽《ようそ》（悪性のできもの）腫物《はれもの》」で没する応永五年（一三九八）八月六日条には、「朝之宿老、可惜可哀、室町殿（義満）毎事奉行、御悲歎無極云々」と記されており（『迎陽記一』一〇一頁）、義満は万里小路嗣房の死去を悲歎《ひたん》している（『迎陽記』によると、嗣房の行年は五六、生まれは康永二年（一三四三）となる。『公卿補任三』の記す年令は誤り）。

ちなみに、義満の出家については「足利家官位記」（『群書類従四』所収）に、

同廿日（応永二年六月）、御落飾 卅八歳、御法名道宥（有）、但後、日被改道義、御道号天山

とあり、義満は応永二年六月二〇日、三八歳で出家したこと、法名は初め「道有《どうゆう》」であったが、のち「道義《どうぎ》」に改めたことがわかる。道号は「天山《てんざん》」。法名の「道有」から「道義」への改変

については、「荒暦」応永三年正月五日条に「道義旧冬被改名、元道有也、」とあり、それによると改名は応永二年冬のことであったことが知られる（『大日本史料』七編二、三三二頁）。出家の後も義満は勅書請文《うけぶみ》や青蓮院《しょうれんいん》に進める状などには、俗名の「義満」を使ったとの「或人談」もある（「荒暦」同七月二一日条、『大日本史料』七編二、五九頁）。義満が法名「道有」を用いたのは、半年足らずという短い期間であった。

義満への政道・朝務の委任

右の義満の出家関係史料から知られる諸事項のうち、義満出家後の政治形態との関係で特に注目すべきは③である。このなかに「凡政道以下事、如此間可申沙汰、参内以下毎事、不可相替之由被申」云々という一文がある。この記事は足利義満が後小松天皇に対してこれまでどおりの朝政への関与を約束するという内容であるが、興味深いことには、のちの史料のなかにそのことについて触れたところがある。

【北朝略系図】

それは、中山定親《なかやまさだちか》が書き残した「永享三年辛亥記」永享九年（一四三七）六月一二日条にみえる、以下のような記事である。

左大臣(足利義教)殿令奏聞給云、朝務事、依故鹿苑院(足利義満)例、所申沙汰也、於于今者、被聞食可有御成敗事（公武御問答及数度了、遂以有勅許事、、自武家(義教)被進御劔・御馬事）

（『薩戒記別巻 薩戒記目録』二六八頁）

右の記事は、すでに髙鳥廉が指摘したように（「後小松天皇」、久水俊和・石原比伊呂編『室町・戦国 天皇列伝』戎光祥出版、二〇二〇年三月。『足利将軍家の政治秩序と寺院』吉川弘文館、二〇二二年一一月）、永享九年六月、将軍権力を極限まで高めた足利義教が（永享の乱で鎌倉公方《かまくらくぼう》足利持氏を滅ぼしたのは翌永享一〇年）、ときの天皇後花園《ごはなぞの》に対して、自分が「朝務」（朝廷の政務）を成敗すべきことを奏聞したとき、「故鹿苑院（足利義満）の例」を持ち出したことを証言している。つまり、足利義満が天皇に代わって「朝務」を成敗したという先例の存在が知られるわけで、このことはまさに先の③の記事内容と照応する関係にある。なお割注の部分には、この義教の奏聞をうけた後花園は、数度問答を重ねた結果ついにこれを承諾し、義教からは祝意としての剣と馬が贈られたことが記されている。

髙鳥廉はこの記事を踏まえて「後小松が義満に政務を委任していたことは事実とみてよいだろう」とし、その委任期間の開始は「義満が出家する応永二年以前とみるのが自然であり、それは明徳四年（一三九三）の後円融の死去にともなう治天の君の不在を契機とする」（ともに前掲高鳥「後小松天皇」一二三頁）とみている。永和三年（一三七七）誕生の後小松は、父後円融没の明徳四年の時点で一七歳、政務を三六歳の義満に委任するのもわからないでもない。

この時の「政道」所轄をめぐる後小松と義満との関係について、家永遵嗣はあくまで後小松の「委任」であり「奪権」ではないとみて、義満の行為は幕府による朝廷支配ではなく、公家としての朝廷支配と評価する（前掲家永論文）。この見解は、出家後の義満の公武統一政権構想に自然と整合するものであり、このように考えると、足利義嗣を介在させていわゆる王権簒奪《さんだつ》計画を持ち出す必要もなくなる。

最も肝心なことは、義満の朝廷支配の根拠が、あくまでも「後小松天皇よりの委任」に基づくということである。そうなると、義満の地位を「天皇の上にくるもの」（今谷明『室町の王権』中公新書、一九九〇年七月、一一四頁）とみなすこともできない。同時に「国王御教書《みぎょうしょ》」（今谷明『室町の王権』一一四頁）という名称も実態にそぐわなくなってしまう。つまり、それは義満の意を奉じた伝奏奉書と呼ぶしかない、といわざるを得ないのである。

朝廷の名実ともにトップの座にいた後小松天皇は、義満が出家した翌年の応永三年（一三九六）には二〇歳に達していたが、義満に頼り切っていて、朝廷人事の決定権を事実上放棄していた。当時の関白一条経嗣はその様子を、「近日叙位・除目事、主上（後小松天皇）一切無御口入」（「荒暦」応永三年一月五日条、『大日本史料』七編二、三三三頁）と日記に記している。経嗣はそのような状況をいたく嘆息していたのか、同年七月二四日条でも「近年叙位・除目事、毎度如此、諸事非勅定之故歟」（同、四七六頁）と述べている。同じような発言は他にもみられ、ややくだった応永八年（一四〇一）には吉田兼敦の「近年叙位除目、毎度如此、北山殿（義満）執柄御沙汰也、主上（後小松天皇）只被染宸翰許也、任人以下事、不及御計也」（「吉田家日次記」同年三月二四日条、『大日本史料』七編四、九四六〜七頁）の言がある。

そこで、先の「荒暦」の応永三年（一三九六）条で「近日叙位・除目事、主上（後小松天皇）一切無御口入」などと書き付けている一条経嗣の証言の裏をとるために、この時期の後小松天皇が発した口宣案《くぜんあん》（僧俗の叙位や任官を当人に伝達する文書）の残存状況を調べてみると、なるほど永徳二年（一三八二）の践祚以来、綸旨《りんじ》・口宣案ともに発給していた後小松天皇は、応永三年から同五年（一三九八）にかけての時期に限って口宣案をほとんど残していない（ただ一点、大隅禰寝《おおすみねじめ》清平《きよひら》を山城権守に任ずる応永三年八月一一日付が「禰寝氏文書」に所収。『大日本史料』七編二、四八七頁）。しかし翌応永六年（一三九九）に入ると俄然《がぜん》多く出始め、その状況は応永一九年（一四一二）八月の譲位まで続く（但し、応永一八年分は見つからない）。後小松天皇は口宣案をまったく出さなくなったわけではないのである。ちなみに、応永一四年（一四〇七）一月には一旦《いったん》出された後小松天皇口宣案を義満が没収するという事例がある（「宮寺見聞私記」、『大日本史料』七編八、六九〇頁）。

重なる後醍醐天皇のイメージ

八代足利義政は、文明一七年（一四八五）六月一五日に出家した（「足利家官位記」、『群書類従四』所収）。室町幕府の財政事務を担当する政所《まんどころ》という役所で、政所代という重要ポストを世襲した蜷川氏に伝わる「蜷川家文書」（内閣文庫所蔵）のなかに、以下のような文書がある。

この文書は、足利義政の出家に際して、官務壬生《みぶ》（小槻《おつき》）雅久《まさひさ》が出家儀式の主催者から義満の先例を糺《ただ》され、その調査結果を報告する書状（同年六月一三日付）に副《そ》えた旧記の写《うつし》であるが、その記事は、足利義満が出家（得度）のさいにどのような仕草をしたか、それがどのような意味を持つかを考えさせる、大変興味深い内容のものである。

鹿苑院殿（足利義満）御得度時御拝、不着御烏帽子給事、着御道服、被懸御袈裟、御拝　神宮（伊勢）三度、御大童之躰、次拝四方給、次拝　八幡宮（山城石清水八幡宮）云々、於喝食者（等兄）、可拝春日社（大和）之由、被計仰云々、

以上一帋、

（「壬生雅久勘申案」、『蜷川家文書一』二六五頁）

官務壬生雅久は、以下のようなことを勘申している。

①足利義満の得度（応永二年〈一三九五〉六月二〇日）の時の「御拝」（諸神拝礼）のさい、烏帽子《えぼし》を着けることなく、まず道服を着け、そして袈裟《けさ》をかけた。

②「御拝」の順序は、まず伊勢神宮に向いて大童《おおわらわ》の躰《てい》で三度、次に四方を拝し（四方拝）、次に石清水八幡宮に拝した、ということだ。

③等兄喝食《かつしき》には、春日社を拝するように指示された、ということだ。

つまり、義満は出家のさい、道服・袈裟すがたで、自ら伊勢神宮と四方と石清水八幡宮に向けて御拝を行い、春日社には等兄喝食に御拝を命じた、ということになる。

ここで、道服・袈裟、それに伊勢神宮・石清水八幡宮・春日社とくると、ふと想起されるある人物の肖像画がある。神奈川県藤沢《ふじさわ》市の清浄光寺《しょうじょうこうじ》所蔵の「後醍醐天皇像」である。この画像について、村重寧は、以下のように解説する。

玉冠を戴き、両手に五鈷杵と金剛鈴の密教法具を執り、九条袈裟を着して礼盤に座る様を描くもので、「灌頂の御影」と呼ばれる。図上には「天照皇大神」・「八幡大菩薩」・「春日大明神」の文字が大書され、神仏習合的な性格も示唆される。

（「天皇と公家の肖像」、「日本の美術387」至文堂、一九九八年八月、五六頁）

また、この肖像画の成立・伝来については、宮島新一『肖像画』（吉川弘文館、一九九四年一一月、一二七頁）に、以下のような記述がある。

この記録（本肖像画の伝来に関する由緒書＝筆者注）をそのまま受け入れて略述するならば、この画像は文観弘真《もんかんこうしん》が延元四年（一三三九）に逝去した後醍醐天皇の三十五日の仏事にあたって、元徳二年（一三三〇）の瑜祇《ゆぎ》灌頂の折りの服装にもとづいて描いたもので、深勝《しんしょう》、杲尊《こうそん》、尊観《そんかん》へと譲られて今日に至ったことになる。

つまり、出家のさいの義満の道服・袈裟姿といい、三社託宣としての伊勢神宮・石清水八幡宮・春日社の三社が揃って登場していることといい、これらの記事に描写された義満の出家の光景は、さながらこの後醍醐天皇像におけるそれと重なってしまうのである。（同書）

筆者が本書の「はじめに」で、「全盛期の足利義満のイメージは、六十年前の後醍醐天皇のそれと重なる」とか、「実際義満自身も、理想的な君主像として後醍醐天皇をイメージしていたのではないか」と述べたのは、このことに拠《よ》っている。

実際に義満が後醍醐をどのように意識していたかということは、すこぶる関心を引く問題であるが、そのことを知る直接的な史料は見当たらない。しかし、後醍醐天皇の物語は長く室町幕府の行く手に重苦しい影を落としており、幕府はのちのちまで後醍醐のための年忌法要を営んだり後醍醐の位牌《いはい》を安置したりして、その怨霊《おんりょう》を鎮めるための手立てを怠っていない（『蔭《いん》凉軒日録《りょうけんにちろく》』文明一八年五月～長享二年五月、『大日本史料』八編一四、一九七～二〇一頁）。

義満出家の歴史的意義――「法皇」政治の開始

誰しも疑問に思うのは、義満がなぜ壮年というべき若さで、しかもこのタイミングで出家したかであろう。祖父尊氏（五四歳没）・父義詮（三八歳没）は終生出家することはなかった。あるいは父義詮の没年齢を意識してのことかもしれない。

まず最初に確認すべきは、足利義満の出家が決して政界からの引退を意味したのではないことである。むしろ専制君主としての装いも新たに、一層強力で広範な支配体制を確立するための門出というにふさわしい。

村井章介は、この義満の出家は「政界からの引退を意味するどころか、太政大臣を頂点とする律令制的な官制体系から離脱して、公家・武家双方に君臨することを可能にする形式だった」と述べている（『増補 中世日本の内と外』筑摩書房、二〇一三年三月、一六七〜八頁。初出は一九九七年）。

さて、「荒暦」応永二年七月二日条には、以下のような記事がある。

> （応永二年七月）
> 二日甲午、伝聞、入道准后（義満）、始被罷義将（斯波）朝臣亭、被駕亡（毛）輿、最密之儀云々、後聞、諸大名等始被対面云々、
> （『大日本史料』七編二、六八頁）

右の記事は、義満が出家ののち初めて管領斯波義将の邸《やしき》に臨んだこと、そしてそこに居並ぶ諸大名たちを引見したことを記している。同じことを記す別の史料は、義満のこの義将邸訪問を「御得度之後、御出始也」と記し、義満の出立《いでた》ちを「御道服、御乗輿」と証言する（『蜷川家文書二』一六四頁）。記事中の「最密之儀」とは、義満と義将の二人だけでの密談と考えられ、この時二人は新しい支配体制の骨格について密議を交わしたものと思われる。

また後日の伝聞として書き留められている、出家後初めての管領邸における諸大名との対面は、義満にとっては彼らとの主従関係を再確認し、新たな支配体制を円滑に運営するための力を結集させる政治的な場であった。

その新たな支配体制とは、道服姿（法体《ほったい》）の義満が、世俗を超えた立場から公武両社会を統治するという、これまでに類例のない政治の仕組みを採用するものであった。この義満の立場を、かつて臼井信義は「自ら法皇に擬す」と表現したが、まさに天皇ならぬ室町殿が創り出した「法皇」政治の幕が切って落とされようとしていた。天皇ではない臣下がこのような形態の政治体制を運営するためには、自らを仏門の世界に置かないと不可能だったものと考えられる。

ここで際立っているのは、在俗の人間が法衣《ほうえ》を著《ちゃく》するという違和感である。義満が本格的に法衣を著したのは出家後であったろうが、義満は出家する前からすでに法衣を身に着けて出家者のようにふるまった形跡がある。「武家昇晋年譜」（『冷泉家時雨亭叢書48』四三九頁）に、

在俗時　被着袈裟事、　嘉慶二年七月十日、于時前左大臣准三后、於相国寺交衆僧別座、亀山法皇御在俗之時、於南禅寺令著法衣給、又最明寺入道（北条時頼）同著法衣、被准彼等例云々、宋朝又有其例云々、

とあり、これによって嘉慶二年（一三八八）七月一〇日、当時前左大臣准三后であった義満は、足利将軍家の官寺というべき相国寺で、鎌倉時代の執権・得宗北条時頼《ときより》や亀山法皇に準じて、在俗のままで袈裟を身に着けたことが知られる。右記事はさらに、中国ではそのような例があるということを付記している。この記事は、中国の僧制に対する義満の関心もあわせて示唆し

ている。

こうした義満の専権にはもう一つ必要不可欠の条件があった。それは天皇からの「政道・朝務」の権限委任である。幸いにも、義満と後小松天皇との間には後小松の幼少期より緊密な関係が周到に築かれており、逆にいえば後小松天皇の時代だったからこそ義満はこういう異例の専制国家を現出することができたのである。

なお、この義満の特異な地位と立場を端的に表す史料記事がある。それは、

惣別武家之下知、鹿苑院《義満》以来之事、被准院宣之条、其源雖自公家出、近代之作法、一向無案内候、就諸奉公之輩、可被得才学哉、

（「三光院故実清譚」、『大日本史料』七編一〇、六〇頁）


というものであるが、このなかの「惣別武家之下知、鹿苑院《義満》以来之事、被准院宣之条」（およそ武家の下知は足利義満以後、院宣《いんぜん》に准ぜられる）というくだりは、まさに右で述べたような、（太上天皇に准じられた）義満の立場を如実に表現しているということができよう。

この時の義満出家への追随者についてはすでに該当箇所で少しふれるところがあったが、ここでまとめておこう。応永二年（一三九五）六月二〇日の義満出家は、当時の公武社会に大きな衝撃を与え、その影響は大きかった。その第一は、多くの公武の要人が追随の出家を遂げたことである。まず公家では、四辻季顕・中山親雅（以上出家は同年六月二〇日）、花山院通定・

徳大寺実時・四条隆郷《たかさと》・土御門保光《やすみつ》（同二一日）、今出川公直《いまでがわきんなお》・山科教言（同二六日）、八条季興（同年八月六日）、九条経教《くじょうつねのり》（同九日）、万里小路嗣房（応永三年一〇月五日）、さらに武家では、斯波義種（義将の弟。応永二年六月二一日）、大内義弘（同年七月二〇日）、一色詮範（同二二日）、細川頼元（同二四日からみて「先日」）、管領斯波義将・今川仲秋（同二四日）といった具合である。これに満仁《みつひと》親王（常磐井宮《ときわいのみや》。恒明《つねあき》親王の孫）も加えてよい（『大日本史料』七編二、五八頁）。傾向的にいえば、出家の時期は公家たちが比較的に早く、武家側の者はやや遅いという特徴がみられる。

ここで注意すべきは、この様を耳にした前掲「荒暦」の記主関白一条経嗣の発言である（記事は250頁に掲載）。まず管領義将の「乍居重職、不及辞退、無左右落餝」については「尤可驚歟」と、またこの出家の連鎖に対して「公家・武家出家人々、猶可連続之由、有其聞、天魔所行也、勿論々々」との評言を残している。この一条経嗣の発言からうかがえるのは、管領という重職にいながら何のためらいもなく出家したことに対する驚き、これほど多くの公武の関係者の出家が連続することへの嫌悪（「天魔所行」と表記）にほかならない。つまり、こうした一連の出来事は、一条経嗣を驚異させるほどの前代未聞の珍事だったのである。

管領斯波義将・伝奏万里小路嗣房以下多くの武家・公家たちが、時間的な遅速の差こそあれ次々と追随出家を遂げ、一条経嗣からは「天魔所行」とまで訝《いぶか》られた。この珍事は何によって引き起こされたのであろうか。このことを考えるとき、かつて小島毅が『足利義満—消された日本国王—』（光文社新書、二〇〇八年二月）で言った「仏教者たちによる、新しい王権の構築」

（同書一八八頁）という見方をすると、すんなり納得がゆくと思うのである。義満は出家することによって「自由」を得たのだという従来の通説に対して、小島は同書で以下のように述べている。核心部分を引用する。

> では、なんのための出家なのか。いったい、なにからの「自由」なのか。律令官制からの、であろう。天皇を頂点とする体制から離脱し、天皇の権威が直接及ばない身分になって、かれら（義満および追随出家した人々＝筆者注）は別の政治の世界を作り上げたのである。室町殿義満を頂点とするあらたな宮廷を、かれら法体の公家・武家連中が作り上げた。
>
> （同書一八九頁）

右の文章のなかで、小島は「あらたな宮廷」と表現しているが、より現実に即していえば、新たな宮廷の首脳部、もしくは執行部である。

いわば、実質的には「法皇」政治の始まりであった。おそらく義満は公武の重臣・側近たちの追随出家を心のなかで密《ひそ》かに期待していたものと思われる。義満の出家は応永二年（一三九五）六月二〇日であったのに、彼らの出家には時期的なばらつきがみられた。義満の出家と同時の公家たちもおり、管領斯波義将・細川頼元・大内義弘たちは翌七月、また伝奏にして家礼の万里小路嗣房に至っては翌三年一〇月のことであった。嗣房の出家は前掲史料（251頁）にみるように「頗遅引之間、違時宜、仍仰天出家」（遅すぎて義満の不興を買い、仰天して出家した）

と評された。おそらくこの時間的な遅速は義満の意図に起因するであろう。義満は追随出家を即座に強制することをせず、各々の自主性に任せることによってその忠誠度を測ろうとしたものと考えられる。周囲にはそれにいち早く気付く者と、そうではない者とがいたのであろう。義満の出家より一年以上も遅れてそれに気付き、慌てて出家した万里小路嗣房はその典型的事例といえよう。

三　伝奏制度の整備

伝奏奉書とは

義満期も含めて伝奏奉書については古く佐藤進一の要領を得た解説がある（『新版　古文書学入門』法政大学出版局、一九九七年四月）。要約すると以下のとおり。

伝奏とは、もともと後嵯峨上皇の院政下で制度化された院の重職で、政務を院に取り次ぎ、同時に院の勅裁を下達するのを職とした。やがて天皇親政下でも置かれるようになり、治天の命を奉じて綸旨・院宣を発給する例が出てきた。この文書を伝奏奉書と称した。

かくして国家支配権の完成をめざしていた室町将軍義満は、その過程で特定の廷臣公卿《くぎょう》を義満自身の家司《けいし》となし、これに御教書を発給させた。ここに室町幕府文書としての伝奏奉書が生まれる。佐藤は「伝奏奉書については、室町殿と伝奏との支配・服属関係、伝奏の選定方法

（選定基準の有無も含め）、伝奏奉書の用途・機能等、なお今後の研究にまつところが大きい」とした（同書一六六頁）。

この伝奏奉書を本格的な研究の俎上《そじょう》に載せたのは富田正弘である（『中世公家政治文書論』吉川弘文館、二〇一二年六月。初出は一九七八年）。ここで特に注目すべきは以下の指摘である。

室町殿政務下の伝奏奉書は、その仰の主体を一元的に室町殿であるときめつけてしまうことはできない。この時期（応永三五年ごろ＝筆者注）では、伝奏が上皇の仰を奉ずればいうまでもなく院宣であり、天皇の仰を奉ずればそれも伝奏奉書であろう。このことは、伝奏の次のような性格を考えれば、おのずと明らかになる。まず、伝奏の補任権は「公家」にある。この意味で伝奏はあくまで旧来の「公家」の伝奏の系譜を引くものなのである。次に、伝奏は、上皇や天皇に奏聞するばかりでなく、室町殿にも伺候し上聞をおこなう任務も課されており、公武に対して伺い申す公武共用の性格を持っている。

（同書、一四七頁）

右の記事のなかで、ことに伝奏の補任権が「公家」にあるという点を確認したことが重要である。従来の伝奏が天皇の責任において任命されることは当然のことであるが、義満配下の伝奏も他と同様に天皇の任命するところで、つまり天皇のもとに配置された伝奏たちのなかに、足利義満の伝奏がいたというわけである。

ひところ盛んであった伝奏研究もしばし下火となった時期があったが、近年の公武関係史研究の高まりのなかで息を吹き返した。その再開にあたって起爆剤の役割を果たしたのが、桃崎有一郎による研究史の整理に基づく新たな問題提起であった（「室町殿の朝廷支配と伝奏論」『室町・戦国期研究を読みなおす』思文閣出版、二〇〇七年一〇月）。

これまでの義満の伝奏研究において個々の伝奏奉書の収集整理をふまえた分析は、小川信によってなされているが（『足利一門守護発展史の研究〈新装版〉』吉川弘文館　二〇一九年一〇月、七一七〜三五頁）、近年、神田裕理編著『伝奏と呼ばれた人々—公武交渉人の七百年史—』（ミネルヴァ書房、二〇一七年一二月）という書籍が刊行された。これに収録された水野智之「動乱期の公武関係を支えた公家たち」は、当該期の伝奏研究にとって有益である。

ちなみに、伝奏奉書の形態的特徴の一つは、ほとんどの場合、「被仰下候也」ときて「恐々謹言」や「謹言」で終わることである。伝奏奉書がもともと私的性格の強い文書であった名残であるが、なかには極めて稀《まれ》な例として、「仍執達如件」で止めるケースもある（例えば、応永七年八月三〇日付興福寺別当僧正〈実恵〉あて伝奏広橋曇寂〈仲光〉奉書。内閣文庫所蔵「寺門事条々聞書二」、『大日本史料』七編四、六二三頁）。

足利義満の伝奏たち

義満の意を奉じる伝奏は、二つの段階に分けて考えるほうがよいと筆者は思う。まず第一は伝奏活動の初期段階であり、特定の公卿が義満の家礼としての立場から、どちらかというと義満との私的な関わりにおいて奉書を発する段階である。奉書の内容もいきおい比較的軽微な案件が中心であり、具体例を挙げると、（至徳二年〈一三八五〉八月三〇日の「室町殿御教書」を発した万里小路嗣房がいる（「至徳二年記」。本書136頁参照）。万里小路嗣房は当時権大納言（『公卿補任三』七頁）の官職にあり、同時に朝廷の伝奏の職にあったと覚しい。

そして第二が本格的な義満の伝奏として、政務などの公的場面で活動する段階で、それはおそらく応永二年（一三九五）六月、義満の出家を契機とするのではないかと筆者は考えている。第一段階が本格化して第二段階に接続するという理解である。そういう見通しのもとに、義満の伝奏奉書を集め、奉者＝伝奏を登場順に整理すると、以下のようになる。

【万里小路嗣房】

万里小路嗣房は、康永二年（一三四三）の生まれである（「荒暦」に応永三年一〇月出家、五四歳とみえる）。後三房《のちのさんぼう》の一人宣房から季房《すえふさ》―仲房―嗣房と続く練達の事務官僚勧修寺流の出身。永和二年（一三七六）八月の後円融天皇の伝奏番文には父仲房とともに名を連ね（『実隆公記三下』七三五～六）、康暦元年（一三七九）二月には後円融天皇の議定衆（議奏）に加えられた同天皇の重臣であった（『迎陽記一』一八頁）。

嗣房の奉書を集めて編年に並べてみると、貞治年間から現れる嗣房の奉書は応安・永和年間までは治天の仰を承《う》けて出されているが、右でふれた（至徳二年〈一三八五〉八月三〇日付の「室町殿御教書」を発して以降、やや様子が変わってくる。その変化が明確になる契機は、応永二年（一三九五）六月二〇日の義満出家を措《お》いて他に考えられない。義満が出家したこの時点以降、嗣房は連続的に義満の仰せを承けた奉書を本格的に発している。嗣房の奉書を発する立場が、これまでの義満の、どちらかというと私的性格を拭《ぬぐ》えない家礼から、公的な地位へと大きく変わった証左である。

筆者が収集したこの種の実例は、（応永二年）七月二九日付（同年四月一七日の義満の春日社あて寄進状を一乗院に対して施行。「略安玉集」、『大日本史料』七編二、三二頁）から、（応永四年）九月一二日付（義満の仰せを承け、宝寿院《ほうじゅいん》法印〈顕深〉にあてて高辻《たかつじ》東洞院のことにつき沙汰す。「祇園社記」、『大日本史料』七編二、八三〇〜一頁）までの全一〇通ほどであるが、史料残存の偶然性からか、内容的には山門・南都・東寺に関わるものが多い。

義満出家の直前には治天の仰せを承けたとみられる伝奏奉書（応永元年一二月二九日付。「菊亭家記録」、『大日本史料』七編一、七十四頁）を出していた嗣房は、義満の出家を境に義満の仰せを承けた伝奏奉書しか残していない。義満のほうに専念したものらしい。嗣房が、義満の出家に追随すべきであったのに一年以上も遅れて義満の不興を買い、応永三年一〇月五日に慌てて出家したことについては前述した。

以上のことからみると、万里小路嗣房が専ら足利義満の伝奏として本格的に活動したのは、応永二年後半から同四年後半までの約二年間であったと考えられる。

ちなみに、後述するように伝奏制度にはやがて担当制が導入されるのであるが、そのことに関連して一言しておきたい。それは万里小路嗣房の「熊野伝奏」就任に関する史料が残存していることである。熊野速玉《はやたま》大社の所蔵する万里小路嗣房自筆書状である。

熊野　伝奏事、可令存知之由謹承候畢、可申沙汰候、以此旨、可令披露給、

（至徳元年カ）八月十九日　　（万里小路）嗣房　請文

（『熊野速玉大社古文書古記録』清文堂出版、一九七一年四月、二一四頁）

右文書は無年号で宛所はない。文書の影印版を収録する右掲刊本は年次について「至徳元年（一三八四）ではあるまいか」とし、内容について「嗣房を（ママ）熊野伝奏になってほしいとの要請に、謹んでこれを承知するとの意を述べた請文」で、宛所は「恐らく熊野山検校であろう」とした。まず年次であるが、嗣房は応永五年（一三九八）八月六日没（『迎陽記二』）であるので、少なくとも義満の生存期間内であることは疑いない。おそらく至徳元年ころとみて大過なしと思われるが、そうなると熊野伝奏は突出して早くおかれた担当制伝奏ということになる。伝奏の担当制導入が本格化するのはもう少しあとのことであるが、萌芽《ほうが》的には熊野伝奏のように義満の時期に置かれたものもあったものとみたい。

問題となるのは右掲の嗣房自筆書状の宛て先であって、それは後述するように伝奏の補任権は朝廷側にあったと考えられるので、右書状は嗣房に対して熊野伝奏への就任を打診した朝廷の要路者に向けて、嗣房が受諾の意思を表明したものであろう。

応永五年八月六日、癰疽腫物で没。「迎陽記」同日条にみえる嗣房卒去記事のなかの「室町殿（義満）毎事奉行」とは、嗣房の、義満の伝奏としての仕事ぶりをいうのであろう（『迎陽記

一』一〇一頁)。

【広橋仲光】

広橋仲光(法名曇寂《どんじやく》、道号昭庵《しようあん》)は、康永元年(一三四二)生まれ(『尊卑分脈二』二五四頁)。仲光は日記の家広橋流(日野一門)の嫡流に位置し、父は後光厳天皇の蔵人《くろうど》として文和年間に多くの綸旨を残した兼綱《かねつな》である。仲光の姉仲子(崇賢門院《すうけんもんいん》)は後光厳天皇の后《きさき》。

仲光本人は、貞治～永和年間の長期間にわたり、後光厳天皇・後円融天皇に仕える弁官として多くの綸旨等を発給した経験の持ち主で、練達の事務官僚の一人である。仲光が参議に昇進して公卿の仲間入りをしたのは永和四年(一三七八)、三七歳の時で、昇進の速度はとても速いとはいえない。

かくして応永三年(一三九六)一〇月二〇日、前権大納言・正二位であった五五歳の仲光は、従一位に上階されたうえで、翌二一日に出家している(『公卿補任三』三九頁)。ちょっと気になるのは、その出家の時期が義満出家の翌年であること、そして出家を見越したうえでその前日に昇階していること、もう一つはすでに述べた万里小路嗣房の仰天出家と時間的に接近していることである。仲光が義満の意を奉ずる伝奏として登場するのは、仲光の出家の後である。

筆者の管見に及んだ、義満の意を奉じた仲光(曇寂)の伝奏奉書は、興福寺一乗院にあてた(応永六年)三月五日付(「帷幄屋上葺廾南大門東脇門橋等」をめぐる興福寺関係の案件。『春日大社文書一』三頁)から、某にあてた(応永一二年)八月一〇日付(土御門《つちみ》有世《かどありよ》の遺跡相続の案件。「東院毎日雑々記」、『大日本史料』七編七、一七頁)までの約三〇通である。

右のことからみると、広橋仲光が足利義満の伝奏として本格的に活動したのは、応永六年前半から同一二年後半くらいまでの約七年間であったと考えられる。

仲光の伝奏奉書も南都興福寺や春日社関係の史料に多くみられ、このことも史料残存の偶然性による可能性が高い。とはいえ、多くの南都関係史料にまじって、北野社や祇園社、それに東寺関係の案件も含まれているので、伝奏広橋仲光の担当は南都関係のみに引き付けてしまうわけにもゆかない。

ちなみに、広橋仲光の没は、応永一三年（一四〇六）二月一二日、六五歳（「教言卿記」・「尊卑分脈」、『大日本史料』七編七、八四二頁）。

【裏松重光】

裏松重光《うらまつしげみつ》（法名亀年、道号善永《ぜんえい》）は、応安三年（一三七〇）の生まれ。重光は日野家の嫡流にあって、父は永和～永徳年間に後円融天皇・同上皇の綸旨・院宣を発給した北朝公家の資康《すけやす》である。資康の姉妹業子《なりこ》（定心院）は足利義満の室。

筆者の管見に及んだ、義満の意を奉じた重光の伝奏奉書は、中御門《なかみかど》中将（松木宗量）にあてた（応永五年）七月一一日付（「伊勢国智積御厨幷中御門坊舎」を管領させるという内容。「口宣綸旨院宣御教書案」、『大日本史料』七編三、四九六頁）から、東院（光暁《こうぎょう》）にあてた（応永一四年）一一月二一日付（「和州金力名幷供御所」についての案件。「一乗院文書」、『大日本史料』七編九、三一三頁）までの一五通余である。右のことからみると、裏松重光が足利義満の伝奏として活動したのは、応永五年後半から同一四年末くらいまでの約十年であったと考えられる。

裏松重光が室町殿の仰せを奉じて発した伝奏奉書としては、次代の義持期のそれが多い。歴博所蔵の「田中穣氏旧蔵典籍古文書」（番号278）所収の史料によると、「従正安二年至応永十八年東南院《（東大寺）》修造料之事」に関する歴代治天の公験としての綸旨・院宣写の羅列のなかで、最末尾の応永一八年分については、①応永一八年七月一〇日後小松天皇綸旨と、②「応永十八年」九月四日伝奏裏松重光奉書の文書二通の写を、「依経　奏聞、任旧例、去応永十八年被下　勅載《（裁）》幷武家御教書」として載せているのである。東南院の修造料に関する案件を取り扱う窓口が様変わりしたことを想定させ、あわせて伝奏裏松重光の関わり方に興味をひかれるが、義満の次代のことに属するので、これ以上の深入りはしない。

ちなみに、裏松重光は、応永二〇年（一四一三）三月一六日、四四歳で没（『尊卑分脈二』二四〇頁、『教興卿記』一二三三頁）。

【広橋兼宣】

広橋兼宣《ひろはしかねのぶ》（法名常寂、道号悟空）は、貞治五年（一三六六）の生まれで（『公卿補任三』の年令記事から逆算）、父は先に記した広橋仲光（曇寂）である。日記「兼宣公記」（歴博所蔵）の記主。

兼宣の伝奏としての活動は、日記「兼宣公記」応永一一年（一四〇四）あたりで北山殿大法開催の準備などの場面にみられるが（『兼宣公記一』一三六頁）、むしろ活発に登場するのは次代の足利義持の治世下である。義満の時代における、孤立的ながらも興味深い文書を一通あげておく。

（袖）（足利義満）
（花押）

山城国伊勢田之原・西京等、小田金蓮華院敷地、湯船山幷伊勢国高畠御園、尾張国三ヶ保、美濃国麻続御牧、若狭国南前河庄、知行不可有相違由、被仰下候也、仍執達如件、

応永拾参年十二月七日　　（広橋兼宣）権中納言（花押）

恵鏡上人御房

（「廬山寺文書」、『大日本史料』七編八、三〇六頁）

一見すればわかるように、恵鏡《えきょう》上人御房に対して山城国伊勢田之原《いせたのはら》・西京《さいきょう》等以下の地を安堵《あんど》するという内容の伝奏広橋兼宣の奉書がまずあって、その文書の袖《そで》の部分に足利義満が花押を据えたものである。あえて命名すると、伝奏広橋兼宣奉足利義満袖判御教書《そではんみぎょうしょ》となろうか。この時兼宣は四一歳。

この文書の様式から知られることは、奏者たる権中納言広橋兼宣と袖判の主足利義満との主従関係である。これまで義満の意を奉ずる伝奏奉書に、義満自身が袖判を書き加えるということはなかった。似たような事例としては、すでに述べた義満の袖判付きの嘉慶二年（一三八八）三月二〇日後小松天皇口宣案（「河野家文書」）が思い当たるくらいである。現職の公卿でありながら、足利義満への人身的な従属度の高さを感じさせる文書である。

ちなみに、広橋兼宣の没は、永享元年（一四二九）九月一四（一三とも）日、六〇歳（『尊卑分脈二』二五七頁）。

担当制は未導入か

義満の時期には、伝奏たちには担当制がいまだ明確には導入されていなかったとみられる。のちになると伝奏たちは、担当する部門ごとに「武家伝奏」とか「賀茂伝奏」とか、固有の名称で呼ばれるようになるが、義満の段階ではまだそこまで整備されるに至っていなかったとみたい。それは以下のような理由による。

以下は、足利義満に寵愛《ちょうあい》され、義持・義教の代には幕府政治と深く関わった政僧というべき満済（醍醐寺座主）という僧侶《そうりょ》の日記「満済准后日記」の、正長二年（一四二九）三月九日条に出てくる話である。

この記事は、この日正長二年三月九日の足利義教（当時義宣《よしのぶ》）の元服に際しての御進物のことについて記したものであるが、幕府より内裏に対しては沙金・馬・剣が進められることになり、幕府はその方法について満済の意見を聞いたのである。その時満済は以下のように答えている。

予（満済）御返事、今度之御進物、以西園寺可被進歟事、応安比マテハ西園寺未武家執奏也、仍執進歟、近年西園寺非武家執奏之儀、当御代已伝奏三人万里小路（時房）大納言・勧修寺（経興・経成）中納言・広橋（兼郷・宣光・親光）中納言被定置上ハ、以彼三人之内、可被進之条、尤可宜候歟、

（京都帝国大学文科大学叢書『満済准后日記二』六四六頁）

満済の返答は以下のとおり。贈物進上の方法については、応安のころ（義満の元服は応安元年四月一五日のこと）まではいまだ西園寺実俊が武家執奏であったため、実俊を介して贈物を内裏へ進めることができたが、正長二年の今はもはや西園寺家は武家執奏ではない。当代には伝奏三人（万里小路時房・勧修寺《かじゆうじ》経成《つねなり》・広橋兼郷《ひろはしかねさと》）が定め置かれているので、彼ら三人のうちをもって進上するがよい、と。

これによって分かるのは、かつての南北朝期に武家執奏西園寺家が担当していた幕府から内裏への取次役は今では伝奏が担うべきものと認識されていたこと、もう一つは、正長二年三月の段階で右記三人の伝奏が定め置かれていたことである。しかも彼らの担当は特に決められていなかった様子がうかがえる。

しかし、受け取られ方はまた少し違っていた。というのは、伝奏は朝廷と外部の諸権門を双方向につないだので、朝廷側では担当制をとっていなくても権門の側では申し入れのたびに同じ伝奏を通じたとしてもおかしくはないし、むしろその方が自然である。その意味で権門側では朝廷と認識のずれがあるかもしれない。そのよい例が、比較的史料の豊富な南都関係のケースである。以下に関係史料を二つあげる。

一つは、南都興福寺大乗院門跡である経覚《きようがく》の日記「経覚私要鈔」永享八年（一四三六）一〇月二一日の記事である。

①（前略）伝奏初ハ万里小路内大臣嗣房公、次広橋大納言仲光卿、次裏松大納言重光卿、次広橋大納言兼宣卿、次万里小路大納言時房卿、次日野中納言兼郷々（卿）也、至兼郷卿六代也、

（『経覚私要鈔二』三七頁）

いま一つは、これも南都興福寺大乗院門跡である尋尊《じんそん》の日記「大乗院寺社雑事記」文明三年（一四七一）閏八月二二日条の記事である。

②一、南都伝奏事、上古ハ以南曹弁毎事申入公家、近来号伝奏、別而被付奉行、公家・武家ニ伺申者也、嗣房（万里小路）以来事也、

万里小路内大臣嗣房公　広橋大納言仲光卿 法名曇寂

裏松大納言重光卿　広橋大納言兼宣卿 法名常寂、儀同三司、永享元年九月十三日入滅

万里小路大納言時房卿　日野中納言兼郷卿（宣光・親光とも） 永享八年十月十六日失面目

万里小路内大臣時房公　日野内大臣勝光公

（『大乗院寺社雑事記五』一一〇頁）

右の史料①②はともに、南都から朝廷へ申し入れをする場合の窓口としての「伝奏」の歴代を書き出したもので、①の記事の前に「自学侶申云、伝奏事誰家ニ沙汰来候哉、存知大切子細候、可注給之由申之間」という一文が置かれているように、歴代の南都関係伝奏の名前をリス

トアップしたのは、南都が訴訟などを通して寺院運営を行ううえで大切な知識・情報であったからである。

まず①の記事をみると、「南都伝奏」という成語は使用せず、単に「伝奏」という言葉を用い、具体的な伝奏名では、万里小路嗣房→広橋仲光→裏松重光→広橋兼宣→万里小路時房→日野兼郷、というふうに全六代の伝奏を順次書き出している。

また②の記事では、「南都伝奏事」とまず表題をあげて、上古は「南曹弁」を通して朝廷へ申し入れをしていたが、近年では「伝奏」と号して特別に窓口を開設し、朝廷や幕府に申し入れを行っているとの沿革的なことを述べたうえで、①の六代にさらに二代を加えた全八代を列記している。

これらの記事は伝奏制度の整備過程、とりわけ南都伝奏の制度の歩みを知るうえで貴重なもので、各伝奏ごとの詳しい検討が必要であるが、ここでは深入りしない。南都側にとって伝奏の制度がいかに重要なものであり、大事にされていたかがわかる。伝奏の制度が、義満の取り仕切る中央政権と外部の権門とを結ぶ装置としてうまく機能していたのである。

ちなみに、時期的には足利義教の治世となるが、先の「満済准后日記」の記事に登場した三伝奏（万里小路時房・勧修寺経成・広橋兼郷）が伝奏に補任されるさいの経緯についての詳しい記事が「建内記」の正長元年（一四二八）二月条にみられる（『建内記一』六五〜六頁）。結論のみをいうと、そのさい幕府はまず朝廷に奏聞し、勅許を得ているのである。前に引用した解説文中で富田正弘が指摘したように、伝奏の補任権は「公家」にあったのである。

伝奏奉書の役割

義満の意を承けた伝奏奉書の個々の奉者と残存の状況については前述したが、ではそれらは、いつごろから本格的に発給され始め、どこに宛てられたかということを調べることによって、伝奏奉書が義満の公武統一政権の運営にとっていかなる役割を果たしたかについて考えてみたい。現在のところこの種の奉書が六〇通ほどあるという（前掲小川信著書、七一七頁、前掲神田『伝奏と呼ばれた人々』九七頁）。

これもすでに述べたように、義満の伝奏奉書の成立にとって万里小路嗣房の役割は大きい。嗣房が至徳二年（一三八五）八月三〇日付で二条家にあてた伝奏奉書（「至徳二年記」）は、義満の家礼としての立場から出されたものと解される（嗣房にはすでに永徳元年に同様の立場からの動きが確認される。「万里小路嗣房奏聞事書案」、『八坂神社文書　上』八三九頁）。義満の家礼であった嗣房は、やがて義満の伝奏としての立場から、義満の意を奉じた公的な内容の文書（伝奏奉書）を本格的に出し始める。その契機は前述したように、応永二年（一三九五）六月二〇日の義満出家からであろう。義満出家を契機にして嗣房の立場は大きく変わったとみて不自然でない。嗣房以降の義満伝奏は当初からそのような性格を帯びた。

そこで伝奏奉書の役割であるが、それらの奉書の宛所を調べるとそのことは自然に理解される。その宛所をみると、南都一乗院御房（良昭・良兼）・金剛乗院《こんごうじょういん》僧正御房（俊尊《しゅんそん》）・大納言僧都御房・興福寺別当僧正（実恵）などといった権門寺院の高僧にあてられたものがほとんどである（史料残存の偶然性で南都関係が多いと思われる）。これらの宛所に義満が直接に文書を出すことはできなかった。つまり、伝奏を介することで、義満はその政治的意思をこれらの高僧・寺院に伝えることが可能となったのである。義満の伝奏の役割はまさにこの点にあるわけで、出家することによって聖界に身を置いた義満は、権門寺院などから構成される公家界にその支配の手を伸ばしたと考えられる。

こうして公家界の支配ルートを創り出した義満は、従来の管領を介した武家支配のそれとを併用することによって、公武統一政権の主宰者として君臨することが可能になったものと考えることができる。

四　幕府管領制度の整備

南北朝合体後の義満文書

応永二年（一三九五）六月二〇日の出家以降の義満および特に対朝廷関係の変化は、幕府の支配機構にも影響を及ぼさないはずはあるまい。必ずや、いろいろな場面でこれまでとは違った状況を生ぜしめたに相違ない。そのことは、義満の文書発給に何らかの変化をもたらした可能性がある。ここではまず、第四章第三節の「南北朝合体前後の義満文書」のあとを受けるかたちで、便宜的な区分ではあるが、斯波義将の管領復帰（明徳四年〈一三九三〉六月五日）から応永一五年（一四〇八）五月六日の足利義満の没（行年《こうねん》五一）までの全十五年間に、足利義満がどのような文書を残したかについて述べたい。そのさい、この間の応永元年（一三九四）一二月一七日、三七歳の義満は将軍職を九歳の長子義持に譲ったことは念頭に置かねばならない。

義満の発給文書における署判の仕方で特に注意されるのは、義満は応永二年六月、三八歳で出家した後も「沙弥」と署名することはなく（自らを「沙弥」と称した例は応永三年九月二〇日付の願文が唯一。「山門大講堂供養記」、『大日本史料』七編二、五二二頁）、もっぱら「入道准三后前太政大臣」と記したことである。一方、法名の使用についてみると、御内書などに「道義」の使用例が若干ある（「道有」は応永二年一一月一四日付で一例。「猪熊信男氏所蔵文書」、『大日本史料』七編二、一四九頁）。

斯波義将の管領復帰の翌年、つまり明徳五年（一三九四）は改元されて応永元年になるので、この義満が君臨した十五年間は実質的には応永年間の前半ということになる。この間に管領のポストは斯波義将が応永五年（一三九八）に辞任して畠山基国（徳元）に替わり、応永一二年（一四〇五）には基国が辞任して斯波義教（義重。義将の子息）と交替する（義教は同一六年まで管領に在任）。

I　足利義満袖判下文

明徳四年から応永一五年までの当該期十五年間において、管見に及んだ義満の袖判下文《そではんくだしぶみ》は、応永九年（一四〇二）四月五日付（進士氏行に「籏指之賞」として美濃国厚見《あつみ》郡内の地を宛行《あてが》う。「前田家所蔵文書」、『岐阜県史　史料編古代中世四』九四六頁）一点のみである。応永に入って義満政治がいよいよ本格化しても、従来のような袖判下文は復活することなく、消滅への一途をたどったものと思われる。

Ⅱ　足利義満御教書（除、伝奏奉書）

①足利義満袖判御教書

当該期の義満袖判御教書として、明徳四年（一三九三）六月二一日付（宮鶴丸《みやつる》に対して播磨国《はりまのくに》三箇御厨《みくりや》を安堵。「鳥居大路古文書」、『大日本史料』七編一、二三三頁）から、応永一五年（一四〇八）二月二四日付（美濃国大興寺を南禅寺慈聖院末寺として諸山に列す。「前田家所蔵文書」、『大日本史料』七編九、七六八頁）までの全一一〇余通をあつめた。

それらの用途としては、元来所領安堵が主たるものであったが（所領預置の例も散見）、その伝統は当該時期においてもきちんと守られている。この用途に加えて、明徳三年から本格化する所領宛行があり（応永二～三年の間、この種の文書が見当たらないのは不可解である。義満の辞将軍に関係するか否か不明）、その他、守護職補任（応永二年三月二〇日付、「佐々木文書」、『大日本史料』七編一、九八一頁。応永七年一〇月二日付、「永源師檀紀年録」、『大日本史料』七編四、七〇一頁）、諸山の列次（前掲の美濃国大興寺関係。「前田家所蔵文書」、『大日本史料』七編九、七六八頁）などを含んで、全体では多岐にわたっている。

なかでも興味深いのは、先に少し予告しておいたように（193頁参照）、「明徳の乱」のさい発された明徳二年一二月二六日義満袖判御教書（「備後古志文書」）が先例となって、応永六年（一三九九）の「応永の乱」のさい、大内義弘の治罰を命ずる義満袖判御教書が西国武士たちに出されていることである。

②足利義満奥上署判御教書（除、寄進状）

当該期の義満奥上署判《おくうえしょはん》御教書では、明徳四年（一三九三）七月一〇日付（大乗寺に対して加賀国押野《おしの》庄内大乗寺領等の知行を安堵せしむ。「大乗寺文書」、『大日本史料』七編一、二四八頁）から、応永一三年（一四〇六）六月六日付（九条権中納言満教《みつのり》に対して法華山寺《ほつけさんじ》同寺領以下を管領せしむ。『九条家文書六』二九八頁）までの全四四通がある。

それらの奥上署判御教書の宛先をみると、ほとんどすべて有力寺院にあてられており、また奥上の位署の表記は、義満のその時々の官位・立場によって変化している。

位署の表記の仕方についてやや詳しくみると、明徳四年九月一七日に左大臣を辞すまでは（同三年一二月に還任）「左大臣源朝臣《あそん》」、その後応永元年一二月二五日に太政大臣になるまでは「従一位源朝臣」、なってから応永二年六月三日に辞任するまでは「太政大臣源朝臣」、辞任後同年六月二〇日に出家するまでは「前太政大臣源朝臣」、出家後八ヵ月後の応永三年二月二一日付（「楓軒文書纂」、『大日本史料』七編二、三六五頁）以降はほぼ変化なく「入道准三后前太政大臣源朝臣」で通している（ただし、現存史料では出家後直近の応永二年一一月一二日付〈「高野山文書」、『大日本史料』七編二、一四七頁〉が単に「准三后」となっていて異例である）。

もう一つ、先に義満の袖判御教書のなかには守護職補任を内容とするものがあると記したが、奥上署判御教書にも国務并《ならび》守護職補任を内容とする実例がある（応永七年正月一一日付、内閣文庫所蔵「古証文二」）。同様に、ごくまれに文末に「仍寄進之状件」と書いた寄進状も含まれ

る（応永二年四月一七日付、「略安宝集」、『大日本史料』七編二、三〇頁）。

③足利義満御判御教書

この期間にも以前と同じように、義満の御教書のなかでも、袖判でなく奥上署判でもない、ごく普通に日下に花押を持つ御判御教書《ごはんのみぎょうしょ》の残り具合は他に比べて多い。収集することのできた義満御判御教書は、明徳四年七月八日付（日霽《にっせい》上人に押小路《おしこうじ》以南・姉小路《あねがこうじ》以北・堀河《ほりかわ》以西・猪熊《いのくま》以東の地を妙本寺〈妙顕寺《みょうけんじ》〉敷地として知行せしむ。「妙顕寺文書」、『大日本史料』七編一、二四六頁）から、応永一五年（一四〇八）四月二三日付（鳥取侍従律師御房にあてて和泉国日根《ひね》郡上郷内上村地頭職等を安堵せしむ。「尾張文書通覧」、『大日本史料』七編九、九六九頁）までの約二〇〇通である。

それらの用途の中で、最も多いのが所領の安堵であるが、そのほかに所務遵行、公事・課役の免除、祈《き》禱所《とうしょ》（祈禱寺）の指定、凶徒退治祈禱の要請、諸山の列次指定、寺社祭礼のことなど、多岐にわたる。義満が最も手軽かつ広範囲に発給したのはこの形式による文書であった。

Ⅲ　足利義満下知状

当該期における足利義満下《げ》知状《ちじょう》としては、①応永六年七月二五日付足利義満下知状（石清水八幡宮雑掌と北野宮雑掌とが相論する加賀国笠間保領家年貢の事につき裁許。『北野天満宮史料』三〇二頁。『大日本史料』七編四、一一頁）、および②応永八年一〇月二八日付（東寺領山城国植松庄十町余地頭職の事につき松尾《まつお》社との争いを裁許。「東寺文書」、『東寺文書聚英』二六九頁。『大日本史料』七編五、一四七頁）、以上の二通しか収集できなかった。二通とも奥上に「入道准三宮前太政大臣」と位署書きしている。

Ⅳ　足利義満寄進状

「寄進」などの書き出しで始まる義満の寄進状としては、明徳四年七月一二日付足利義満下知状（東大寺に七重塔婆造営要脚料所として播磨国大部庄内恒清名を寄進。『東大寺文書一八』二二七頁）を初見として、応永一三年七月七日付（等持院に勝鬘院《しょうまんいん》〈日野慶子〉幷円照院菩《ぼ》提《だい》料所として美濃国座倉郷を寄進。「等持院常住記録」、『大日本史料』七編八、一一四頁）までの全二〇余通を集めえた。所領の寄進先は、東寺・石清水八幡宮・東大寺・春日社・興福寺・高野山など京都・奈良、およびその近郊の有力寺社である。署判の仕方は、奥上に「従一位源朝臣」・「（前）太政大臣源朝臣」・「入道准三宮前太政大臣」など、その時々の官位表記をとっている。

ちなみに筆者が義満の寄進行為に関連して付記したいのは、義満自身が寄進をするということではないが、関白や東寺長者の寄進状の袖や奥に、義満が一見したという証判を加えてその寄進状の効力を保証していることである。実例として、①応永五年八月一一日関白二条師嗣寄進状（東寺に対して教令院門跡領幷水田等を光明照院《こうみょうしょういん》大師御影堂修理料として寄進。奥に義満の証判あり。『東寺文書二』五九二頁）、および②応永六年二月三日東寺長者俊尊寄進状（義満重厄〈四二歳の厄〉にあたり大和弘福寺《ぐふくじ》とその寺領を東寺に寄進。袖に義満の花押あり。「東寺文書」、『大日本史料』七編三、八一六頁。上島有編著『東寺文書聚英図版篇』同朋舎出版、一九八五年一〇月、二八七頁）がある。

Ⅴ　足利義満御内書（含、書状）

御内書《ごないしょ》には年号を書かないから、推定するより方法はない。そうなると、どうしても年次がわからないというケースも少なからず出てくる。以下は推定によって年次がわかるものだけを検討の対象とし、不明なものは除外している。

当該期の義満御内書として、（明徳四年）一二月一三日付（大内義弘に対してその忠節を褒め、一族に准ずることを報ず。『蜷川家文書二』一一頁）から、（応永一四年）四月二五日付（三宝院満済に対して三河国国衙《こくが》職を知行させる。『醍醐寺文書八』一六三頁）までの約三〇通を集めえた。

この間の義満御内書は、ほぼすべて応永年間に入って以降の時期のものであるから、従来の単なるお礼状など軽微な内容のものに加えて、応永年間に特徴的な内容も少なくない。それはおそらく、応永二年六月の義満出家を契機とする大きな政治的変動の結果と思われるのであるが、これ以前にはあまり目にすることのなかった所領の知行や家門・家領の安堵、所務沙汰の遵行などが少なからず含まれている。宛所が、公家側では上級クラスの公家や門跡クラスの高僧、武家側では有力守護クラスの武士であるような点は従来と変わりはない。署判の仕方は、ふつう従来どおり日下に花押を据えるだけだが、特に改まった場面では「道義」と署名している。

管領斯波義将の発給文書

斯波義将の義満代二度目の管領在任期間は、前述のように明徳四年（一三九三）六月五日

（「執事補任次第」）から応永五年（一三九八）閏四月二三日（「東寺王代記」）までの約五年である。義将の年齢でいうと、四四～四九歳（義満は三六～四一歳）。この義将にとっての二度目の管領就任時の状況は、一度目（康暦元年～明徳二年）と比べて大きく違っていたに相違ない。一度目と二度目の間の離任期間に、南北朝の合体が実現したので、義将にとって二度目の管領在任期には、軍事面よりも内政面への尽力が求められたであろう。義満が構想している公武統一政権の確立に向けてその持てる能力を活《い》かせる時代が到来したのである。

そこで、この約五年間に斯波義将が残した文書を整理し、管領としてどのような活動をしたかを調べてみよう。当該期間において管見に及んだ義将の奉書は、明徳四年七月八日付（備中《びっちゅう》守護細川満之《みつゆき》にあてて東寺雑掌の申す備中国新見《にいみ》庄領家職を雑掌に去り渡さしむ。「東寺百合文書」、『大日本史料』七編一、二四八頁）から、応永五年（一三九八）閏四月一〇日付（関東管領上杉朝《とも》宗《むね》〈禅助《ぜんじょ》〉にあてて伊豆国密厳院別当職のことにつき関東寺領等を三宝院雑掌に渡付せしむ。『醍醐寺文書一四』一六三頁）までの全一四〇通ほどである。この期間の義将文書を整理するとき、留意すべきは義満および義将の出家との関係である。

これらの義将奉書を内容と宛所に即して子細にみてゆくと、まず内容では、約半数が所務沙汰の遵行命令であるが、その他に義満の下知の施行が若干あり、武士・寺家の所領安堵や濫妨の停止、諸公事・臨時課役・守護役等の免除、土《ど》倉役《そうやく》の免除、九州地頭御家人への所領・軍事関係の連絡、その他多岐にわたっている。次に、宛所に即してみると、頼之を含めて管領奉書の宛所はその性格上、もともと守護や御家人武士がほとんどを占め、その他の寺院の長老をはじめ供僧《くそう》や寺官にあてたものは少ない。義将の代になると、その傾向はなお一層強まるようにも感じられるが、はっきりとした特徴を認めることは困難である。

なお義将奉書が出家（応永二年七月）の後、なんらかの変化をみせるか否か、興味深いところではあるが、この点についてはそれ以前と目立った変化は認められず、出家がその奉書に与えた影響は特にないように思われる。しかし、前述のように義満の出家を機とした一連の政治的刷新の一環として管領制度が整備され、その結果誕生した新しい形式の管領奉書は、受け取る側にはこれまでとは違ったものと映った可能性は否定できない。幕府側の政務の長官としての管領の職務権限が強化された可能性も同様であろう（後述のように義将は応永二年七月に「左《さ》衛門佐《えもんのすけ》」から「右衛門督《うえもんのかみ》」へ昇進した）。

管領奉書の書き止め文言の変化

応永二年（一三九五）六月の足利義満の出家は、義満にとっては新しい時代の始まりであった。義満の理想とする公武統一政権の完成に向けて、それを支える統一国家の統治制度の整備が急ピッチで進められたことは推測に難くない。その変革の一環として、本節で述べようとする管領制度の整備が企図されたものと思われる。管領制度の整備のための具体的な方策の一つとして、以下に述べる、管領奉書の書き止め文言の変更がなされたものと筆者は考える。

かつて山田徹は「どれほど管領奉書が多く発給されていようとも、それは管領斯波義将の裁量が大きいことを意味しない」と述べた（「南北朝後期における室町幕府政治史の再検討（下）」、

「文化学年報68」二〇一九年三月、一二五〇頁）。それはそのとおりだと筆者も考えるが、いま問題にしている義満出家後における義満による公武の政治制度の改変のなかで、政務の長官たる管領の権限を強化しようとする動きが生まれても不自然ではない。その動きが管領奉書の書き止め文言の変化というかたちで表れたのではないかと推測するわけである。

以下、具体的に述べよう。先に筆者は、義将奉書は義満代二度目の管領時代五年間に全部で一四〇通ほど集めたと述べた。それらの義将奉書を編年に並べてみると、義将に限らず開幕以来執事・管領奉書にずっと用いられてきた（もっと遡《さかのぼ》れば、鎌倉幕府の関東御教書までたどれる）書き止め文言「依仰執達如件」が、義将の管領時代のある時点から「仍執達如件」に変わっていることに気付く。

それはいつからかというと、実例では以下に示す①と②の間のある時点である。

①応永二年一〇月一七日管領斯波義将奉将軍家御教書（「東寺百合文書つ」、『大日本史料』七編二、一三四頁。『東寺文書一八』一〇八頁）。伊予守護河野《こうの》通之《みちゆき》にあてて東寺実相寺《じっそうじ》造営要脚として伊予国段銭《たんせん》を沙汰せしむ。

②応永二年一〇月二二日管領斯波義将奉将軍家御教書（「多田院文書」、『大日本史料』七編二、一四〇頁。『川西市史 四』三六八頁）。摂津多田院長老にあてて同院散在寺領等における甲乙人等の違乱を停止せしむ。

右の①②ともに管領斯波義将の奉ずる将軍家御教書であるが、文尾の表記が異なる。①のそれが「可被致其沙汰之状、依仰執達如件」であるのに対して、②は「所被仰下也、仍執達如件」となっている。つまり①と②との五ヶ日ほどの間（応永二年一〇年二〇日前後）に管領奉書の書き止め文言が変わっているのである。管領奉書は義将に限らず、これ以降ずっとこの新しいかたちをとっている。よりにもよってこの時期になぜという素朴な疑問も当然湧いてくるが、むしろこの時期だからこそ現れるのではないかという必然性のような思いもしないではない。そう考えれば、これは単に管領奉書の文言の変更という表面的な軽微な問題にとどまらず、幕府制度の改変という現実政治の問題と深く関係しているように思われる。結論的にいえば、義満の開始しようとする新しい政治形態を支えるための制度的改変であったのではないか。より限定的にいうと、それは管領制度の整備・強化の目的でなされたのではないかと。

ここで必要となるのは、当の書き止め文言「依仰執達如件」と「仍執達如件」の比較である。使用の歴史を振り返ると、このうち「依仰執達如件」は鎌倉幕府の関東御教書・引付頭人奉書、室町幕府の執事・管領奉書に常用され、他方「仍執達如件」は綸旨・院宣、九州探題一色道猷《いっしきどう ゆう》・直氏《なおうじ》の書下《かきくだし》などに使用された。また奉書か直状《じきじょう》かの区別では、「依仰執達如件」は明らかに奉書文言だと思われるが、「仍執達如件」はそう単純ではない。

「仍執達如件」は九州探題一色氏の発給文書に常用され、刊本類では「書下」と命名されているし（書下は直状）、最近では「仍執達如件」は直状だと明言する研究者もいる（亀田俊和『室町幕府管領施行システムの研究』思文閣出版、二〇一三年三月、三四八頁）。この書き止めではその前にいかなる文言が来るかによって、直状か奉書かのニュアンスが異なってくる。応永二年後半以降に現れる管領奉書の場合、「所被仰下也、仍執達如件」と来るので、これは「仰」を受けてはいるものの、ワンクッションおいた、奉ずる者の直状としての意味合いもある。鎌倉幕府の遺制から脱却しようとする義満の政治的意図もほのみえる。

もしこのように応永二年六月の義満出家に伴う義満の支配方式の改変があったとすれば、管領制度の整備とすでに述べた伝奏制度の整備とは併行するものとみなすべきであろう（伝奏奉書の書き止め文言は通例「被仰下候也、恐々謹言」）。万里小路嗣房が義満の伝奏としての活動を本格化させるのも、この時期と重なっているからである。

ちょっと気になるのは、応永二年一〇月一四日と同一七日に発給された義将奉書の書き止めと差出書のちぐはぐさである（『醍醐寺文書一七』一〇頁。『東寺文書一八』一〇八頁）。この二通についていえば、義将は同年七月二四日に義満に従って出家したので、奉書の署名が「沙弥」であるのは不自然ではないが、書き止め文言はいまだ旧来の「依仰執達如件」のままであることである。しかしまもなくこの五ヶ日後の一〇月二二日には「沙弥」（斯波義将、法名道将《どうしょう》）で奉じ、「仍執達如件」で書き止められる新しいかたちの義将奉書が登場することになる。

法体の義満に仕える法体の管領

応永二年七月二日、義満は出家の後、初めて管領斯波義将の第《てい》に臨み、諸大名を引見したこと（「荒暦」）、それが義満の、自らを「法皇」に擬したかたちでの新政治の開始を象徴する儀式であったことについては前述した。

義満がこの日、管領斯波義将邸に臨み、諸大名を引見したことは、大名たちの間に追随出家旋風を巻き起こした。すでに掲出した記事ではあるが（250頁）、必要なので再掲する。

（応永二年七月）
廿三（四）日、伝聞、今日管領義将朝臣出家入道云々、是又乍居重職、不及辞退、無左右落髪、尤可驚歟、但彼気色無所遁歟、此外諸大名大略無残者云々、大内左京大夫義弘、細川右京大夫頼元以下、先日出家、一色左京大夫（詮範）、一昨日遂其節云々、大名等各号彼御弟子、被当剃刀於頭、進布施物云々、公家・武家出家人々、猶可連続之由、有其聞、天魔所行也、勿論々々、

（『大日本史料』七編二、五九頁）

公家側では、義満出家（六月二〇日）の直後より追随出家する公家たちがかなりいたが、武家側では、斯波義種（義将の弟）が出家した義満を戒師として六月二一日に得度した以外、早期に追随出家した者はいなかった。武家側で出家者が多く出始めるのは、右史料にみるように七月下旬からである。つまり出家直後の義満が義将邸に臨んだ七月二日よりかなり日数が経ってからのことである（追随出家者の全容については既述）。

さてここから、肝心の管領斯波義将の出家についての話題に入る。義将の出家については、右史料に以下のようにみえる。

伝聞、今日管領義将朝臣出家入道云々、是又乍居重職、不及辞退、無左右落髪、尤可驚歟、但彼気色無所遁歟、

史料によると、斯波義将は応永二年七月二四日に出家している。当時年齢は四六歳。「乍居重職、不及辞退、無左右落髪」というのは、管領という幕府の重職に居ながら、辞退することなく簡単に出家してしまったという意。これに一条経嗣は驚きを隠せなかった。「但彼気色無所遁歟」とは、自分（経嗣）からみると驚くべきことではあるけれども、義将自身は出家を遁《のが》れる気配もない、ほどの意であろう。嗣房が驚いたのは、義将が出家を辞退しないならば、法体の義満の仰せを同じく法体の管領義将が奉ずるという異例の事態が生起することを思ったからであろう（二代将軍足利義詮の代に、義将の父高経は出家の身であったため執事職には就かず、子義将を執事に据えてこれを後見するというケースはあった）。

ここでかつて、法皇の仰せを受けて出された院宣の奉者が如何《いか》なる立場だったかを振り返ってみると、さほどその実例は多くはなく、かろうじて鎌倉時代の徳治《とくじ》二年（一三〇七）七月に出家し、文保《ぶんぽう》二年（一三一八）二月〜元亨元年（一三二一）一二月の間、法皇の立場で院政を行った後宇多《ごうだ》法皇のケースがある。この間に一〇点ほどの後宇多法皇の院宣が認められるが、その院宣の奉者はすべて俗人の近臣である（例えば、万里小路宣房・中御門《なかみかど》経継《つねつぐ》・吉田《よしだ》隆長《たかなが》など）。

要するに、法体の管領が法体の義満の仰せを奉じるという異例さに、一条経嗣は驚きを隠せ

なかった。しかし、義満はその異例さをまったく気に懸けていなかった。管領義将はその出家の翌日の応永二年七月二五日、これまでの「左衛門佐・従四位下」から「右衛門督・正四位下」への官位昇進の宣下を受ける。以下に「荒暦」の関係史料をあげる。

（応永二年七月）
廿六日戊午、伝聞、管領新禅門（斯波義将）、任右衛門督、去夕宣下云々、定是俗躰之時儀歟、可尋記、正下四位同宣下云々、武臣右衛門督未聞事也、上階事、可有沙汰之由雖仰（被脱カ）、固辞云々、武衛事、猶其身不甘心歟、然而無覃辞退云々、

（『大日本史料』七編二、七六頁）

この官位昇進の宣下に対して、一条経嗣は「定是俗躰之時儀歟」と訝り、武人を「右衛門督」に任ずるのは未聞との感想を述べている。しかし義将自身も思うところがあったのか、正四位下への上階は固辞したものの、右衛門督への昇任についてはあえて辞退することはなかった。この時の義将の昇進・上階の措置は、おそらく義満の推挙によるものと考えられ、義満は管領制度の整備にあたって管領義将自身の官職と位階を引き上げて権威づけ、そのはなむけにしようとした可能性もある。

しかし、義将本人は義満の意に反して、その措置を必ずしも歓迎したわけではない。右衛門督への昇進はしぶしぶ受け入れたものの（ただし右衛門督を称した実例なし）、正四位下への叙

位は固辞している。この義将の態度はおそらく彼の性格によるものと思われるが、これに類したエピソードとして、のち応永一五年（一四〇八）義満が没して朝廷が義満に「太上天皇」の尊号を贈ろうとしたとき、五九歳に達していた義将（当時の管領は子息の義教）は幕府にこれを辞退させたというものがある（「椿葉記」、『看聞日記別冊』所収）。この二つのことがらはおそらく同じ根に発しているのではないかと考えられ、義将のものの考え方を類推するためのヒントとなる事実である。

さて、話を元に戻そう。義将は応永二年七月二四日の出家以降、自らを「沙弥道将」と名乗ったはずだから、翌二五日の叙位は出家者への措置となる。たしかにこれまでは出家すると、官位からは去ることが慣例であった。しかしその慣例はいま破棄されようとしていた。

義満の行動もまた異例であった。義満は出家後、発給文書に署判する場合は「入道准三宮前太政大臣」と書き、決して「沙弥」などとは書いていない。義将を昇進させる宣下のあった応永二年七月二五日の翌日、「新禅閤」（足利義満）は、道服を著し乗車の体《てい》で参内している（「荒暦」）。義満の出家後の行動様式は、出家前のそれとまったく変わらず、むしろ伝奏を通しての公家界への関与が深くなった分、その支配は、出家前よりも広い範囲に及び、かつ深まったとみるべきであろう。

すでに述べたように、管領奉書の末尾文言は、応永二年一〇月一七～二二日の間に、「依仰執達如件」から「仍執達如件」へと変わるのであるが、なぜ変えたのかというと、まず第一に新しい体制下での管領だということを印象づける意図、公家社会を支配するための伝奏奉書との関係（伝奏奉書の書き止めは「被仰下候也、恐々謹言」）があるように思われる。つまり管領制度と伝奏制度とを合わせて整備することによって、公武社会を一手に統治する構想の具体化とみられる。

こうして法体の義満に仕える法体の管領という異例の組み合わせが登場することとなった。この組み合わせは、やがて後の義満と管領畠山基国・斯波義教（義重）との間にも受け継がれ、義持の時代になると、また新しく俗体の将軍に法体の管領が仕えるという事態が出現する。

その後の管領たち——畠山基国（徳元）・斯波義教（義重・道孝）

前述したように斯波義将（道将）が応永五年（一三九八）閏四月に義満代二度目の管領を辞してより義満が没する同一五年（一四〇八）五月までの約十年の間に、二人の管領が続いて登場する。一人は畠山基国（徳元）、いま一人は斯波義教（義重・道孝《どうこう》）である。義満の時代をしめくくるこの二人の管領の存在を含めたうえで、義満代における幕府管領制度の変容についての総括を試みよう。この両管領についてはそれぞれに小谷利明と水野智之の簡潔な解説があって参考になる（平野明夫編『室町幕府全将軍・管領列伝』星海社、二〇一八年一〇月、小谷＝「畠山基国」、水野＝「斯波義重（義教）」）。

【畠山基国（徳元）】

まず、畠山基国（徳元）である。父は足利一門の尾張守義深。関東執事畠山国清《くにきよ》（道誓《どうせい》）は伯父《おじ》に当たる。基国の没は応永一三年（一四〇六）一月一七日、行年五五であるから（『教言卿記二』同日条)、生年は観応三年(一三五二)と逆算される。出家して「徳元」と名乗るのがいつか明証を欠くが、応永二年六月の義満出家を機にしたものとされている(小川信『足利一門守護発展史の研究』吉川弘文館、一九八〇年二月、六九〇頁)。

畠山基国の管領就任は、応永五年(一三九八)六月二〇日(「東寺王代記」、『大日本史料』七編三、二七六頁)であり、逆に辞任は応永一二年(一四〇五)七月末とみなされるので(『教言卿記二』同月二七日条)、基国の管領在職はこの間の約七年間ということになる。この間基国の年齢は四七~五四歳(他方、義満は四一~四八歳)、むろん法体である。

では、この間に畠山基国は管領としてどのような奉書を発給しているか。筆者が現段階で収集しえた基国奉書は、応永五年八月二三日付、播磨守護赤松義則にあてた東大寺雑掌の申す播磨国大部《おおべ》・穂積両荘《しょう》の伊勢外宮神宝料足の徴収免除に係る将軍家御教書(「東大寺文書」、『東大寺文書一八』二二七頁)を初見とし、応永一二年七月四日付、山城守護高師英《こうのもろひで》にあてて東寺八幡宮山城国久世《くぜ》上下荘等の諸公事・人夫役等の催促停止を命ずる将軍家御教書(「東寺百合文書」、『大日本史料』七編七、三四〇頁)を終見とする全約一七〇通である。

これらの管領畠山基国奉書の書き止め文言はすべて「仍執達如件」の形をとり、差出書の署判の仕方もすべて「沙弥(花押)」の形で、基国がすでに応永二年足利義満出家を契機に出家していたのではないかという推定を支えている。また、奉書の内容としては、所務沙汰(幕府裁許)の遵行や公事夫役・賦課の免除関係などのものが多く、基本的には前代の細川頼之・斯波義将のそれを受け継いでいる。

基国の幕府管領在任期間中における最大の出来事は、いうまでもなく応永六年（一三九九）一〇～一二月の大内義弘との戦い、いわゆる応永の乱である。この時、義満四二歳、基国四八歳。この戦いで基国嫡男畠山満家《はたけやまみついえ》（法名道端《どうたん》）が大内義弘の首級をあげるなど、畠山勢の活躍はめざましい。室町幕府の管領のポストに畠山氏から選任されるのは畠山基国が初めてのことで、足利義満がなぜそのような人選をしたか、また基国にどのような政治的役割が求められたか、一考の余地がある。

【斯波義教（義重・道孝）】

続いて斯波義教（義重・道孝）である。斯波義教は義将の嫡子。義教の没は応永二五年（一四一八）八月一八日、行年四八であるから（『康富記《やすとみき》』同日条）、生年は応安四年（一三七一）と逆算される。義教の管領在任は、応永一二年（一四〇五）七月二五日（「教言卿記」同二七日条、『教言卿記二』三二頁）から、応永一六年（一四〇九）六月に父義将と交替するまでの約四年間である。この間、義教の年齢は三五～三九歳。

義教は初名を義重といった。この初名の「義重」を「義教」と変えたのは、彼が従四位上に叙された応永九年（一四〇二）一月のころとされている（『室町幕府全将軍・管領列伝』一九一頁）。彼はまた管領に就任する応永一二年七月二五日の時点で「左兵衛督入道」（道孝）と称されていることから知られるように（『教言卿記二』）、彼も管領就任時には畠山基国同様、すでに法体の身であった。なお、義教の出家はいつか不明だが、署判の仕方からみて応永七～一〇年ころであったと考えられる。

この斯波義教の管領時代約四年間において特筆されるのは、その在任期間に足利義満が没するという出来事である。義満の死去はその役割が大きかっただけに、公武統一政権の運営に多大の影響を与えた。そこで足利義満が没する応永一五年（一四〇八）五月六日を境にして前後の二つの時期に分けて、管領斯波義教の発給した奉書の整理を試みてみよう。このうち後期の分には義満の没後に発給された約一年分の義教奉書が含まれることになる。

まず前期（義満没以前：応永一二・七・二五～応永一五・五・六）である。

この間に斯波義教（道孝）は管領としてどのような奉書を発給しているか。筆者が現段階で収集しえた義教奉書は、応永一二年九月五日付、備中守護細川満之にあてた新熊野領備中国万寿《ま》《す》三ヶ庄所職《しょしき》幷名々等諸公事・反銭以下事につき、応永二年の裁許に任せて催促を停止せよという将軍家御教書（「若王子神社文書」、『大日本史料』七編七、四〇一頁）を初見とし、応永一四年（一四〇七）一二月一七日付、近江守護六角満高にあてて近江国小野《お》《の》庄領家職を御書の旨に任せて冷泉為尹雑掌《れいぜいためまさ》に渡付することを命じた将軍家御教書（『冷泉家時雨亭叢書51 冷泉家古文書』一九頁）を終見とする全六〇余通である。

これらの管領斯波義教奉書の書き止め文言はすべて「仍執達如件」、差出書の署判の仕方も法体であることを表して「沙弥（花押）」と記している。また、それらの奉書の内容としては、所務沙汰（幕府裁許）の遵行を基本的な用途として、その他諸公事・段銭・人夫役・国役・守護役、津料・頭役などに関わるものが多く、それに忠節の要請や褒賞など軍事関係のものも含まれている。全体的には、従来の管領奉書のそれと大きな違いはない。

続いて後期（義満の没以降：応永一五・五・六〜応永一六・六・七）である。

この間に斯波義教（道孝）は管領としてどのような奉書を発給しているか。筆者は、応永一五年八月二七日付、石清水八幡宮大山崎神人《おおやまざきじにん》等が訴える内殿御燈油料・荏胡麻《えごま》等津料を河上諸関が先例に背いて違乱することについて、これを停止させるための管領下知状（「離宮八幡宮文書」、『大日本史料』七編一〇、三九二頁）を初見とし、応永一五年一二月二五日付、播磨守護赤松義則にあてた、播磨国松原《まつばら》八幡宮御敷地を安堵するという内容の将軍家御教書（「松原神社文書」、『大日本史料』七編一一、四一頁）を終見とする約三〇通を集めることができた。内容的にみると、右述した石清水八幡宮大山崎神人等の訴訟の判決を管領下知状で下しているなどの特異点もあるが、全体的には前期の場合と大きなちがいはない。

この時期の斯波義教の動向を考えるとき、義教がいつ管領を辞任し父義将がこれに替わるか、また義将がいつ孫義淳《よしあつ》と交替するか、さらに義淳はいつまで管領に在任したかという問題が生起する。こうした点についていは、いま、義将が子義教に替わって管領に復職したのが応永一六年六月七日、復職した義将が孫義淳に管領職を譲ったのが同年八月一〇日だとする水野智之の意見に従うことにしたい（前掲水野論文、一六六、一九三頁）。つまり、応永一六年六月から同年八月までの約二ヵ月の間、義将は管領に在職したという理解である。また義淳の管領期には父義教が義淳の官途「治部大輔《じぶたいふ》」の下に自らの花押を据えているという指摘もある（前掲水野論文、一九三頁）。このように、義将が三度目の管領職に復帰したことや、義淳の文書に父義教が花押を据えたことなどに関連して、斯波氏をめぐるいくつかの検討すべき問題が派生するが、ここでは立ち入らない。

五　守護制度の整備

守護の成長

室町幕府にとって、日本列島各国の統治を担う守護制度の存在は極めて重要な意味を持つ。この守護制度の整備なくして、義満の公武統一政権の樹立は困難であったといってよい。ここではその義満時代の守護制度について述べることとする。

建武三年（一三三六）一一月成立の「建武式目《けんむしきもく》」二項一七ヵ条は、第二の武家政権を樹立しようとする足利尊氏が示した政治方針の要綱といわれているが、その第二項「政道事」の七ヵ条目に「守護」に関する著名な規定がある。いま『中世政治社会思想　上』（岩波書店日本思想大系21、一九七二年一二月）の読み下しを引く。

一　諸国の守護人、ことに政務の器用を択ばるべき事、
当時のごとくば、軍忠に募りて、守護職に補せらるるか。恩賞を行はるべくば、庄園を充て給ふべきか。守護職は上古の吏務なり。国中の治否ただこの職による。もつとも器用を補せられれば、撫民の儀に叶うべきか。
（同書一五〇頁）

簡単に意味をとれば、こうなろう。諸国の守護に補任するときにはその人の政治能力を択《えら》ばなければならない。今では守護職は恩賞の対象になってしまっているが、恩賞を行うのであれば庄園を宛行うべきである。今の守護職は昔の国司の職務だ。国がうまく治まるか否かはひとえに守護の政治能力にかかっている。そういうわけで、能力ある者を守護に補《ほ》すということは撫民《ぶみん》の思想に適《かな》っているのだ。

ここに示された尊氏の守護観は、諸国に配置した守護を国別地方官として位置づけし、そのうえで京都の将軍が彼らの任免権を持つというかたちで、全国の統治を実現するという政治思想に発するものであろう。

今日、守護に関する研究は旧来の当該研究の問題点を洗い出すかっこうで、殊更に新たな展開を迎えつつある。ただ新しい研究が、その考察の順序として室町後期のそれを南北朝期や室町前期より先行させたため、全体としての段階的な理解がしにくいようにも思われるが、ひと昔前と比べると俄然《がぜん》活況を呈し、例えばその権限内容・存在形態や歴史的役割などはもとより、守護在職の認定方法にまで再検討の必要性が叫ばれている。

ここではそれらについて詳しくふれることはできないけれども、幕府と守護の国家史的な関係についていえば、全国的な守護制度の整備と幕府政治の中央集権化は表裏にあるということであろう。幕府の認可のもと、守護がその任国において支配権を強化し、しかも京都に集住するということになれば、将軍は自らの下知を迅速に施行させるのが容易になるだけでなく、実効性もはるかに高まるであろう。こう考えると、守護の在京制と使節遵行とは密接に関係し合うということになる。

日本全国の守護たちのすべてが京都に集住したわけではない（東国と九州は除かれる）。しかし以下に述べるように、守護―守護代・被官たちによって義満の下知を遵行するシステムが円滑に作動したこと、そしてそれを可能にしたのは守護たちの京都集住であったこと、この二つのことが義満の公武統一政権の屋台骨であったことを、まず念頭に置かねばならない。

守護の任命権者たる将軍にとって最も危険なのは、守護たちの同一国における長期在任であることは論を俟《ま》たない。その国に根付くことになりかねないからである。そこで守護のポストは譜代の職ではなく、遷代《せんたい》の職であることが前提となる。このことを『明徳記』は「凡そ、守護の事は遷代の職たり」（岩波文庫『明徳記』一一二頁）と表現している。とはいえ、現実には佐々木京極氏の出雲・隠岐・飛騨や島津氏の薩摩・大隅といったケースのように、譜代の職同然の国々があったことは事実である。

このうち、島津氏の薩摩・大隅について付言しよう。島津道鑑《どうかん》（貞久《さだひさ》）が貞治二年（一三六三）四月一〇日、二人の子息である師久《もろひさ》（総州家《そうしゅうけ》）と氏久《うじひさ》（奥州家《おうしゅうけ》）にあてて別々に認《したた》めた譲《ゆずり》状《じょう》には、譲与の対象としてそれぞれに多くの所領・所職が記載されている。注目されるのは、師久のそれに「薩摩国守護職」が、また氏久のそれに「大隅国守護職付守護領」が、冒頭に記載されていることである（「島津家文書」、『島津家文書一』九五～六頁）。

この島津氏の事例は、まさに「満済准后日記」永享四年（一四三二）三月一六日条にみる

「遠国事ヲハ少々事雖不如上意候、ヨキ程ニテ被閣之事ハ非当御代計候」(『満済准后日記三』四六〜九頁)の史料記事と照応する事実とみてよい。つまり同じ守護という役職でも、その性格は決して日本全国一様ではなく、地域によって差違があったとみたほうが実態に即している。まさに「所変われば品変わる」のことわざどおりである。

守護在京と使節遵行

鎌倉時代には相模国の鎌倉にあった幕府は、南北朝時代になると京都に移転した。建武三年(一三三六)一一月七日に成立した「建武式目」は、室町幕府の施政の大綱を定めたもので、この規定の幕府政治において持つ意義の大きさから、「建武式目」の制定をもって室町幕府の成立とみなす説もある。その冒頭には、幕府を置く場所についての武家の議論が集約されている。結局京都に定まったので、南北朝時代には京都は、政治・経済・文化の諸側面において日本の首都となった。

室町幕府は将軍と有力守護たちとの連合政権といわれるが、幕府を構成する有力守護たちは、幕府支配が安定化して永年の動乱が収束の気配を見せ始める南北朝後期から、段階的に首都京都に常住する傾向を示してくる。いわゆる守護の在京である。

南北朝後期の守護在京については、すでに山田徹の研究(「南北朝期の守護在京」、「日本史研究」534、二〇〇七年二月)がある。これについては、山田も指摘しているが、応安六年(一三七三)正月の段階での、守護在京の一面を照らし出した指標的な史料記事が残されている。それは、近衛道嗣の日記「愚管記」応安六年正月二一日条にみえる記事で、南都興福寺より京都朝廷の法廷にもたらされた「南都事書」のなかに、

……惣而寺社領事、武家適雖成奉書、守護等更無遵行之実、守護等太（大）略当時在京之輩之上者、厳密令下知者、争無遵行之実哉、……

（『愚管記四』二二七頁）

とあるくだりである。特に注目されるのは「守護等太（大）略当時在京之輩之上、厳密令下知者、争無遵行之実哉」の部分で、ここを「守護たちは今ではあらかた在京しているので、厳密に下知すればどうして遵行の実がなかろうか、あるはずだ」ととれば、応安六年当時、興福寺がそのように認識するほど、守護の在京が進んでいたとみることができる。

山田はこの史料記事にみえる守護在京の状況も一つの段階とみなしたうえで、全体的な見通しとしては、①「貞治・応安期の諸将上洛《じょうらく》による基盤形成」の時期、②「明徳期における安定化と範囲拡大」の時期、③「応永期の完成」の時期の三つの段階に分けて理解する考え方を提示した。完成を応永とみる点が特に注目される。

次に考えるべきは、その守護たちが行う遵行の行為である。遵行とは、幕府の命を受けた守護が使節を派遣して係争地を勝訴者に渡付することをいう（当時の裁判用語では「沙《さ》汰付《たしつく》（居《すう》）」）。鎌倉時代以来の守護の職権たる「大犯《たいぼん》三箇条」に加えて、この使節遵行の権限が苅田《かりた》狼藉《ろうぜき》の検断とともに公的に守護に与えられたのは、貞和二年（一三四六）一二月一三日のこと

であった。同日制定の「同守護人非法条々」全一二ヵ条の冒頭に、「一　大犯三箇条付、苅田狼藉、使節遵行外、相綺所務以下、成地頭御家人煩事」とみえるのがそれである（『中世法制史料集二』一三頁）。使節遵行の権限が守護の守護任国内における支配権の強化につながることは当然のことながら、幕府の存立もまた幕命の国別執行人としての守護の使節遵行権に負うところが大きかった。

室町幕府の場合、将軍の下文や寄進状は基本的には管領施行状《しぎょうじょう》でもって当該国の守護にその執行が指令される。所務沙汰の裁許を内容とする管領奉の将軍家御教書も同様である。換言すると、守護の遵行と管領の施行とはセットの関係にあるといってよい。そのように考えると、管領制度が確立する細川頼之の管領期に使節遵行の制度もシステムとして整備されたとみることもできる。守護が、幕府の命令に従わず管領施行状を無視して係争地を勝訴者に渡付しない場合、管領自身が遵行使を指名し遵行のための将軍家御教書を出した実例が、応永一五年（一四〇八）にはみえている（「蒲生文書」同年一一月三日将軍家御教書、『大日本史料』七編一〇、四二六～七頁）。

守護の地方行政官的な性格

南北朝時代の守護は、さらに加えて闕所地《けっしょち》の処分権を認められていた。闕所地とは、没収された所領や知行人のいない所領のことをいうが、その闕所地の処分は当該国の守護の職権に含まれるようになった。いわば将軍の持つ主従制的支配権より分出した守護レベルの同種権限というべきものであるが、この権限が守護の分国内の支配を格段に強めたことはいうまでもあるまい。以下に示す文書は、守護の闕所地処分権の所在を示す典型例である。

①近江国闕所幷寺社本所領便宜之地事、可致沙汰之状如件、

　　文和四年七月廿八日　　　　御判（足利尊氏）等持院殿様

　佐渡大夫判官入道（佐々木導誉）殿

（「佐々木文書二」、東大史料影写本）

②肥後国闕所事、守護職拝領之上者、未給之地事、可被致沙汰也、忠人之本領幷於恩賞地者、不可有煩之状如件、

　　康暦元年十一月六日　　　　沙弥（今川了俊）　花押

　阿蘇大宮司（惟村）殿

（「阿蘇家文書」、『阿蘇文書二』一六四頁）

①は、佐々木導誉にあてて近江国闕所地の処分を命じた足利尊氏の御判御教書。ただし文和四年当時、近江北東部地域の守護だったのは子息高秀であるので、導誉は高秀に代わって①を受けたものと覚しい。また②は阿蘇惟村に対して、肥後守護に補任されたからには肥後国の未処分の闕所地を処置するようにと督促した、九州探題今川了俊の書下。いずれも守護が闕所地処分権を持っていたことをうかがわせる史料である。

いま一つ、守護の職務として、分国内で洪水など自然災害が起きたとき、その被害状況を幕府に報告することがあったのであろう。以下はその一例である。

石見国周布郷（那賀郡）事、先年度々洪水之時損失之上、依今年康応元六月五日・同七日両度洪水大略損亡之由、守護人大内左京権大夫義弘注進之上者、於向後公田拾町分諸御公事可令懃仕之状、依仰執達如件、

康応元年十一月二日　　　左衛門佐（斯波義将）判 斯波義将也

周布弾正少弼（兼仲）殿

（「萩藩閥閲録」、『南北朝遺文 中国四国編六』一六八頁）

右の文書は、幕府管領斯波義将の奉ずる将軍家御教書である。斯波義将が周布《すふ》弾正少弼《だんじょうしょうひつ》（兼《かね》仲《なか》。周布郷の給人ヵ）に対してあてたもので、内容は石見国周布郷の諸公事減免についてのことである。「周布郷が今年康応元年（一三八九）六月五日と同七日の両日洪水に見舞われ、田地が大損亡を被ったという注進が石見守護の大内義弘から幕府に届いている。ついては事情に配慮して、向後は減免措置を講じて公田十町分の諸御公事を納めるということでよい」と。注目すべきは、撫民対策の一環としてであろうか、守護が自国内の洪水被害の実状を幕府に注進し、諸公事減免の措置をとらせるための手続きを講じている点であり、そこにも守護の地方行政官としての性格が強く表れている。

第七章　足利義満の精神世界

一　仏教

御祈御教書

いつの時代も政権担当者にとって、疫病とか兵乱などのない国土安穏・天下静謐《せいひつ》は願ってやまない最高級の関心事であった。しかしそれは人力の及ぶところではないので神仏の力を借りるしか方法はなく、ために祈禱《きとう》という行為を通して神仏と交流する寺社の祈禱僧たちに頼った。ここに政権担当者が出す御祈御教書が成立する。

さらに南北朝時代の最大の特性である「戦乱」は、寺社や寺官・神官が行う祈禱行為を「軍忠」に位置づけた。動乱のなかで政権担当者たちは彼らに軍忠としての祈禱の法験を求め、彼らの顕著な法験は恩賞給与の対象となった。南北朝期には両朝の天皇はむろんのこと、足利将軍も、この「祈禱忠節（忠・忠勤・忠誠とも）」を要請する文書を少なからず残している。具体例を一、二挙げておくと、以下のようなものである。

祈禱事、致忠節之由被聞食了、弥可被抽精誠之状如件、
(観応二)二月廿二日　(足利尊氏)(花押)
祇園助法印御房
(「八坂神社文書」、『大日本史料』六編一四、七八一頁)

天下静謐御祈禱事、近日殊可致精誠之状如件、
文和二年六月六日　(足利義詮)(花押)
園城寺衆徒中
(「園城寺文書」、『大日本史料』六編一八、一〇八頁。講談社『園城寺文書 二』七一頁に写真)

このなかで足利尊氏など足利将軍が発給した文書を御祈御教書と称している。通例、それは将軍の発する御判御教書《ごはんのみぎょうしょ》という文書形式でなされ、「天下静謐(安全・安穏)」「武家安全」「凶徒退治」「武運長久」などを祈らせる、最も一般的な祈禱命令である。

しかし同じ南北朝時代にあっても、この将軍の御祈御教書の残り具合は時期によって異なる。時代背景との関係で増減があるのはむしろ当然のことではある。そこで足利義満の発給した御祈御教書を前代の尊氏や義詮の代のそれとを比較すると、どのようなことがいえるか。

現時点での筆者の収集によると、この種の文書が、初代尊氏の場合元弘《げんこう》三年(一三三三)から延文三年(一三五八)までの二十五年間に約一二〇点ほど(ことに建武三年中、観応〜文和年

間に多し）、二代義詮の場合貞和六年（一三五〇）から貞治六年（一三六七）までの十七年間に約一一〇通ほど、三代の義満の世になると康暦元年（一三七九）から応永一三年（一四〇六）までの二十七年間に三〇余通ほど残存しているが、かりに単純に年平均値を出すと、四・八、六・五、一・一ということになり、尊氏・義詮の代に多く出された御祈御教書は、義満の代になって激減したことになる。これは義満代になって南北朝の動乱が収束の方向に向かったことと関係が深い。

加えて、右の義満の代の御祈御教書残存数の約半分は、応永六年（一三九九）の「応永の乱」に関わるものであり、これらをもし特別な内乱関係のものとして除外すると、義満代の御祈御教書の残存数はさらにぐんと少なくなる。

この十数点残っている応永の乱に関わる義満の御祈御教書を眺めていると、面白いことに気付く。それは何かというと、文面に書かれた祈禱目的の表現が途中で変わることである。すなわち、応永六年一〇月二八日段階では「天下静謐祈禱事」（「東寺百合文書」、『続図録東寺百合文書』京都府立総合資料館、一九七四年一月、二九頁）とあったものが、同年一一月一二日になると「凶徒対治祈禱事」（『醍醐寺文書一二』四三頁）と変化している。そこには足利義満の大内義弘に対する思いの変化、および応永の乱の進展過程が投影されているとみてよい。

顕密仏教——五壇法

中世史料に最も繁多に登場する密教祈禱として、五壇法という種類の修法《しゅほう》がある。五壇法修法の初見は一〇世紀に遡《さかのぼ》る。そもそも五壇法とは、中心となる中壇に不動法を、そのほか脇壇には降三世《ごうざんぜ》法《ほう》・軍荼利《ぐんだり》法《ほう》・大威徳《だいいとく》法《ほう》・金剛夜叉《こんごうやしゃ》法《ほう》の四壇を配して、五連壇のかたちで一斉に行う祈禱修法である。各法の本尊は、それぞれ不動明王、降三世明王、軍荼利明王、大威徳明王、金剛夜叉明王（総称して五大明王、あるいは五大尊）である。各々の法は、それぞれ別々の成立・展開の歴史を有するが、一壇だけでは効力が小さいという理由から連壇という方法が用いられるようになり、五壇が連壇としては最も一般的なかたちとして定着した。主として天台・真言の宗派を中心に編成された五人の阿闍梨《あじゃり》がこれを担当した。

平安時代に淵源《えんげん》を持つ五壇法は摂関期をへて、院政の時代になって本格化することから知られるように、中世を特徴づける祈禱修法であり、中世という時代に天皇・将軍の周辺で盛んに修された。むろんその性格も時代によって変わる。願意は天下静謐・天変御祈など国家的なものから、病気平癒・御産御祈など個人的・身体的なものまで、多種多様である。主催する権力も、当初公家《くげ》（朝廷）が主であったのが一四世紀半ばの観応の擾乱《じょうらん》を機に武家（幕府）に移行し、以降は武家による修法例が多くなってゆく。

そこで義満の時代についてみよう。南北朝の合体以前においても五壇法修法は間断することなく行われているが、特徴的なのは、応永年間に入ると五壇法の開催頻度が一挙に高まることである。これは後述する「北山殿大法」と関係することと推察される。

「兼宣公記」によると、応永一一年（一四〇四）六月一三日、北山殿（足利義満邸）で五壇法が修されているが（これは後述の北山殿大法）、料足は中壇不動法が五千疋《ひき》、残りの四壇が各々三千疋、総額百七十貫文《かんもん》だったという（『新訂増補兼宣公記一』（史料纂集）一四九頁）。この料足の差は、不動法と他四法との格の差であるということができる。

義満期に修された五壇法の願意についてみると、最も多いのは兵乱鎮定などの天下静謐・戦勝祈願である。なかでも応永六年（一三九九）一〇～一二月の「大内左京大夫入道義弘陰謀露顕」（応永の乱）にかかる五壇法（宮内庁書陵部所蔵「五壇法記応永二年至十一年」柳―1303）、同七年七月の「関東（足利満兼）陰謀露顕」にかかる五壇法（「同」、この時は寺門（園城寺）・山門・仁和《にんな》寺《じ》・東寺・醍醐寺の五ヵ寺に対し、各自本坊などで五壇法を修するよう指令された）が特筆される。

近年足利義満を取り巻く宗教的環境について精力的な研究を進めている大田壮一郎の指摘で興味深いのは、武家祈禱としての五壇法が康暦二年（一三八〇）六月二三日の開催分を嚆矢《こうし》として、毎年六月の恒例祈禱に組み込まれていることである（「足利義満の宗教空間―北山第祈祷の再検討―」、松岡心平・小川剛生編『足利義満の時代』森話社、二〇〇七年六月、一一三頁。小稿「五壇法修法一覧」、『中世日本の政治と文化』思文閣出版、二〇〇六年一〇月、参照）。恒例祈禱となった五壇法の願意について、大田は「天下太平・御寿命長遠」（宮内庁書陵部所蔵「五大成下」、至徳二年六月一九日開催分中の記事）とみたが、その可能性は高いといわねばならない。

五壇法が義満の身体護持のための祈禱体系＝北山殿大法（これについては後述）に組み込まれた康暦二年六月の、義満を取り巻く政治環境を併せ考えると、前年の康暦元年には管領《かんれい》を斯波義将に替え、あらたな装いで壮大な政治構想に意欲を燃やしていたことは推測に難くない。その義満の祈禱体系の一角に五壇法が位置づけられたと考えられるのである。

とはいえ、康暦二年以降の五壇法のなかには、定例の六月でない月に修された例も少なくない。例えば、永徳二年一一月二日始行分（「五大成　下」、願意は「為御夢想御祈」）、明徳二年一二月二四日始行分（同、「為兵革祈禱」）、応永六年一〇月二七日始行分（右記の宮内庁書陵部所蔵「五壇法記」、願意は「大内左京大夫入道義弘陰謀露顕」）、応永七年七月四日始行分（同、「関東陰謀露顕」）などである。こうした六月の恒例祈禱に含まれない例は、従来の五壇法の伝統を継承する事例とみなせるので、北山殿大法が始まって以降（大田は北山殿大法の史料初見を応永六年とする）、五壇法の修法には二つのタイプがあったと考えることができる。

ちなみに、義満の身体護持の祈禱には、右のほかさまざまの密教系の祈禱修法があったものと思われるが、それらのなかに以下のような例のあったことを付加しておきたい。史料は、「東寺百合文書」に収められた、「応永六年二月三日　足利義満袖判東寺長者俊尊寄進状」である。

（袖判）（花押）（足利義満・公家様）

寄進　東寺
　大和国弘福寺幷寺領河原庄等
右当寺者、
天武天皇御願弘法大師　勅給之聖跡也、任師々（資）相伝之遺記、代々長者雖令領知、以渡領寄
附本寺者、是流例也、今年准三后（足利義満）殿下為御重厄、奉為御祈禱、於講堂、令始行仁王経御読

経、永以此地為料所、満寺之僧侶可抽御佳運之長久、一天無事之精祈之状如件、
応永六年二月三日　　検校僧正法印大和尚位(俊尊)（花押）
（上島有編著『東寺文書聚英 図版篇』同朋舎出版、一九八五年一〇月、二八七頁）

右の文書は、上島有の解説にあるように（同解説篇、一七八頁）、応永六年（一三九九）二月三日、時の東寺長者俊尊が、この年四二歳の重厄を迎えた足利義満のために、東寺長者の渡領として代々伝領されてきた大和国弘福寺（天武《てんむ》天皇の御願寺）と同寺領河原《かわら》庄を東寺に寄進し、それでもって講堂で仁王経法を行おうとして認《したた》めた寄進状である。注目すべきは、寄進状の袖《そで》に据えられた足利義満の花押であって、「これは俊尊の寄進を義満が承認したことを意味」しているということが一つ。

もう一つは、この寄進状の施行を興福寺に命じた管領畠山基国（徳元）の応永六年二月二一日付施行状《しぎょうじょう》に、この文書が「去三日安堵」と記されていることである（『東寺百合文書』、『大日本史料』七編三、八一六頁）。それらは、俊尊のこの目的での寄進行為を当の足利義満が承認したことを意味するにとどまらず、その義満袖判による承認が、実質的には東寺への「安堵《あんど》」であったことを示している。

北山殿大法——密教と陰陽道との併修

後述する陰陽家《おんようけ》安倍有世《あべのありよ》が、足利義満の壮大な政治構想のなかに持ち込んだのが、義満第《てい》＝

北山殿で内典（密教）・外典（陰陽道《おんようどう》）が同時併修の形で行われる北山殿大法である。

（期間）		（内典）	（外典）
応永一一年（一四〇四）	正月16〜23日	尊星王法	天曹地府祭
	2月18〜24日	金剛童子法	泰山府君祭
	3月10〜17日	如法大般若経	七ヶ夜天曹地府祭
	4月19〜25日	文殊八字法	泰山府君祭
	5月16〜22日	仁王経法	泰山府君祭
	6月13〜20日	五壇法	三万六千神祭
	7月19〜26日	一字金輪法	天曹地府祭
	8月15〜21日	大六字法（結願日22日、日次不快により21日となる）	七ヶ夜泰山府君
	9月8〜14日	尊勝法	七ヶ夜天曹地府祭
	10月13〜20日	法華法	七ヶ夜泰山府君祭
	11月13〜20日	如法不動法	七ヶ夜天曹地府祭
	12月19〜26日	金剛宝珠法	如法泰山府君祭

まず、北山殿大法がどういうものかを理解しやすいように、一年分のみ適当な具体例を切り取ってあげておこう。右に掲出したのは「兼宣公記一」に記された応永一一年の分について、催行期間と内典・外典の種類とを月ごとに整理した一覧である。多くの関係史料のなかで希有《けう》

にして無欠のままで今日に残ったのが、「兼宣公記」のこの箇所である。典拠としたのは、『新訂増補兼宣公記一』である。

足利家代々の略伝を記した「足利家官位記」（『群書類従四』所収）の義満の項に、「同（永和）四年三月十日、移徙花亭」とあるように、義満が花亭＝室町殿（北小路室町）に移徙《いし》したのは、永和四年（一三七八）三月のことであった（当時義満二一歳）。さらに読み進むと「同（応永）四年四月十六日、北山亭新造立柱也」とあり、応永四年（一三九七）四月に寝殿の立柱上棟が行われ、それから一年が経過した応永五年四月二二日に義満は新造の北山殿に引っ越したが、北山殿への定住が確認されるのは翌六年に入ってからのことで、北山殿で修法が行われたことを確認できるのは応安六年四月一四日である。こうしたことから義満の北山殿常住も同年四月ころからだろうとされる（早島大祐『室町幕府論』講談社選書メチエ、二〇一〇年一二月、一二二～三頁）。この義満の邸宅北山殿で毎月七ヶ日間修された祈禱の催しを、北山殿大法と称している。

この北山殿大法は、応永年間以降の義満の祈禱体系の性格を考える絶好の研究素材であるために研究者の関心を集めいろいろと議論された。なかでも先掲の大田壮一郎「足利義満の宗教空間―北山第祈祷の再検討―」（『足利義満の時代』所収）はその副題のとおり、北山第祈禱について再検討するもので、興味深い指摘がなされている。その一つが、北山殿大法の開始が従来の説より一年早い、応永六年（一三九九）五月だとの指摘である（同書一〇四頁）。本書では、明徳四年（一三九三）すでに同じ性格の大法が行われており、義満は北山殿に移徙する前段階の室町殿時代に、すでにこの種の祈禱修法を行っていたのではないかと推測した（323頁参照）。

最後に北山殿大法の歴史的性格についての近年の研究をまとめておく。義満の周辺には北山殿大法とは別に「廻《めぐり》祈禱」（廻御祈とも）と称される修法があり、両者の関係をめぐってこれまでいろいろ議論があった。すなわち、古くは両者は同一のものと解され、しかも「大法」という言葉の持つニュアンスも手伝って、北山殿大法をもって義満による宗教支配の極点とみなす意見があった。しかし近年では、「大法」の意味が国家的性格を表象しないという認識のもとに、両者は別々のものだとされており（柳原敏昭「『廻祈禱』について」、「東北中世史研究会会報6」一九九三年一〇月）、「北山殿祈禱をもっていわゆる国家祈禱として位置づけることは難しく、むしろ義満個人の身体護持を祈る『内廷仏事』的な祈禱と考えるべきである」との意見もあるほどで（前掲大田論文、『足利義満の時代』一一〇頁）、北山殿大法の歴史的性格についての理解は大きく変わってきている。

二　陰陽道

陰陽道の祭祀

古代中国の陰陽五行説に基づき天文・暦数・卜筮《ぼくぜい》・卜地《ぼくち》などを扱う陰陽道は、陰陽寮として古代律令《りつりょう》政府の官衙《かんが》機構の一角に位置づけられ、独自の役割を果たしてきた。中世の陰陽道についてはすでに柳原敏昭の一連の研究があり、陰陽道は古代のみならず中世においても新たな展開を遂げていたことが明らかとなった。

陰陽道の祭祀《さいし》の種類は多くあるが、ここでは義満の時期に現れる陰陽道諸祭祀のうち三万六千神祭《しんさい》、泰山府君祭《たいざんふくんさい》、それに天曹地府祭《てんそうちふさい》を取り上げてみたい。この三つの陰陽道祭については鎌倉幕府の記録である『吾妻鏡』に多く登場し、鎌倉幕府下での催行についての検討も必要であるが、ここではふれない。

室町時代の陰陽道については、すでに柳原敏昭「室町政権と陰陽道」(『陰陽道叢書二 中世』名著出版、一九九三年六月。初出は一九八八年)という専論があり、このなかに室町時代陰陽道祭の一覧表も付載されている。この表によると歴代足利将軍のなかで突出して多く陰陽道祭祀を行っているのは義満であり、それだけからも義満と陰陽道との深い関係が容易にうかがわれる。

なお、近年の中世陰陽道・陰陽師研究では、鎌倉時代の赤澤春彦『鎌倉期官人陰陽師の研究』(吉川弘文館、二〇一一年一月)があり、また南北朝時代の山口啄実「鎌倉後期～南北朝期の官人陰陽師」(赤澤春彦編『新陰陽道叢書二 中世』名著出版、二〇二一年一月、所収。初出は二〇一七年四月)、野口飛香留「南北朝の分立と陰陽師」(『古文書研究93』二〇二二年六月)が出された。

【三万六千神祭】

辞典的説明では、おおよそ以下のとおり。三万六千祭とは緯書の『洛書斗中図』に、「天子日月を択び、太一・五天及び三万六千神を祀らば、災怪消除し天下泰平・君臣年を延べ、万兵自ら避く」とある説に基づく陰陽道の祭祀で、嘉保《かほう》元年（一〇九四）堀河《ほりかわ》天皇のために修したのが早い例であり、天変・地震や怪異等を消除する目的で、天皇・上皇・摂関家や鎌倉・室町幕府将軍等が行った。祭文では勧請《かんじょう》する多数の神々は道教色が強い（小学館『日本歴史大事典2』二〇〇〇年一〇月）。

そこで、肝心の義満と三万六千神祭の関係はどうであろうか。義満の時代において三万六千神祭が挙行された史料所見は、管見では五例が認められる。

①明徳四年六月八日都状《とじょう》（このとき室町第で五壇法併修か）
（「若杉家文書」、村山修一編著『陰陽道基礎史料集成』東京美術、一九八七年一一月、三八五～九四頁）
②明徳五年六月五日始行（室町第で五壇法を併修）
（「京都御所東山御文庫記録」、『大日本史料』七編一、五三二～五頁）
③応永六年六月二三日始行（北山第で五壇法を併修）
（「迎陽記」同日条、『迎陽記一』一三六頁。『大日本史料』七編三、九八四頁）
④応永一一年六月一三日始行（北山亭で五壇法を併修）
（「兼宣公記」同日条、『新訂増補兼宣公記一』一四九頁）

⑤応永一四年六月二一日都状（東坊城秀長の起草）

（「諸祭文故実抄」、『大日本史料』七編八、九四七〜八頁）

このうち①については、編著者の村山修一が以下のように解説している。やや長文にわたるが、どうしても指摘しておきたいことがあるので引用する。

端裏書によって明徳四年（一三九三）六月八日の祭文であることが知られるが、義満は同年三十六歳、山名氏の乱を切りぬけ、将軍としての地位が安定したときである。（中略）祭文の内容から推して三万六千神祭の都状と思われ、去る八日未時、太白の天変があったためとしている。斯種の祭文としては本格的なものである。

若杉史料には、このほか年月不明の黄紙朱書の祭文があって、この方は二か所に義満の自署がある。短いもので二紙から成り、これも内容から三万六千神祭文と思われるが、前者とどんな関係があるか確かめられない。なお参考迄に云えば、別に明徳五年六月二日付、祭官兵庫助某の差出で三万六千神祭の祭料百貫文の請取状があり、多分この時の料足であることが知られて興味深い。案とはいえ、これらは陰陽道祭文の実物として最も古いものである。

（前掲村山編著、三八五頁）

①にいう都状《とじょう》とは「陰陽師が祭りのときによむ祭文」（前掲村山編著、四二三頁）のことであ

る。当該度の三万六千神祭の開始日は明徳四年六月八日だと思われるが（村山によればこれが実物の最古）、ほぼ同じ時に室町第で密教祈禱の五壇法が行われた事実がある（「五壇法記」・「柳原家記録」、『大日本史料』七編一、二二九頁）。となると、前述したように、北山殿大法では毎月内典と外典とを同時併行で修し、特に六月には内典として五壇法を修するのが常であることをふまえると、この年（明徳四）の六月のケースはのちの北山殿大法の室町殿版とみなしても不自然ではない。

つまり①の事例は、北山第に移徙する前の、室町殿での五壇法と併行して修された三万六千神祭とみなすことが可能となり、のちの北山殿大法の原型はすでに明徳四年には出来上がっていたとみなさねばならない。これが指摘したいことの一つ。

もう一つは、右の村山の解説文のなかで参考までにふれられた、①の都状とは別の「明徳五年六月二日付、祭官兵庫助某の差出で三万六千神祭の祭料百貫文の請取状」のことである。実はこの請取状とは、『大日本史料』（七編一、五三三頁）に収録された「祭官兵庫助重方請取状案」（「京都御所東山御文庫記録」）と同じものである。記載内容も合致する。村山は「多分この時の料足である」と推測したが、そのとおりである。この時の陰陽道祭としての三万六千神祭の料足は百貫文であったわけである。

義満期の三万六千神祭についての史料記事は、以上①～⑤の五つの例しか探すことができなかった。これは史料残存の問題によるもので、本来はもっと多くの事例があったに相違ない。右の五つの事例は、すべて北山殿大法のさい修される内典・外典セットのうちの外典の分に相当するものである。従ってそれらには、もう片方に併修される内典のあったことを想定してよい。

【泰山府君祭】

これも辞典的説明では、おおよそ以下のとおり。攘災《じょうさい》・延命の神である泰山府君を主神に行う陰陽道の祭儀。泰山府君は中国山東省《さんとう》の泰山を神格化したもので、人の寿命を司《つかさど》るということで道教・仏教に取り入れられ、冥府《めいふ》の主神として日本に伝来した。日本では、延年・長寿の願意で泰山府君祭を行い、宮廷陰陽家安倍《あべ》（土御門）氏は泰山府君を陰陽道主神とし、泰山府君祭を最高の祭儀と位置づけた。同氏は天皇のために内裏長日泰山府君祭、貴族のために毎月泰山府君祭を行った（小学館『日本歴史大事典2』）。

義満期における泰山府君祭催行の史料所見は、三万六千神祭のそれよりはるかに多く、ざっと見渡しただけでも左のような事例を挙げることができる。

①永和二年七月一九日　幕府、泰山府君祭を行う（花営三代記）
②永和四年四月八日　北朝、泰山府君祭を行う（祭文部類抄）
③至徳三年四月五日　北朝、泰山府君祭を行う（祭文部類抄）
④応永二年三月一八日　足利義満泰山府君祭都状（義満厄年の祓）

（「若杉家文書」、村山修一編著『陰陽道基礎史料集成』東京美術、三九四～五頁）

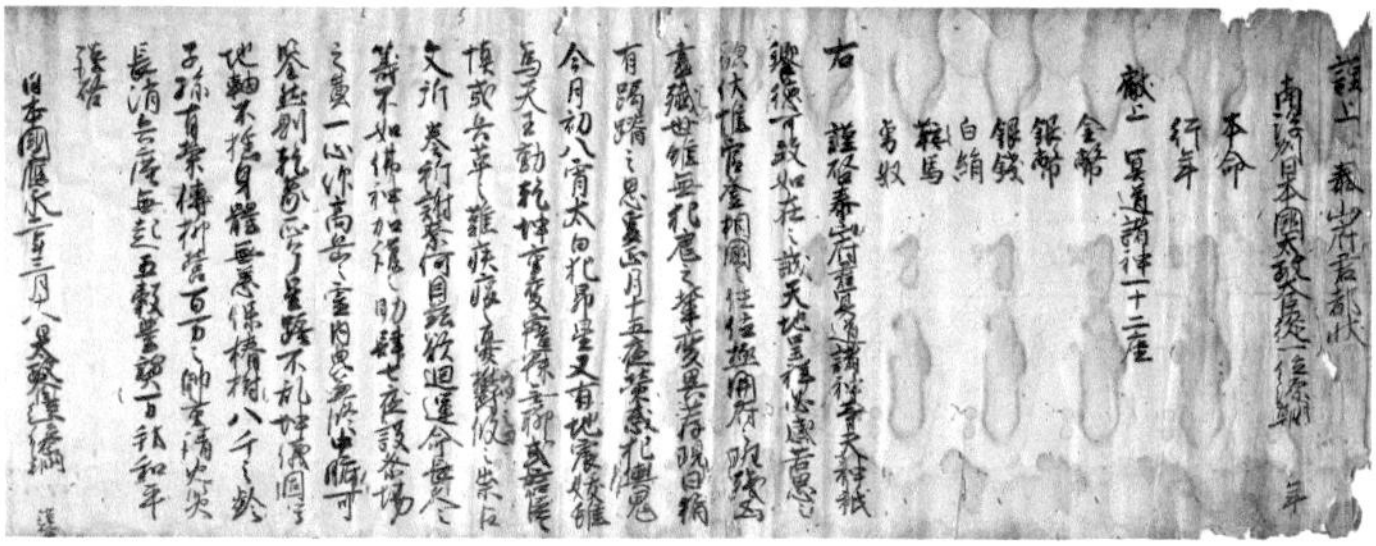

足利義満泰山府君祭都状案（応永2年3月18日）京都府立京都学・歴彩館所蔵、若杉家文書

⑤応永五年一二月二〇日　義満、泰山府君祭を行う
（『迎陽記二』一一四頁。『大日本史料』七編三、六一四頁）

⑥応永六年五月一二日　義満、北山殿に大六字法を修し、泰山府君祭を行う
（『迎陽記二』一三三頁。『大日本史料』七編三、九六二頁）

⑦応永六年九月二三日　義満、北山殿に金剛童子法を修し、泰山府君祭を行う
（『迎陽記二』一四九頁。『大日本史料』七編四、一一九頁）

⑧応永七年三月九日　義満、安倍有世に泰山府君祭を行わせる（「吉田家日次記」）

⑨応永八年閏《うるう》一月一七日　義満、北山殿に不動法を修し、泰山府君祭を行う
（『迎陽記二』一六二頁。『大日本史料』七編四、八九二頁）

⑩応永八年三月一〇日　義満、北山殿に大般若法を修し、泰山府君祭を行う
（『迎陽記二』一八一頁。『大日本史料』七編四、九四〇頁）

⑪応永八年七月二四日　義満、安倍有世に泰山府君祭を行わせる（「迎陽記」）

⑫応永九年一二月二四日　後小松天皇、土御門有世に泰山府君祭を行わせる（新内裏遷幸および明年主上厄年）
（「諸祭文故実抄」、『大日本史料』七編五、八〇三頁）
⑬応永一一年二月一八日　義満、安倍有世に泰山府君祭を行わせる（「兼宣公記」）
⑭応永一一年四月一九日　義満、安倍有世に泰山府君祭を行わせる（「兼宣公記」）
⑮応永一一年五月一九日　義満、安倍有世に泰山府君祭を行わせる（「兼宣公記」）
⑯応永一一年八月一五日　義満、安倍有世に泰山府君祭を行わせる（「兼宣公記」）
⑰応永一一年一〇月一三日　義満、安倍有世に泰山府君祭を行わせる（「兼宣公記」）
⑱応永一一年一二月一九日　義満、安倍有世に泰山府君祭を行わせる（「兼宣公記」）
⑲応永一一年一二月二七日　後小松天皇、泰山府君祭を行い、厄を祈禳《きじょう》する（来年主上厄年）
（「諸祭文故実抄」、『大日本史料』七編六、八六八頁）
⑳応永一二年七月四日　義満、賀茂《かも》在弘《ありひろ》に泰山府君祭を行わせる（「兼宣公記」）
㉑応永一三年一二月一八日　義満、賀茂在弘に泰山府君祭を行わせる（「教言卿記」）
㉒応永一四年一二月一七日　義満、賀茂在弘に泰山府君祭を行わせる（「教言卿記」）
㉓応永一五年五月一日　義満病む。賀茂在弘、泰山府君祭を行い、その平癒を祈る
（「教言卿記」同日条、『教言卿記二』二五一頁。『大日本史料』七編一〇、一頁）

開催頻度は諸陰陽道祭祀のなかで最も高い。それだけ泰山府君祭は一般的な祭祀であったの

であろう。まず特記すべきは、④が「草案ながら泰山府君の都状の実物としては最も古い」ものであることである（村山修一編著『陰陽道基礎史料集成』三九四頁）。

右の全二三例のうち、①、④～⑪、⑬～⑱、⑳～㉓は義満の、②③、⑫⑲は朝廷の主催とみてよい。またこのうち④⑤については併修された可能性のある内典の記載がなく、これが室町第大法か否かは不明（⑤は陰陽師の私館でなく、室町殿で行われているから大法であろう）、その他の義満関係の事例の多くは北山殿大法の際の催行であるとみられる。㉓では泰山府君祭の本来の性格が素朴なかたちで表れている。

注目すべきは⑫と⑲のケースである。なぜかというと、両方とも後小松天皇のための陰陽道祈禱であるのに、安倍有世が私館でこれに奉仕しているからである。つまり、安倍有世は北山殿大法において外典を担当して義満に奉仕するとともに、天皇のための陰陽道祈禱をも行っていたことになる。換言すれば、有世は義満に専属する立場ではなかったのである。さながら天皇と将軍双方の護持僧を兼ねた、醍醐寺三宝院の賢俊《けんしゅん》や満済の活動を想起させる。

【天曹地府祭】

これも辞典的説明では、おおよそ以下のとおり。陰陽道の祭儀の一つ。泰山府君祭と前後して一一世紀ころからみえ、出産・叙任などの通過儀礼に際しての攘災を中心に、天災・病気などの災厄祓除《ばつじょ》にも行われた。『玉葉』には、元暦《げんりゃく》元年（一一八四）八月二一日に天文博士安倍広基《ひろもと》がこの祭りを行ったなどの事例がみえる（小学館『日本歴史大事典2』）。

義満期における天曹地府祭催行の史料所見として、左のような事例を挙げることができる。

①応永五年一月二一日　義満、安倍有世第に天曹地府祭を行い、（室町殿にてカ）仏限法を修す
（『迎陽記二』八七頁。『大日本史料』七編三、一九四頁）

②応永五年一一月二二日　義満、安倍有世第に天曹地府祭を行い、室町殿に金剛童子法を修す
（『迎陽記二』一一二頁。『大日本史料』七編三、五九七頁）

③応永六年七月二〇日　義満、安倍有世第に天曹地府祭を行い、北山殿に大北斗法を修す
（『迎陽記二』一四一頁。『大日本史料』七編四、六頁）

④応永八年九月三日　義満、安倍有世第に天曹地府祭を行い、北山殿に金剛童子法を修す
（『迎陽記二』一九二頁。『大日本史料』七編五、一〇四頁）

⑤応永一〇年一〇月八日　義満、安倍有世第に天曹地府祭を行い、北山殿に八字文殊法を修す
（「吉田家日次記」同日、同一四日条、『大日本史料』七編六、三一七頁）

⑥応永一一年一月一六日　義満、安倍有世第に七ヶ夜天曹地府祭を行い、北山殿に尊星王法を修す
（「兼宣公記」同日条、『大日本史料』七編六、五九一頁）

⑦応永一一年三月一〇日　義満、安倍有世第に天曹地府祭を行い、北山殿に大般若法を修す
（『兼宣公記一』一四三頁）
⑧応永一一年七月一九日　義満、安倍有世第に天曹地府祭を行い、北山殿に一字金輪法を修す
（『兼宣公記一』一五四頁）
⑨応永一一年一一月一三日　義満、安倍有世第に天曹地府祭を行い、北山殿に如法不動法を修す
（『兼宣公記一』一六〇頁）
⑩応永一三年一月一六日　義満、安倍有世第に天曹地府祭を行い、北山殿に尊星王法を修す
（『兼宣公記一』一六八頁。『大日本史料』七編七、七八六頁）

これらはすべて、各々の年月の北山殿大法において、内典とともに修された天曹地府祭に関する所見である。このうち②（①もヵ）については、当該史料に「於室町殿、今夜聖護院（道意）被修金剛童子法」と書かれていて、金剛童子法を修した場所が「北山殿」ではなく、「室町殿」である点が注意される。また⑥～⑨は前掲の応永一一年一月に修された北山殿大法にも外典としてその名をみせる。

安倍有世

ここでは、義満に重用されて陰陽家としては異例の「従二位・刑部卿《ぎょうぶきょう》」まで昇進した安倍

（土御門）有世に着目したい。安倍有世をめぐる諸問題については、すでに柳原敏昭の「安倍有世論―足利義満に仕えた陰陽師―」（羽下徳彦編『中世の政治と宗教』吉川弘文館、一九九四年八月所収）という論文がある。安倍有世は陰陽家安倍泰吉の子息として、嘉暦《かりやく》二年（一三二七）に生まれている（『公卿補任三』六〇頁）。以下述べるように、足利義満は安倍有世と出会うことによって、陰陽道祭祀を公武統一政権の宗教的側面での護持装置として政権内部に取り込んだし、逆に安倍有世側からすると破格の待遇を受けることによって陰陽道の社会的地位を格段に高めることとなった。

安倍有世の陰陽家としての役割、ことに足利義満との運命的な出会いとその重用による異例の出世と活発な活動については、すでに右の柳原の具体的で詳細な研究があり、付け足すことはほとんどない。朝廷の年ごとの幹部職員録というべき『公卿補任《ぶにん》』に安倍有世が初めて登載されるのは至徳元年（一三八四）のことで、この年の記事の最末尾に「非参議 従三位、正月五日叙、元権天文博士」と載せられている。彼が従三位のままで刑部卿となるのは嘉慶二年（一三八八）のことで、叙正三位が明徳元年（一三九〇）九月、叙従二位が応永六年（一三九九）正月のことである。正三位と従二位への昇進が、『明徳記』および『応永記』の記すようにその勘申の的中したことへの褒美である可能性は否定できない。

柳原が指摘したように、有世と足利義満との関わりを示す最初の史料は「愚管記」永和四年（一三七八）四月二三日条（『愚管記五』三四〇頁）で、義満室日野業子《なりこ》の着帯の加持を務めたメンバーのなかに「陰陽師左京大夫有世朝臣」が含まれていたという記事である。これを機に、有世と義満とが関わる史料が多くみえるようになり、義満との出会いが有世の人生を変えたと柳原は指摘する。翌康暦元年（一三七九）一二月、安倍有世は義満の執奏によって昇殿が許され、近衛道嗣をして「陰陽道之輩昇殿始例歟」と言わしめている（『愚管記』康暦二年正月四日条、『愚管記六』一〇二頁）。さらに柳原は「これ以降、義満の陰陽道とのかかわり方が以前とは明らかに異なった様相を呈し始め」、この変化は「義満の政治的自立と斯波義将管領就任以後の対王朝政策の転換に対応する」と述べ、それが義満を中心とした新しい体制への移行と連動することを指摘した（同論文二六一、二六三頁）。

こうした柳原の指摘はまさにそのとおりで、安倍有世は陰陽師という立場から義満の政治構想を支えた功労者の一人というべきであろう。有世が義満と初めて遭遇したと思われる永和四年は義満が二一歳で右大将に任官した年で、そこには義満の積極的な政治志向が表れていたことを指摘した（81頁参照）。戦乱を予兆した有世が義満から重宝がられたのは、おそらく義満自身のそのような予知能力に特別の関心を持つという性向にもよろう。

ここで想起するのは、応永の初めころ義満が花見をしている最中に雨が降りだしそうになったとき、大内義弘が和歌を詠んで雨を止め、これに感じ入った義満が義弘に褒美として安芸国東西条を与えたという挿話である（230頁参照）。義満は一面では神秘主義的なところがあったのかもしれない。この義満の神秘主義は、いったいどこに淵源するのであろうか。そういうことに思いをめぐらすとき、それは本書第一章第一節の「足利義満の誕生」で触れた、義満誕生の日が万事に吉の日たる「布《フ》灑《シャ》星《セイ》合日」であることと、何らかの関係を有するのではと筆者は考えてしまうのである。

右で述べたことは、要するに、義満が新しい独自の政治を開始するにあたって、国家・政権や自身の護持のために陰陽道を重視する政策を打ち出したことが、陰陽道や陰陽師の社会的地位を格段に上昇させたということである。

ちなみに一つ付言したいのは、有世の日時《にちじ》勘文《かもん》の地域的範囲に関することである。有世の日時勘文は例えば、五壇法の始行日（明徳五年、『大日本史料』七編一、五三一～二頁）や北野宮寺祭礼の日時（明徳三年・応永五年・同一〇年、『北野天満宮史料 古記録』一六一、二三八頁）、それに六条八幡宮仮殿の造営日・遷宮日（応永四年、『醍醐寺文書 一二』二二三～四頁）など、首都京都圏内のことにとどまらず、はるか筑前国の宗像《むなかた》社の仮殿遷宮についても行っている（永徳三年八月二三日今川了俊書下、『南北朝遺文 九州編五』三五九頁。刊本の「子細見了、天文博士有世朝臣勘文」の箇所は「子細見于天文博士有世朝臣勘文」と読むべきか。『宗像大社文書二』影印本、一九九九年一一月、五〇頁参照）。むろん、このケースは九州探題今川了俊を介したものと思われる。それらは全体として、有世の取り扱う日時勘文の地域的な広さをうかがわせるとともに、義満の陰陽道を介した支配圏の広範さを物語っている。

三 禅宗

義満の信仰の中核は禅宗にあらず

国家の統治者としての室町将軍が、天下国家の平穏のために祈る宗教的行為を別として、個々の将軍の信仰をふくんでの精神世界を明らかにするのは容易なことではない。しかも、義満の信仰に則しての研究は足利直義や同義持の場合ほどに深くなされておらず、知られていることは比較的少ない。そのような状況のなかで、義満の精神世界について考える場合、義満は政治の世界での活動がめまぐるしいので、その精神世界は終始不変ではなく、政治家としての諸段階に応じて変化をみせたことを念頭に置くべきであろう。

近年の、足利義満の禅宗との関わりをテーマとした研究成果を見渡してみると、東アジア世界のなかの中世日本という視点から、最近の対外関係史研究の成果を取り入れて、政治史と外交史と宗教史を統合して義満の禅宗との関係を論じた、上田純一『足利義満と禅宗』（法藏館、二〇一一年九月）という好著があり、独自の新しい見解も盛り込みつつ、わかりやすく解説している。以下の記述は主としてこれに依拠している。

義満が禅宗を熱烈に保護したのは紛れもない事実である。例えば永徳二年（一三八二）一月の義満任左大臣（時に二五歳）を機として、同一〇月建立された相国寺はその典型的事例であるが、かといって義満の信仰の中核は禅宗ではなく、伝統的な浄土信仰にあったとされている（芳賀幸四郎「足利義政の宗教生活と世界観」、『東山文化の研究　上』、思文閣出版、一九八一年復刊）。禅僧義堂周信の日記「空華日用工夫略集」にみえる義満と義堂との問答の内容、それに北山山荘の舎利殿金閣に浄土教の諸尊が安置されていることがその根拠とされている。

これに加えて近年では、義満が建立した相国寺に造られた七重塔や八講堂が顕密仏事の会場であったことが明らかにされたりして、相国寺を単純な禅宗寺院と捉《とら》えることに疑義が呈されている（冨島義幸「相国寺七重塔」、「日本宗教文化史研究」五―一、二〇〇一年五月。同「等持寺仏殿と相国寺八講堂」、「仏教芸術273」二〇〇四年三月。同「相国寺七重塔とその伽藍」、桃崎有一郎・山田邦和編著『室町政権の首府構想と京都』文理閣、二〇一六年一〇月）。

では、義満にとって禅宗とはいったい何であったか。上田純一は「禅宗に対する彼（義満＝筆者注）の情熱も、これを額面通りに受け取るのではいささか単純すぎる」とし、「何よりも彼は政治家であった。とすれば禅宗に対する彼の姿勢も、当時の政治環境や、彼が進めていた対外政策などと絡めながら考察することが必要」だと提言する（上田前掲書、一一一〜三頁）。

もう一つ、応永六年（一三九九）、周防・長門を基幹的分国とする大内義弘が義満に対して反乱を起こし和泉国の堺で敗死した（応永の乱）。この乱は、臨済宗京都妙心寺《みょうしんじ》住職の拙堂宗《せつどうそう》朴《ぼく》が大内義弘と親交があり、乱に加担したという理由で寺領が没収されて天台宗の門跡寺院の青蓮院に与えられ、ために妙心寺は壊滅するという事件も併発した（玉村竹二「初期妙心寺史の二三の疑点」、『日本禅宗史論集 下之二』思文閣出版、一九八一年一月）。

この事件について、上田は「これは、義満の禅宗保護というものが、いかに政治的要素と不可分の関係にあったか、ということを如実に示した事件であったと言える」と評価している（上田前掲書、一一二頁）。

以上、禅宗は義満の信仰の中核というより、外交という特殊な政治の一分野を実務面で支える重要なツールであったというほうが実態に即しているといわねばならない。他に義堂周信など個々の高僧との間で精神面での交流はあったのは勿論《もちろん》である。

外交政策としての禅宗保護

それでは、禅宗は義満にとっていったい何であったか。この問題に答えて、上田はさらに、「禅宗に対する彼の姿勢」を究明するための主たる方法として二つを提示する（前掲上田著書）。一つは、「従来からの方法」であるところの、「主として国内の宗教勢力の動向に視点を据えた研究」法、つまり（公家政権の背後に巣くう）「顕密宗教勢力に対抗する新たな勢力として禅宗を位置づけ」て、幕府がこれを保護する理由を解明する手法。

そしてもう一つが、「東アジア的な視点から、とくに日明関係に焦点を据えて、この時期の禅宗の問題を解明していこうとする方法」である。いわば、政治政策としての禅宗保護である。もっと限定すると、外交政策のための禅宗保護である。

ここで関係するのは後者の手法である。ただ、「精神世界」について述べるこの箇所でそうした政策的な問題を扱うのは適切ではないとの見方も生じるけれども、義満の外交政策としての禅宗保護も広くいえば、禅宗の持つ思想的側面と関係するので、便宜上、ここで扱うことにしたい。

従来、義満が禅宗を保護する理由として、五山僧たちに代表される禅僧らの持っていた「漢文作成能力や士大夫的教養」が役立ったため、それが当時の東アジア外交の舞台で重宝された

「国書作成などに必須《ひっす》とされた能力」とみなされ、彼らが外交官として活躍しえた理由もそこにあったと論じられた。しかし、上田は、義満が明への使者に禅僧を起用した理由はそれにとどまらず、もっとアクティブな側面のあったことを強調する。その上で、次のように述べる。

彼らの担った歴史的な役割は決してそれにとどまるものではなかった。この時期、彼らは幕府外交の第一線に参画し、その方向さえ左右し得る立場にあった。外交の方針は彼らのもたらす情報や建言によって決定されたと言っても過言ではない。その意味で、彼らはまさに「外交ブレーン」、あるいは「外交シェルパ」（説明注を略す）であったと言えるだろう。

（上田前掲書一五～六頁）

ここで一つ考え併せるべきことは、例えば六代義教代の醍醐寺僧三宝院満済がそうであったように、室町将軍の政治顧問というべき密教僧の外交問題への深い関わりである。その日記「満済准后日記」によってうかがわれる満済の対明外交問題についての義教への建言は、返牒《へんちょう》の書式や文言の選択など基本的かつ具体的な問題に及んでおり、いわば義教政治の根幹に直接的に関わっている（同日記、永享六年〈一四三四〉六月条など）。翻って義満についてみると、そうした義満の外交に直接的な指針を与えた人間の存在は不詳であるが、外交の実務を担う禅僧たちの上層部に、そのような立場的には密教界に属する政僧の存在を想定することもあながち見当外れではあるまい。

四　その他

地蔵信仰

まず地蔵信仰とは、文字どおり地蔵菩薩《じぞうぼさつ》に対する信仰であるが、インドに起源するとされる地蔵信仰の日本への伝来および展開について辞典的な解説としてはこうある。

地蔵像や経典が日本に伝来したのは奈良時代だが、当時は地獄の思想が未熟であったためか、さして注目されず、平安時代に入っても貴族社会では地蔵が単独で造像信仰された例は乏しい。しかし一一世紀ころ浄土教が民間に広まると、（中略）地蔵信仰は民間で盛んになり、地蔵専修の例も出てくる。地獄に入り信者の苦を代わって受ける地蔵の利益が、浄土往生の善根を積めず堕地獄を恐れる民衆に受け入れられたためと思われる。（下略）

（「地蔵信仰」、『岩波 仏教辞典　第二版』岩波書店、一九八九年一二月、四三六頁）

要するに、中世になって堕地獄を恐れる民衆に代わって地獄の責め苦を受けてくれる地蔵に関心が集まり、その信仰が広まったということである。ことに中世の武士たちは合戦において殺生・殺戮《さつりく》を余儀なくされるので、殺生禁断の戒めのなかで、人一倍強い地蔵信仰を持ったとしても不思議ではない。

尊氏以来の足利将軍もその例に漏れず、足利将軍の地蔵信仰は鎌倉将軍のそれを継承しようという意識に基づいていた。ことに三代義満の地蔵信仰については、西山美香「足利義満の〈宝蔵〉としての宝幢寺鹿王院」（松岡心平・小川剛生編『足利義満の時代』森話社、二〇〇七年六月、所収）において、関係史料を博捜したうえでたいへん興味深い指摘がなされており、これによって義満の地蔵信仰を知ることができる。

義満と地蔵信仰との関係については、「義満がその人生において最初に抱いた信仰は、おそらくは地蔵信仰であった」とする西山は、義満が四歳からしばらくの間播磨国白旗城で赤松則祐《そくゆう》によって養育されたことに注目する。康安元年（一三六一）一二月に細川清氏《きようじ》が南朝に帰して楠木正儀とともに京都を攻撃したとき、足利義詮は後光厳天皇を奉じて近江へ避難、この混乱を避けて義満は赤松則祐の播磨国白旗城に移ったのであるが、義満はここで地蔵菩薩のお告げを夢のなかで受けたのだという（応永一六年五月、鹿苑院での義満一周忌で披露された逸話による。前掲西山論文、一二二頁）。義満の地蔵信仰との接触は非常に早かったということは注意してよい。

細川頼之が管領に就任してのち一等最初に発給した文書が、園城寺衆徒にあてた貞治七年（一三六八）正月二二日付の将軍家御教書（「園城寺文書」）であり、それが前年の貞治六年一二月七日に没した足利義詮の遺髪を正治元年（一一九九）の源頼朝、延文三年（一三五八）の足利尊氏の例に任せて地蔵菩薩像の胎内に安じ、近江園城寺に納めるという内容であったことについては前述した（72頁参照）。これについて西山は、義満が自らと父義詮それぞれの、滅罪と後世安楽を祈願したものとし、すでに義満とその周辺に強い地蔵信仰があったことを指摘している（前掲西山論文、一二四頁）。

なお、最後に一つ付記しておきたいのは、地蔵と陰陽道の泰山府君とが親近的な関係にあることである。それは、本章第二節「陰陽道」の「泰山府君祭」の項で列挙した事例の⑫、応永九年一二月二四日、後小松天皇泰山府君都状（「迎陽記」の記主東坊城秀長の起草）のなかに、「……夫《それ》府君（泰山府君）者、地蔵之化身也、在泰山兮威験其貴、天衆之最長也、……」という文章がみえ、「府君は地蔵の化身」だしされていることによって知られる（『大日本史料』七編五、八〇三頁）。

北野信仰

続いて、北野信仰についてみよう。北野信仰とは、菅原道真《すがわらのみちざね》を祭神とする京都・北野神社の神徳に対する尊崇の念を核とした人々の信仰を指す概念であるが、換言すれば、菅原道真を神格化した天神に対する信仰である。

そもそも、鎌倉時代には北野神社は、祇園社とともに比叡山の末社であった。そのことは鎌倉幕府の記録「吾妻鏡」建保《けんぽう》六年（一二一八）一〇月二二日条に、去月の日吉神輿《みこし》の入洛《じゅらく》のことに関して「祇園・北野以下末社同以閉門」（『吾妻鏡二』七四四頁）とあることによって知られる。

南北朝時代に入ると、北野社は、将軍足利尊氏・義詮や副将軍格の弟直義ら幕政担当者から所領の寄進や安堵を受けたりして、武家政権との緊密な関係を維持した。義満の時代に入ると、京都の北野という場所が酒屋・麴座《こうじざ》の集中する区域だったこともあり、酒麴役《しゅきくやく》の徴収をめぐって北野社神人《じにん》と監督官庁たる造酒司《みきのつかさ》との間での訴訟が絶えず、幕府の法廷で取り扱われたことを示す史料を多く残している。

義満と北野社との関係についていえば、義満は南北朝後期より応永期にかけて北野社に度々参詣《さんけい》・参籠《さんろう》し、ここで法楽和歌会や万部経会・法華八講を行うなど宗教的空間としての関わりを多く持った。その義満と北野社との関係を最もよく示している史料記事は、東寺一長者俊尊が、応永一二年（一四〇五）正月の真言院後七日法請僧交名《しょうそうきょうみょう》の裏に書き付けた記事のなかにみられる一節である。関係部分のみ左に掲出する。

抑宿坊社（北野社）内事、雖不弁先規、予（俊尊）去康応二年以来、奉為准三后（足利義満）閣下御祈禱、賜北野社壇所、或連年或隔年、一年中令参籠、其間禁足、今年又当其巡之間、別不能搆（構）阿闍梨坊、自壇所出仕可謂規模歟、凡当代（足利義満）当社（北野社）御尊崇異他、予又敬信深重、果而参籠初年者、為其賞、預転正御沙汰了、（下略）

（「東寺長者続紙 七」、『大日本史料』七編七、四〜五頁）

重要な点のみ抜き出すと、以下の二点である。

①自分（東寺一長者俊尊）は、康応二年（一三九〇）以来、「准三后閣下」（足利義満）の御祈禱のために北野社に壇所を賜り、連年もしくは隔年、年中祈禱を行ってきたその賞として正に転ずることができたこと（権僧正から僧正に昇進した）。

②「凡当代（足利義満）当社（北野社）御尊崇異他」、つまり、足利義満は北野社をことのほか尊崇していること。

このうち①からは、東寺で最高の地位にある東寺一長者俊尊と足利義満との祈禱行為を通しての関係が知られ、また②からはいかに義満が北野社を篤《あつ》く尊崇したかがよく理解される。いずれも、足利義満と北野社との関係を象徴している記事である。

ちなみに、右の記事で義満のために北野社でハードな祈禱を行って僧侶《そうりょ》としての昇進をとげた俊尊とは、本章第一節「仏教」のなかの「顕密仏教―五壇法」の項でふれた、応永六年（一三九九）二月、四二歳の重厄を迎えた義満のために修法を行おうとして東寺に大和国弘福寺等を寄進した「検校僧正法印大和尚位」その人のことである（315頁参照）。

その他

以上のほかに、義満の精神世界を考える場合に参考となることがらを、二、三記しておこう。

一つは、義満の遊芸に対する感覚がどうであったかを知るうえでの参考である。それは義堂周信の日記「空華日用工夫略集」永徳三年（一三八三）三月晦《かい》（二九）日《じつ》条に出てくる有名な話であるが、原文と意訳とを並べて掲げる。

（永徳三年三月）
晦日《(二十九日)》、檀那尊氏忌齋、府君《(足利義満)》談話之次、問故鎌倉基氏《(足利)》作何好、余《(義堂周信)》曰、凡仏法・政道、其余管絃諸伎芸、無不好者、独於世俗所好村田舞楽、終身不一見、君《(義満)》曰、為何事、余《(義堂)》曰、伯《(叔)》父大休寺殿《(足利直義)》不愛戯場、且以有妨於政道也、君《(義満)》頗有媿色、

（辻善之助編著『空華日用工夫略集』太洋社、一八五頁）

檀那《だんな》である足利尊氏の仏事のさい、私（義堂）（五九歳）と将軍義満（二六歳）との談話のついでに、義満が私に「叔父《おじ》足利基氏は何を好んだか」と尋ねたので、私は「（基氏は）およそ仏法・政道、その他管弦の諸技芸はみな好んだが、世間でもてはやされている村田舞楽（田楽のこと）は生涯一度も見なかった」と答えた。その理由として、私は「叔父大休寺殿（足利直義）が政道の妨げになるのを恐れて遊びの場に出るのを好まなかったのを（基氏が）見習ったのだ」と答えた。義満はこれを聞いて恥じらいの色をみせた。

この話は、廉直な足利直義の人生訓をひきあいに出すことによって、自らを直視して恥じらいの色をみせつつも、それでもありのままを否定しないという義満の現実主義者としての性格の一端をよく表しているように思う。

二つめは、義満の、先祖に対する観念である。南北朝時代の初期のころ（康永ころか）、足利

家時《いえとき》（尊氏の祖父）の天下取りを祈願した置文《おきぶみ》を見せてもらった足利直義が感銘のあまり、高土佐守（師秋《もろあき》）に対してその案文を作成して渡したという事実があるが（無年号四月五日足利直義自筆置文、『醍醐寺文書二』一一七頁）、これとまったく同じ場面が義満にも認められる。それは、長禄三年（一四五九）一二月日の高師長《もろなが》代　庭中《ていちゅう》申状《もうしじょう》案（『蜷川家文書一』一〇一頁）に出てくる話であるが、「鹿苑院殿（足利義満）様御代、御先祖　伊与守殿（足利家時）様御置文、依進上仕、忝御感之被下御書、于今所持仕者也」とあるので、高一門の師長は家時置文を義満に見せて、その時義満から御感の御書を賜わっていたことになる。いわば足利直義の場合と同じ場面の再現である。

義満が足利家時の置文を見たのがいつのことか不明ではあるが、このとき義満も直義と同じように感銘したものと察せられ、一面では直義と似たような心性の持ち主であったことが知られよう。

最後にもう一つ。これは神道家吉田兼敦の日記「吉田家日次記」に出てくる話である（「吉田家日次記」応永五年三月四日条、『大日本史料』七編三、二一八～九頁）。応永五年（一三九八）三月、石清水八幡宮に参詣する予定であった義満が急にこれを取りやめたとき、「神慮測り難し」との恐れが周囲にささやかれるなかで、吉田兼敦がその日記に書き残した「只無御敬神之故歟」（ただ単に義満に敬神の念がないだけだ、の意）との言葉が義満の神に対する観念を象徴的に表していて興味深い。

とはいえ、最近発表された桐田貴史の研究によると、伊勢神宮などに対する足利義満の神祇《じんぎ》祈禱からうかがわれる神祇信仰のありようは、石清水八幡宮などに対する天下静謐祈禱・戦勝祈禱を通してのそれとは趣を異にすることが指摘されており（「『凶徒御退治御告文』に見る足利義満の神祇祈禱」、「古文書研究90」）、義満の神祇信仰は決して一筋縄ではなかったものと察せられる。

第八章　東アジア国際環境の変貌

一　外交の季節の到来と明との通交

外交の季節

中国大陸において元《げん》が滅亡し、替わって明が建国したのも（一三六八年・応安元）、また朝鮮半島において高麗《こうらい》が滅びて朝鮮王朝が成立したのも（一三九二年・明徳三）、ともに一四世紀の後半である。加えて日本列島における大きな政治的変革としての南北朝の合体は、奇しくも朝鮮王朝の成立と同じ年の出来事であった。

こうした近隣する三つの国の政治的な変動を総合的に考えると、一四世紀の後半は東アジアの国際環境にとって大きな節目であったとみなすことができよう。この時期に、日本と明や朝鮮王朝との間に新たな関係がそれぞれに取り結ばれるわけで、歴史状況としては澎湃《ほうはい》とした気運がみなぎり、可能性に満ちた外交の季節とみてよい。

むろんやや遅れて、永享元年（一四二九）、琉球《りゅうきゅう》（現沖縄県）の三山（北山《ほくざん》・中山《ちゅうざん》・南山《なんざん》）の間の抗争のなかから中山を基盤に尚巴志《しょうはし》の手によって統一王朝が樹立されて外交の表舞台に登場する、琉球王国もきちんと検討する必要がある。

そうしたなかで、日本はこうした国々とどのような外交条件のもとで、いかなる関係を取り結んだのであろうか。以下、個別にその概略を述べておくことにしよう。

対明通交の開幕

まず対明通交である。日明通交の幕開けは南北朝期後半の一時期、筑前国大宰府を拠点に九州南朝王国を築いた征西将軍宮懐良親王によってなされたといってよいが、それを実質化したのはむろん足利義満にほかならない。義満は、応安七年（一三七四）と康暦二年（一三八〇）の二度、明に独自の使節を遣《や》り通交しようと試みたが、二度とも上表なきにより明から却《しりぞ》けられている（「足利家官位記」には応永四年八月五日遣使の記事あり）。そういう失敗経験があったものの、やがて義満は九州を支配下に収めたのちの応永八年（一四〇一）五月、明の建文帝《けんぶんてい》（恵《けい》宗《そう》）に正式な使者を遣わし、明の冊封《さくほう》を受けた。義満は狂喜したのであろうか、遣使が兵庫に帰着する翌九年八月三日には自ら兵庫まで出向いてこれを迎えた（「足利家官位記」）。

義満が外交文書に自ら「日本国王」と称した最初は、応永一〇年に明に派遣した使者堅中《けんちゅう》圭密《けいみつ》の一行に持たせた上表文においてであった。義満が明から認められた「日本国王」の称号は専ら外交用に使用されたもので、日本国内向けのものではなかったことが指摘されている。

こうして開始された日明間の公的通交は、形式的には日本国王から明皇帝に対する朝貢貿易であって、明皇帝からの回賜品《かいしひん》を日本に持ち帰るという方式をとった。簡単にいえば、日本が明を盟主とする東アジアの冊封体制のなかに位置づけられたことを意味した。

少し先のことまで見通していうと、このような朝貢形式を屈辱とする声が義満の周辺にあったのも事実で、義満のあとを継いだ四代義持のその熱心な神祇《じんぎ》信仰も手伝って、治世途中の応永一八年（一四一一）より没する同三五年（一四二八）まで、明との通交は中断された。

さて話をまた義満に戻す。足利義満の履歴というべき「武家昇晋年譜」（冷泉家時雨亭叢書48）に以下のような記事がある。

唐使対謁事 応永九年九月五日、十一年五月十六日 （同書四三九頁）

これは、義満の明からの使者の引見についての記事で、応永九年（一四〇二）九月五日、および同一一年（一四〇四）五月一六日の二度、義満第《てい》である北山殿で明使を引見したことを記すものである。この両度の義満の明使引見については、いずれも『大日本史料』七編が綱文《こうぶん》を立てて関係史料を網羅している（七編五、六六六～七八頁、同六、七〇〇～七頁）。

「満済准后日記」にみる応永九年の明使引見

六代足利義教の治世下、永享六年（一四三四）五月、明よりの船が兵庫津《ひょうごのつ》に入港した。史料では「唐船」と表記される。それは、二年前の永享四年八月に兵庫津を出発した日本からの貿易船、「公方《くぼう》様御舟」「山名舟」などの遣明船の帰還であったが、明国の遣使船も含まれており、明皇帝の国書を携えた「牒使《ちょうし》」の姿もあった（『満済准后日記三』七八九〜九三頁）。義教による京都での明使との対面は翌月の六月五日に行われた（同書、八〇五〜七頁）。

明使との対応は義教にとって初めての経験であったので、その方法についての諮問が、早速、政治顧問たる醍醐寺座主《ざす》満済に対してなされた。「満済准后日記」永享六年五月一二日条には、その諮問に対する満済の返答が記されている。そのなかで満済は先例として、応永九年（一四〇二）九月五日の義満明使引見の模様を詳細に述べており、これによってこのとき義満がどのように明使に対応し、彼らが持参した明国書をいかに取り扱ったかが知られるわけである（『満済准后日記三』七九〇〜二頁）。

なぜ、応永九年の義満による明使引見が重要かというと、それが明皇帝の義満に対する最初の遣使であったからである。よく知られているように、前年の応永八年（一四〇一）五月、義満は、かの著名な「日本准三后道義、書上大明皇帝陛下」（日本准三后道義、書を大明皇帝陛下に上る）という書き出しで始まる「応永八年五月十三日」付けの明建文帝あての国書（「康富記」応永八年五月一三日条、『康富記』三頁）を持たせて、僧祖阿《そあ》・肥富《こいづみ》某らを明に遣ったのであったが、この遣使が翌九年八月三日、明より兵庫に帰着（「足利家官位記」）、同時に来日した明使は義満を日本国王に封ずるという国書を持参していた。つまり、義満を日本国王に封ずるという一番最初の国書の到来だったのである。当然ながら受ける側の義満の対応が格別だったことは言うまでもない。

なお「武家昇晋年譜」にみえるもう一方の、応永一一年五月一六日分に関しては、「満済准后日記」永享六年五月二八日条に「鹿苑院殿（足利義満）御時、最初応永九年并十一年ハ、両人（引率公卿《くぎょう》のことヵ）惣門マテ参向候キ」（二人の公卿が明使を迎えに出向いた）とみえるだけである。この日おそらく北山殿で引見がなされたことは確実だが、その中身の詳細はわからない。しかし記事中で「応永九年并十一年ハ」と一括《ひとくく》りにされるくらいだから、儀式の中身も応永九年のそれに準じて考えてよいであろう。

さて肝心の、「満済准后日記」にみえる応永九年九月五日の引見記事は以下のようなものである。史料記事自体は長文で、しかも内容的にも込み入っているので、わかりやすいように関係箇所のみを抜き出して引用する。諮問を受けた満済の返答の部分である（このうち直接関係するのは『』で括った部分）。

（前略）予（満済）申入旨、唐使御対面儀、如被仰出、故鹿苑院殿（足利義満）御沙汰事過タル様、其時分内々道将（斯波義将〈法苑寺雪渓〉）入道等申候し、愚眼所及、又同前候キ、但今度御音信、唐朝歓喜無比類、仍又日本人数百人賞翫儀、超過前々云々、如此之処、於此方唐使以下御賞翫之儀、御無沙汰之儀候者、自今已後、日本人渡唐時儀、若無沙汰之儀モヤト存様候、然者為本朝御興隆、立大事渡唐不可有其曲歟之間、以折中儀、唐使御対面儀ハ先可宜候歟、其折中儀、『鹿苑院殿（足利義満）御代、最初応永九年時、公卿十人、殿上人十人、各染装束着用候しか、当陽明（近衛良嗣）前関其時内府（左大臣）候歟、并菊亭（今出川）公行公于時左（内）大臣両人ハ惣門マテ参向、楽人奏一曲、鹿苑院殿（足利義満）四脚門マテ御出御、法服海老色、御平袈裟白地金襴、予扈従相兼三衣役、于時僧正着香染、上童一人召具供奉了、唐朝書

唐人捧頭上前行、北山殿寝殿庇間敷満広席、母屋出衣以下、尽善尽美、被荘厳候キ、高杌お立母屋前、其上被置唐書、先御焼香、次三拝、以後跪テ唐書お御拝見候キ、』此儀式ハ不甘心申入候キ、諸人又同前儀倅ける歟、（下略）

（「満済准后日記」永享六年五月一二日条、『満済准后日記三』七九一頁）

右の史料を現代語訳するのは煩雑なので省略することとして、義満が、応永九年九月に明使に対して取った態度は以下の五つに整理されよう。

①この時、北山第での儀式に列席した義満側の者は、各々染装束を着用した公卿一〇人、殿上人一〇人であった。

②今の「陽明前閣」たる当時内大臣（実は左大臣）近衛良嗣《よしつぐ》と左大臣（実は内大臣）今出川公行《きんゆき》の二人が、（北山第の）惣門《そうもん》まで参向した（のち述べる「宋朝僧捧返牒記」と齟齬《そご》あり）。

③足利義満自身は、海老《えび》色の法服と白地金襴《きんらん》の平袈裟《ひらけさ》を着て、（北山第の）四脚門《よつあしもん》まで明使を出迎えている。満済はそれに従った。

④明使は「唐朝書」（返牒＝明国書）を捧《ささ》げ持ち、北山殿寝殿の儀場に入り、母屋前の高杌《たかつくえ》に唐書を置いた。

⑤このあと義満は、まず焼香し、そして三拝、跪《ひざまず》いて唐書を拝見した。

これが応永九年九月五日の、義満最初の明使との接触であるが、右記事の冒頭と末尾にみえる「故鹿苑院殿（足利義満）御沙汰事過タル様、其時分内々道将（斯波義将〈法苑寺雪渓〉）入道等申候し」、および「此儀式ハ不甘心申入候キ、諸人又同前儀候ける歟」の文章があることに注意しなくてはならない。このうち前者では、前管領《かんれい》斯波義将が「やりすぎだった」と吐露し、後者では満済自身が「この儀式は甘心しない」といい、ともに不評であったからである（後述のように、この儀礼に満済は参加しているが、他方の義将は参加していないとみられる）。この義満の応永九年の反省から、反対意見も取り入れて、義教の永享六年度の明使引見では、もっと簡略化した「折衷儀」をとることとなった。

ちなみに、義満の応永九年九月の引見に対して「御沙汰事過タル様」と批判した斯波義将の立場についていえば、「やりすぎだ」と批判するだけで「やるな」と禁止しているわけではないので、どちらかといえば条件付きの容認派とみなさざるを得まい。

応永一八年（一四一一）九月、明の永楽帝《えいらくてい》が義満の死去を弔問するために使者を日本に派遣したとき、義持は使者の入京を許さず帰国させた。このことは日本と明との断交を決定付ける出来事であった。折しも、前管領斯波義将が断交前年の応永一七年（一四一〇）五月七日に六一歳で没しているので（関係史料は『大日本史料』七編一三、一八四〜二一三頁に収載）、義持による国交断絶が義将の死去と関係する可能性は高い。義持が明との国交断絶に踏み切れたのは義将が没したからだとみれば、義将は通交容認派ということになる。そのことを支える直接史料は見当たらないけれども、その蓋然性《がいぜんせい》は高いと思われる。

「宋朝僧捧返牒記」

ところでちょっとした驚きであったが、近年、宮内庁書陵部所蔵の史料のなかから、右で述べた応永九年九月五日の義満による明使引見に直接的に関係する記録が紹介され、その内容に即しての研究が公表された。石田実洋・橋本雄「壬生家旧蔵本『宋朝僧捧返牒記』の基礎的考察―足利義満の受封儀礼をめぐって―」(『古文書研究69』二〇一〇年六月)である。

この史料写《うつし》自体、義満の応永九年九月の明使応対の実際を克明に記した一等史料であるばかりではなく、先出の「満済准后日記」の記事とそのまま対応していて、比較研究の素材となる点でも大変興味深い内容を持っている。

右の石田・橋本論文では、史料そのものを厳密に翻刻して広く紹介するとともに、内容にも深く踏み込んだうえで、多くの重要な指摘がなされている。詳細は当該論文に委《ゆだ》ねることにして、ここでは必要に応じてその結論を摘記するにとどめたい。

まず書誌的情報である。「宋朝僧捧返牒記」は、内容的にみて三つの部分からなる(史料そのものは分量が多く、ここで掲載することはできない)。

①「応永九年九月五日記」(第一紙～第三紙)

②「唐僧御対面歴名」(第四紙)

③「唐僧御相看儀次第」(第五紙)

そのうえで、以下のような解説が続く。

いずれも応永九年（一四〇二）九月五日に足利義満が明の使者を北山亭に迎えた際の儀式に関わるものであり、『大日本史料』等の刊本には収められていないが、平成元年（一九八九）十一月十五日〜十八日に開催された書陵部特別展示会「古代中世の対外関係史料」で展示されたことがある。その際の展示目録の解説によれば、①の記主は当時壬生（小槻＝筆者注）官務家の当主であった兼治の可能性が考えられるという。残念ながらここでも特定できないが、右の推定はおおむね妥当なものと考えられよう。

書写年代については、前述の展示目録では「室町時代写」とする。（中略）本史料は兼治自身によって作成された原本である可能性もあろう。たとえそうではないとしても、応永九年からそれほど時を隔てずに書写されたものと推定される。

（同論文一五頁）

つまり「宋朝僧捧返牒記」は、官務壬生兼治が室町時代に写したもの、あるいは自身が作成した原本の可能性もあるということになる。

次に①〜③の内容である。右論文の記載どおりに整理してみる。

①では、まず唐客僧二人、すなわち冊封使と目される天倫道彝《てんりんどうい》・一庵一如が去る八月五日に兵庫津に到着し、上洛《じょうらく》して仁和寺・法住寺《ほうじゅうじ》に寄宿するまでの経過、唐僧一行を洛中に入れないため、門に兵士をつけて護衛させ、事実上の軟禁状態に置いたこと、次にこの

日の足利義満の受封儀礼にあたっての北山殿寝殿の装束、そして天倫等の一行が北山殿に至る際の様子から公卿・殿上人・僧綱《そうごう》・上童が列立するまでが記されている。
②では、この義満の受封儀礼に参加した面々が公卿・殿上人・僧中の順に書き上げられている。冊封儀礼が誰に対してアピールされたものであったのか、逆に誰に対してそうでなかったのかを具体的に知る手がかりが得られる部分である。
③では、受封儀礼の次第が詳細に記されており、①が公卿等の列立までで終わっているのに対し、儀礼全体を把握し得る点で貴重である。

以上のことをふまえたうえで、「宋朝僧捧返牒記」は「義満受封＝『日本国王』冊封のイメージを多くの面で覆す重要な同時代史料であると考えられる」とし、その成立が「満済准后日記」の記事より約三十年も遡《さかのぼ》るということで、それより「遥かに良質な史料と見なされる」とした（以上、同論文一七頁）。

そこで「宋朝僧捧返牒記」と「満済准后日記」の該当記事とを比較すると、興味深いものがある。永和四年（一三七八）生まれの満済は、応永九年（一四〇二）に二五歳に達しており、身分的には義満の庇護《ひご》を受けつつ、すでに大僧都・法印、醍醐寺三宝院門主・醍醐寺座主の立場にあった（小著『満済』ミネルヴァ書房、二〇〇四年一一月、参照）。満済がそのような義満に接近した立場にあったからこそ、「満済准后日記」の記事は信頼性が高いということもできるが、それでも「宋朝僧捧返牒記」と比較すると細かな点では齟齬が認められる。

右の石田・橋本論文では、「事過タル様」と応永九年の受封儀礼を批判した斯波義将は、儀礼の場に立ち会ったのではなく、「満済や廷臣たちからの伝聞をもとにしたものに過ぎなかった」（二〇頁）とするが、「此儀式ハ不甘心」と不満を漏らした満済は、右の「満済や廷臣たちからの伝聞」云々《うんぬん》からわかるように、また参加者一覧たる②の記事中に「三宝院」（満済）とあることからも知られるように、紛れもなくこの儀礼の場に立ち会っている。その意味では、「満済准后日記」の記事は単なる伝聞に基づくものではなく、少なくとも約三〇年後の満済自身の回想であるということができる。

石田・橋本論文の最も注目すべき点は、この受封儀式における義満の所作の実際と、その背後にある義満の計算された、したたかな外交的意図を絶妙に解き明かしたことにあり、結論的には、「やはり義満の受封儀礼とは、当時の言説や、現代の我々が考えているほどには卑屈ではなく、実のところ彼一流の読み替えが行われていたとみるべきであろう。儀礼の形式をある程度整備しさえすれば、明との冊封関係を成就させることも可能だったのである」（同二九頁）ということになる。

「満済准后日記」にみる応永一一年の明使引見

「満済准后日記」には、もう一ヵ所、義教の明使引見の記事がある。永享六年五月二八日条である。このとき、時の将軍義教は翌六月一日に入洛《じゅらく》する予定の明使と同三日に対面することになっており、日野兼郷をとおしてその対応の仕方について満済に諮問していた。以下は満済のその時の返答の中の一節である。

次引率公卿事、是又候者旁珍重歟、鹿苑院殿（足利義満）御時、最初応永九年廾十一年八、両人惣門マテ参向候キ、

（『満済准后日記三』八〇一頁）

意味するところは、明使を北山亭に招くとき、彼らを誘導する「引率公卿」がいると珍重だ、かつての義満のときには、引率公卿二人が明使を北山亭の惣門迎えに出向いた、ということである。

　ここでいう「応永九年廾十一年」とは、右で述べた義満の代の応永九年九月五日の明使引見と、もう一つの同一一年五月一六日のそれを指している。このうち後者は、永楽帝の勅使趙居任一行が来日し、応永一一年五月一二日に入京、同一六日北山殿に招き引見したときのことをいう。簡単にいうと、右の記事は、義教の諮問にあずかった満済の回想の一部なのである。

　しかし、この応永一一年五月一六日の明使引見に関する史料はほとんど残っておらず、『大日本史料』七編六は「義満、明ノ使者ヲ北山第ニ延見ス、尋デ、明使ノ帰国ニ丁リ、梵亮《明室》ヲ之ト共ニ明ニ遣ス」と綱文を立てつつも、右の記事、及び永楽帝の国書（田中健夫編『善隣国宝記』〈集英社、一九九五年一月〉一一七～九頁にも所収）、その他若干の関係史料を収録するに過ぎない（『大日本史料』七編六、七〇〇～七頁）。応永一一年五月一六日の明使引見は、同九年

九月五日のそれと、たいして変わらない内容であった可能性が高い。

義満の対明通交

「満済准后日記」にみえる明使引見、すなわち明国書（勅書）の到来記事は、右述のように応永九年と同一一年のものしかないが、日本古代以来の外交関係史料を集大成した瑞溪周鳳編『善隣国宝記』（集英社、一九九五年一月）をひもとくと、それ以降に義満に対して下された明国書が若干点、載せられている。外題のみ書き出すと以下のようなものがある。

①永楽二年（一四〇四・応永一一）一二月二日 永楽帝勅書（『善隣国宝記』一一八〜九頁）
②永楽四年（一四〇六・応永一三）正月一六日 永楽帝勅書（『善隣国宝記』一二〇〜三頁）
③永楽五年（一四〇七・応永一四）五月二六日 永楽帝勅書（『善隣国宝記』一二三〜七頁）

これらの永楽帝勅書には、各々その前に義満の上表文がセットとして存在したはずであるが、編者の瑞溪周鳳が「然日本書表、今纔得二通、此表其也」とコメントするように、それらは残存していない模様である。応永一五年（一四〇八）五月の義満逝去に際しては、永楽帝は嗣子義持にあてて弔意を表す書を下しており、永楽帝と義満の外交交渉は円滑であったものとみられる。

では、日明通交とは室町殿にとって一体何であったのだろうか。義満の個人的なもくろみは別として、義満が始めた朝貢形式の明との通交を屈辱的だとする批判的な声も日本国内にあったのも事実で、前述のように、義満のあとを継いだ四代義持のその熱心な神祇信仰も手伝ってか、応永一七年の斯波義将の没を契機に、翌一八年より消極的姿勢に変わり、応永二六年の訣別《けつべつ》を経て、義持が没する同三五年までの間、明との通交を中断したこともある。

義持のあとを受けた六代義教は、義満時代への回帰を旗印として、一旦《いったん》中止されていた日明間の通交を再開させた。日明通交の大きな特徴は、「日本国王」たる室町将軍と明皇帝とが一元的に結ばれたことであり、この関係に他者が参入することはできなかった。明への朝貢はあくまで日本国王の名義で行われたのである。

当初幕府によって主導された遣明船の派遣は、一五世紀の半ば以降になると有力大名の手に委ねられる。そうした有力大名のなかで、特に筑前博多《はかた》と和泉堺を各々扼《やく》した大内氏と細川氏の間で争われた日明交易の主導権は、寧波《ニンポー》の乱（一五二三）を経て、大内氏の握るところとなり、やがて訪れる大内氏の衰亡とともに、日明間の公的通交は途絶するに至る。

こうして東アジアの海域では、明の海禁政策のもとで、海の諸勢力によるアウトローの海上活動が活発化してゆく。明を盟主とする冊封体制に属するメリットは、軍事的な観点からみた場合、敵軍との戦いで追い込まれたとき、宗主国である明から軍事的な支援を受けられるようなことだったのだろうか。

義満の明との外交政策の持つ政治的な意味は、それが応永八年（一四〇一）という、いわば義満政治の総仕上げというべき時期に当たっていることを念頭に置いて考えるべきであろう。

わずか二年前の応永六年（一三九九）の「応永の乱」では、かつて明徳四年（一三九三）に義満はその功績を称《たた》えて「一そくの准」（一族に准ずる）というほどに厚く待遇した大内義弘を敗死させたばかりである。そう考えると、幕府の支配圏の及びにくい西国の最有力大名＝大内義弘の勢力拡大を阻止することに成功した義満がこれからとるべき道は、おおよそ決まったようなものであるといえるのではあるまいか。

義満の代における中国との交易の実態は史料がなくてほとんど知られていない。ただ中国へ輸出されたと考えられる硫黄については「島津家文書」に僅かに関係史料が残っている。『島津家文書一』（四二および二三六頁）に収める、薩摩守護島津元久、および伊久にあてた硫黄の調達に関する内容の無年号足利義満御内書三通がそれである。それらは時期的にみて義満の晩年、応永一〇年代前半ころのものと推察されるが、室町幕府と硫黄との関係はすでに義満の時代から始まり、その調達は硫黄島（現鹿児島県鹿児島郡三島村）が属する薩摩国の守護を通していたことが知られる（硫黄の中国への輸出はのち六代足利義教の代になるとますます盛んとなる）。

近年、義満の対明通交についての研究では新しい成果が出されていて目を見張るものがある。ここでは、そのうち本書に最も直接に関係することがらを二つだけ紹介することにしたい。

一つめは、明との通交断絶の要因に関する上田純一の指摘である（『足利義満と禅宗』の「終章 国交断絶」）。上田はこの著書において、義持が明との国交を断絶した理由として、朝鮮との交易をめぐっての大内盛見《もりみ》の介在、およびその周辺に近仕する禅僧たちの存在を指摘した。義持は彼らの意見を受けて対外交渉の相手国を明から朝鮮へと舵《かじ》を切った、と見ている。

二つめは、一五世紀冒頭から二十年ほど続いた明との国交、すなわち初期遣明使の時代の特徴についての村井章介の指摘である（「一五世紀初頭、日明間の使節往来」、「七隈史学18」二〇一六年三月）。村井はこの論文において、この初期段階の日明間の国交成立の前提として日明双方の特別な国内事情があったこと、義満は明の政治情勢についての正確な情報をもとに的確な情勢判断をしていたこと、日明双方の遣使の目的が主として政治的・軍事的理由にあったこと（義教以降は貿易に傾く）などを明らかにして、そこに「義満という人物を論じる」ための「有効な視座」を定めた。

二　朝鮮との通交

義満の対朝鮮通交

次は朝鮮との関係である。一〇世紀から一四世紀まで続いた高麗王朝と日本との正式な国交はなかったが、実質的な交流は随時なされていた。例えば、いわゆる倭寇《わこう》に悩まされ続けた高麗は、貞治六年（一三六七）春、日本の北朝・室町幕府（当時将軍は二代義詮）に牒使を派遣して倭寇の禁圧統制を要請したが、倭寇の根拠地たる九州北部に統治権を及ぼせなかった当時の幕府としては、こうした高麗の要請に対して打つ手がなかった（「後愚昧記」貞治六年五月二三日条、『後愚昧記二』一二三頁）。

日本の南北朝合体の年、一三九二年（明徳三）に成立した朝鮮王朝は、室町幕府との間にいつ外交関係を成立させたか。このことについては「定宗実録一」定宗《ていそう》元年（一三九九）五月乙《いっ》酉《ゆう》条に「通信官朴惇之、回自日本、日本国大将軍、遣使来献方物、発還被虜男女百余人、……」とみえ（『中国・朝鮮の史籍における日本史料集成 李朝実録之部㈠』国書刊行会、一九七六年一一月、三一頁）、この「日本国大将軍」は足利義満とみられることから、一三九九年（応永六）には、朝鮮王朝と幕府の間ですでに通交が始まっていたとされている。

日朝関係が日明関係に少し先んじて開かれたことは注目してよい。日朝関係の特徴は、日本側で朝鮮国王に対して遣使することのできる資格者は室町将軍に限らず、諸大名・諸豪族・有力商人などというように複数のルートを有する点であって、明皇帝と日本国王との一元的関係のもとに運営された日明通交とは基本的に異なっている。日朝通交が朝貢貿易ではないからである。

このような多元的な性格を持つ日朝関係には、例えば応永二六年（一四一九）六月の「応永の外寇」（己亥東征《きがいとうせい》。朝鮮王朝による対馬《つしま》襲撃事件）のような浪風《なみかぜ》も立ったが、交易の活発化に伴いそのルールが制度的に整備され、日本側では対馬の宗《そう》氏が日朝交易の中枢的な役割を担った。その結果、宗氏のもとには職務的な理由から、日朝間の通交記録が蓄積された（「朝鮮送使国《そさくに》次之書契覚《なみのしょけいおぼえ》」、田中健夫『対外関係と文化交流』思文閣出版、一九八二年一一月）。日朝関係史の研究では、現在、さまざまの観点から多面的な実態の解明が進められている。

ちなみに、室町時代には朝鮮産の布や衣料品が日本に持ち込まれ、社会の上層部ではかなり重宝された模様である。例えば「満済准后日記」の紙背文書をみると、「かうらいつむき」（高麗紬）が贈答品としてやりとりされている様子がうかがえ、それが日朝交易を通じて朝鮮からもたらされた輸入品の一つであることは注目される（『醍醐寺文書別集　満済准后日記紙背文書一・二』）。

『朝鮮王朝実録』にみる義満の通交

では、義満の対朝鮮王朝通交の実態はどのようなものであったか。一三九二年に成立した朝鮮王朝の正史『朝鮮王朝実録』から日本関係の記事を拾った『中国・朝鮮の史籍における日本史料集成　李朝実録之部㈠』から、義満の通交に関する記事を並べてみよう。

①『恭靖王実録　巻一』定宗元年（一三九九、建文元年、応永六年）
〔五月乙酉〕通信官朴惇之回自日本、日本国大将軍《（足利義満）》、遣使来献方物、発還被虜男女百余人、……

②『太宗恭定大王実録　巻三』太宗《たいそう》二年（一四〇二、建文四年、応永九年）
〔六月戊午〕賜日本国大相国《（足利義満）》土物、授所遣人以送之、……

③『太宗恭定大王実録　巻四』太宗二年（一四〇二、建文四年、応永九年）
〔七月壬辰〕議政府致書日本国大将軍《（足利義満）》、書曰、往年奉承王命、遣秘書監朴惇之、請修和好、……

④『太宗恭定大王実録 巻五』太宗三年（一四〇三、永楽元年、応永一〇年）
〔二月庚申〕日本国大相国（足利義満）・大内殿（義弘）・一岐島志佐殿・対馬宗島・宗府郎等使人告還、各賜物、厚於所献、……

⑤『太宗恭定大王実録 巻八』太宗四年（一四〇四、永楽二年、応永一一年）
〔七月己巳〕日本遣使来聘、且献土物、日本国王源道義（足利義満）也、日本国防長刺史大内多々良盛見、亦献礼物、……

⑥『太宗恭定大王実録 巻八』太宗四年（一四〇四、永楽二年、応永一一年）
〔十月壬辰〕日本国王（足利義満）使周棠等、詣闕告還、……

⑦『太宗恭定大王実録 巻八』太宗四年（一四〇四、永楽二年、応永一一年）
〔十月癸巳〕遣典書呂義孫于日本国、以報聘于国王（足利義満）也、……

⑧『太宗恭定大王実録 巻九』太宗五年（一四〇五、永楽三年、応永一二年）
〔六月是月〕日本国王源道義（足利義満）、遣使来報擒賊、仍献礼物、……

⑨『太宗恭定大王実録 巻十』太宗五年（一四〇五、永楽三年、応永一二年）
〔十二月戊辰〕日本国王（足利義満）使僧周棠来聘、……

⑩『太宗恭定大王実録 巻十』太宗五年（一四〇五、永楽三年、応永一二年）
〔十二月戊寅〕引見日本国王（足利義満）使者、日本国使、序于五品班行、礼畢、……

⑪『太宗恭定大王実録 巻十一』太宗六年（一四〇六、永楽四年、応永一三年）
〔二月乙巳〕日本国王（足利義満）使僧周棠等、詣闕辞、……

⑫『太宗恭定大王実録 巻十一』太宗六年（一四〇六、永楽四年、応永一三年）
〔二月戊子〕日本国王源道義《(足利義満)》、遣使来聘、請大蔵経、九州節度使源道鎮使人、献土物、発還俘虜、……

⑬『太宗恭定大王実録 巻十二』太宗六年（一四〇六、永楽四年、応永一三年）
〔六月甲申〕御正殿、引見日本国王《(足利義満)》使、……

⑭『太宗恭定大王実録 巻十三』太宗七年（一四〇七、永楽五年、応永一四年）
〔二月辛亥〕日本国王《(足利義満)》、遣使来聘、報禁絶姦寇、有書契及礼物、……

⑮『太宗恭定大王実録 巻十三』太宗七年（一四〇七、永楽五年、応永一四年）
〔三月乙丑〕御正殿、引見日本国王《(足利義満)》使臣、命升殿、慰諭之、……

⑯『太宗恭定大王実録 巻十三』太宗七年（一四〇七、永楽五年、応永一四年）
〔五月壬戌〕引見日本国王《(足利義満)》使于広延楼、日本使請見、……

右には義満が確実に関わった事例しか挙げていない。朝鮮王朝に向けて遣使をした日本人には、頻度の差はあるけれども、義満のほかに、九州探題今川了俊・渋川満頼、西国の有力守護大内義弘、それに島津氏などの九州の有力守護など多くの者がいる。この中でとびぬけて遣使回数の多いのは義満であることは間違いない。

先に、一三九九年（応永六）には朝鮮王朝と幕府の間ですでに通交が始まっていたとされているとした根拠は①である。とすると、朝鮮王朝が成立した一三九二年から一三九九年までの七年間は、日朝間で何の交流もなかったのだろうか。おそらくそうではあるまい。その間の事情は史料残存の問題から不明なだけで、おそらくはかなり早い時期から国交が開かれたとみるべきであろう。となると、右掲の事例以前より日朝間の交流は閉鎖されたままではなかったと考えなくてはなるまい。末期の高麗がそうであったように（貞治六年に高麗はいきなり倭寇禁圧を要請する牒使を北朝に派遣した）、高麗のあとに成立した朝鮮王朝も成立当初より日本との間に事実上の交流ルートを持っていたものと考えたい。

そこでとりあえず右掲の事例の範囲でみてゆこう。まず、義満をどのように表記しているかに注目すると、日本年号では応永六～一〇年の間に属する①～④では「日本国大将軍」あるいは「日本国大相国」と記し、応永一一年（一四〇四）の⑤以降はすべて「日本国王（源道義）」と記している。また、「源道義」といういい方については、義満はすでに応永二年（一三九五）六月に出家し、当初道有、同年冬には道義と法名を変更した経緯はあるが、①～④の時期にはすでに道義に落ち着いていたのであるから、情報伝達の遅れとみるべきなのであろうか。

ここで一つ注目したいのは、ごく最近の、朝鮮国王あての足利義満書契の実質的発見とその研究である。米谷均「朝鮮国王李芳遠あて『日本国王』足利義満書契について」（「九州史学188」二〇二一年七月）がそれで、原文の翻刻紹介と研究とがあわせて掲載されている。この論文は、国立国会図書館所蔵の「蕉堅藁《しょうけんこう》」（絶海中津の著作）という五山版詩文集から探し出された、朝鮮国王あて永楽二（元カ）年一一月一〇日足利義満書契の検討を通じて、義満の対朝鮮通交の特徴を論じたものである。ここで内容を詳しく紹介することはできないが、例えばその義満の書契が明に対するのと同じ形式をとっていることなど、歴代室町殿のなかでの義満の特異性が知られて興味深い。

この米谷論文で紹介された永楽二（元カ）年一一月一〇日足利義満書契を、年次については米谷の指摘どおり「永楽元年」（一四〇三）とみなしたうえで、右掲の①～⑯の事例群のなかに置いてみよう。そうすると、この義満書契は④と⑤の間に置くことができる。

ここで注目すべきは、この義満書契で義満は自らを「日本国王源道義」と表記していることである。このことと、⑤以降『朝鮮王朝実録』においては義満を「日本国王（源道義）」と記し始めることとを併考すると、この表記の変化は義満書契の差出しをきっかけにして始まったと考えて一向に不自然ではないのである。

つまり、系譜的にいうと、義満の「日本国王」号は、応永八年の義満遣使を受け入れた明の建文帝によって認められ、翌応永九年に日本に帰着した使者によって義満に伝えられた。米谷は、これ以来義満は明と朝鮮への外交文書にはともに明年号を用いたと指摘している（前掲米谷論文、一一頁）。建文帝より「日本国王」に封ぜられた義満は、永楽元年（応永一〇年、一四〇三）朝鮮国王あての当該書契において自らを「日本国王源道義」と記した。これが契機となって、朝鮮王朝では外交関係の場面で義満を称するとき、「日本国王（源道義）」という表記を用い始めたのではないかと考えられる。

三　琉球との通交

近年の日琉関係史研究

中世の日琉関係についての本格的研究の骨格は、小葉田淳『中世南島通交貿易史の研究』（日本評論社、一九三九年九月初版。一九六九年一月刀江書院より復刊）によって形づくられたといってよい。そこでは日本と琉球との政治的・経済的な関係のみならず、琉球と明との通交関係、南海通交貿易の実態について詳細に論究された。以降それが半ば通説化していたが、近年になって伊藤幸司や橋本雄らによって新しい研究成果が次々と公表され、さながら面目を一新した観がある。

近年の新しい研究では、まず中世日琉関係史の時期区分についての通説的な見方が見直され、日琉関係を牽引《けんいん》した主体を見極めることによって、より実態に即した時期区分、段階的な理解の仕方が示されている。

そこでは、日琉関係を牽引した原動力として室町幕府、細川・大内の有力守護大名、加えて薩摩の島津氏といった権力主体、そして実際に交易に携わった博多商人や堺商人、さらには島津氏の琉球貿易を取り巻く南九州地域の諸勢力などといった複数の要素の果たした役割を明らかにすることによって、日琉関係の歴史的な諸段階を確定しようと試みている。ことに日琉関係史における島津氏の役割を重視する伊藤幸司は、島津氏と琉球との本質的関係を究明するためには、室町・戦国期の南九州の政治史を丹念に解明する必要があると主張している。

琉球国から室町幕府へ遣わされた公的な使船の初見は、応永一一年（一四〇四）分の「東寺領播磨国矢野庄学衆方年貢散用状」（『教王護国寺文書三』二二四頁）に登場する「をきなう船」であるという（『相生市史 八上』相生市、一九九二年一一月、七〇六頁）。応永一一年は前述したように、義満が応永九年（一四〇二）に続き、二度目の明使引見をした年である。

この時点では室町幕府はすでに朝鮮王朝や明とは通交していたし、ここに琉球との通交が開始されたのであるから、環シナ海世界においては、日本をめぐる対外関係はほぼ全方位に開花した状況であったといえる。

「満済准后日記」にみる琉球

義満の代における幕府と琉球の交易については、史料がなくて詳しくはわからない。そこで参考に供するために少し下って、六代義教の時代の状況についてみると「満済准后日記」に少し関係記事が登場する。それは当然義満の時代の対琉球関係を考える手がかりになるので、覗《のぞ》いてみよう。

「満済准后日記」は、応永一八年（一四一一）から永享七年（一四三五）までの期間にわたり間断を伴いつつも自筆本で伝存しており、特に義持・義教の時代の研究には欠かせない重要資料である。この日記のなかに、「琉球国」が「瑠玖国」という表記で三ヵ所に出てくる。左に関係箇所のみ取り出してみる。

①永享三年（一四三一）八月一二日条
自仙洞《（後小松上皇）》勅書被下、自瑠玖国《（琉球国）》到来沈香一二俵御用可申沙汰云々、（三巻二八六頁）

②永享三年（一四三一）一〇月二七日条
自瑠玖国《（琉球国）》沈俵一十八斤代千八百疋、自室町殿《（足利義教）》召給了、代奉行籾《（籾井カ）》入道方へ、自経祐法眼方渡遣了、昨日廿六日到来処、豪意法橋（庁務）参八幡壇所、今日申了、（三巻三二九頁）

③永享五年（一四三三）八月二九日条
自瑠玖国《（琉球国）》着岸物共内就所用可申入旨直蒙仰間、内々申入処、如申請拝領了、段子四端、繻子四段以上八段、代四千疋計歟、沈俵二一俵上三十斤、代三千疋、一俵二十斤下、代千疋、以上此分悉遣代、於籾井方召渡了、
（三巻六六八～九頁）

右の三つの記事はいずれも、幕府が公的に琉球国から輸入して、おそらく公方御倉に山積された「沈香《じんこう》」（天然香料）・「段子《どんす》」（緞子＝絹織物の一種）・「繻子《しゆす》」（絹織物の一種）の扱いに関する記事であると思われるが、仙洞《せんとう》（後小松）や室町殿（義教）から入用の要請を受けた満済が仲介役となって必要分を取り寄せ、物資の出し入れの管理を担当した政所《まんどころ》執事代管轄下の倉奉行・納銭方《のうせんかた》である籾井《もみい》某にその代金を支払ったことを意味している。この時売買の仲介をした満済の立場がいまいち明確ではないが、そういうことのできる位置にいたのであろう。倉奉行

の糴井については桑山浩然の言及がある（『室町幕府の政治と経済』吉川弘文館、二〇〇六年五月）。

史料にみられる「沈香」・「段子」・「糯子」は、いずれも当時珍重された輸入品であった。その価格はというと、②では、沈香一俵一八斤で千八百疋《ぴき》であるから、一斤が百疋ということになる（のちに述べるようにこれは上等品）。さらに③でいうと、段子四端・糯子四反で約四千疋というから、段子一端・糯子一反では約千疋、また沈香はその質によって価格に差があり、上質品は一俵三十斤で三千疋、すなわち一斤で百疋（①の場合と同じ）となり、下等品は一俵二十斤で千疋、すなわち一斤で五十疋ということになる。

終　章　足利義満とは何か

「椿葉記」にみる義満時代の終焉

伏見宮貞成親王の著作「椿葉記」に、以下のようなくだりがある。

この文章は、応永一五年（一四〇八）という最晩年における義満の動静、ことに子息義持・義嗣との関係、義満没直後の斯波義将の果たした役割、それに貞成親王の属する伏見宮家の所領の問題を通して一つの時代の終焉《しゅうえん》を集約的に描いているといってよい。

便宜的に①～③の番号を付ける。

①准后（足利義満）の若公（足利義嗣）、梶井の門跡へ入室ありしを、とり返し、愛子にていと花やかにもてなされしほとに、この行幸（応永一五年三月八日の後小松天皇、北山殿行幸）ニも舞御覧、色々の御あそひともにさふらハれて、色花にてそありし、その四月（応永一五年四月二五日）に内裏にて元服して義嗣となのらる、親王元服の准拠なるやうにて、いと厳重なりし、御兄勝定院（義持）をもおしのけぬへく、世にハとかく申あひし程に、○さためなき浮世のならひのうたてさハ、いく程もなく同五月六日准后（義満）薨したまふ称号鹿苑院と申す、

②世の中ハ火を消たるやうにて、御あとつきも申おかるゝふんもなし、この若公（義嗣）にてやとさたありし程に、管領（斯波義将）勘解由小路左衛門督入道おしはからひて、嫡子勝定院（義持）大樹相続せらる、其後内大臣までなられて出家せられき、この若公ハ昇進大納言までなられしに、野心の企やありけん、露顕して遁世し給をたつね出されて、臨光院（相国寺林光院）といふ寺におしこめて、つゐにうたれ給に

き、これハ人の御事中て無用なれとも、世にありし事なれハかたハし（片端）申なり、
③さて、准后（義満）御かくれの年（応永一五年）、管領（斯波義将）申さたして、伏見御領を返申さる、この御領ハ長講堂領なれとも、惣御領に混せすして伏見殿（崇光天皇）の御子孫御管領あるへきよしを光厳院殿御置文あり、御名字の地なるうへ、別したる御譲の子細も申披かる、に付て、御安堵あれはめでたくて、次の年（応永一六年）六月に伏見へ還御なる、

（「椿葉記」、『図書寮叢刊　看聞日記　別冊』二一～四頁）

まず①では、足利義満（当時五一歳）が、溺愛《できあい》する子息義嗣（応永元年生まれであるから当時一五歳）を、入室していた梶井《かじい》門跡《もんぜき》（天台宗三門跡の一）から取り返し、同年三月八日の後小松天皇の北山殿行幸に祗候《しこう》させて父義満の偏愛ぶりを誇示したり、同年四月二五日には内裏において「親王元服の准拠なるやうにて」、つまり親王の元服に准拠して厳重な元服を遂げ、名字を「義嗣」と名乗らせたこと、そしてあたかも八歳年上の兄義持を出し抜いて（父義満の跡を継ぐのかと）かれこれ言い合っていたのに、定めなき世の習いはいかんともしがたく、同年五月六日に義満が薨去《こうきょ》したこと（称号は鹿苑院）を記す。

続いて②では、義満自身は後継者を決めなかったので、義嗣が兄の将軍義持を押しのけて出世するにちがいないと世間ではとかく噂したが、前管領《かんれい》の宿老斯波義将（法名道将）が裁断を下して、嫡子で将軍の義持に落ち着いた。義持は（応永一六年に）内大臣まで昇進し、やがて（同三〇年四月に）出家した。他方義嗣は、（応永一八年に）権大納言まで昇進したが、「野心の

企」（応永二三年一〇月の上杉禅秀《ぜんしゅう》の乱のこと）への関与が露見して、遁世《とんせい》していたところを探し出され、相国寺林光院《りんこういん》に幽閉されたうえで殺害された（応永二五年〈一四一八〉正月二四日のこと）と記している。

そして③では、かつて義満が（応永五年に）没収して後小松に与えた長講堂領以下の伏見宮家所領のうち「伏見御領」を、義満が没した応永一五年に宿老斯波義将の措置として伏見宮家に返却したこと、そのような経緯で伏見宮栄仁親王は一旦《いったん》離れた、名字の地伏見に戻ってきたこと、そういうことを記している。

行きすぎた野望の軌道修正

これまで具体的に述べてきたように、義満の政治的足跡はさまざまの新儀に彩られている。これまでの義満の父祖がしなかった、もしくはできなかったことをいとも容易にやってのけている。

例えば、官位昇進でいえば、二位・権大納言止まりであった祖父尊氏・父義詮に並んだのが永和四年（一三七八）。義満二一歳の年で、この年足利将軍で初めての右大将を兼ねた。このあと、康暦二年（一三八〇）に従一位、翌永徳元年に内大臣、同二年に左大臣、同三年には准《じゅ》三后《さんごう》（宮）宣下。このあと左大臣を辞復任し、応永元年（一三九四）には三七歳で最高位の太《だい》政大臣《じょうだいじん》に昇りつめた（かくして翌二年六月の太政大臣辞任、出家と連なる）。このうち康暦二年の叙従一位以降の官位昇進は、当然のことながらすべて新儀であった。

こうした官位の上昇を着実に進めるもう一方で、義満はこれまでの将軍がやらなかったことを多く実行した。すでに述べたことからいくつか具体事例をあげるとすると、例えば公家《くげ》様花押の併用（永徳元年〈一三八一〉の任内大臣が契機）、さらに公家様花押に一本化（従来の武家様花押の廃止。至徳三年〈一三八六〉末）、朝廷政務の委任を受けて、政治権力を握ったままでの出家（応永二年〈一三九五〉）、これに伴う「法皇」政治の開始など、枚挙に遑《いとま》がない。むろん、対外的には明をはじめとした近隣各国との通交の扉を開けたこともあげねばならない。

いわば新儀のオンパレードであるが、そういうことを可能にしたのは、概していえば、室町幕府支配の進展・確立である。その中心にいて幕府政治を大きく発展させて公武統一政権に組み替えようという野望、その野望の実現のための牽引車《けんいんしゃ》の役割を果たしたのが他ならぬ足利義満であった。

この義満の野望はラディカルな性格を持っていたので、幕府の中枢ではもとより、守旧的な思考に縛られる傾向の強い朝廷の上級公家層や、幕府政治の中枢に関与する高僧たちの間にも、水面下での不満・批判の声は少なくなかった（義満の耳には届かなかったであろうが）。

応永一五年（一四〇八）五月六日の義満の死去が、こうした不満・批判を噴出させたことは想像に難くない。いわば「行きすぎた野望の軌道修正」が、こうして始まるのである。この軌道修正は、没した義満に対して朝廷から贈られようとした「太上天皇（法皇）」の尊号を辞退するというかたちで始まった。朝廷が義満に上皇の尊号を贈ろうとした理由はこれまでの義満の朝政に対する深い関わりからみてわからないでもない。実際、応永三年九月、出家したばかりの義満が延暦寺戒壇院で受戒したとき、その儀は「安元・文永の法皇御受戒之儀」（安元二年四月の後白河法皇、文永六年四月の後嵯峨法皇の受戒）に模された（『続史愚抄 中』一八一頁）。義満は法皇に擬されていたのである。

そのようなわけで、朝廷側は義満に上皇の尊号を贈ろうとしたのである。ところが贈られる側の幕府側から辞退されてしまう。以下の史料をみよう。

一、五月六日《応永十五年》、北山殿《義満》御事、

御年五十一、宰相尊氏御子贈右大将義明（詮）御子也、後号鹿薗（苑）院殿、御道号道義、同八日、贈太上法皇号可被給之由、雖有宣下、昔ヨリ此例依無之、勘解由小路禅門（斯波義将・道将）申留云々、御譲等事雖無之、依為御嫡子、右大将義茂持改御跡目続、応永十六年二月日右大将義持被宣下内大臣、

（「東寺執行日記 二」、『大日本史料』七編一〇、一六頁）

義満が没して二カ日経《た》った五月八日に、朝廷側は「太上法皇」の尊号を贈ろうと「宣下」したものの、勘《かで》解由小路禅門《のこうじのぜんもん》斯波道将（義将）が「申留」めた（「待った」をかけた）のである。「昔ヨリ此例依無之」、つまり往古よりその例が無いというのが辞退の理由である。そののち、すでに将軍の地位にあった義持が義満の跡継ぎに決定する。「御譲等事雖無之」というのは、父義満から跡目相続の指名を受けていないけれども、という意である。幕府の重鎮斯波義将によって、義満の愛子義嗣ではなく、嫡子で現将軍の義持が後継者に選ばれたことは、以下の二

つのことを想定させよう。一つは、従来の義満の政治路線が大きく軌道修正される可能性の生じたこと、もう一つは重鎮斯波義将の絶大な発言権とその存在感である。この幕府の進路にとっては極めて重大な岐路というべきときに義将が登場するわけは、管領として義満に約二十年間仕えた実績からも納得できるが、ここで何よりも重要なのは、義将が現実路線をゆく穏健派宿老の筆頭格であったことである。

こうして、特に応永年間に入って顕著となった義満の政治的野望は順調に展開するようにみえたものの、応永一五年（一四〇八）五月六日の五一歳での死去を機に頓挫《とんざ》し、その後の幕府は父義満に批判的であった子義持によって、穏健な方向へと舵《かじ》を切りつつ運営されることになる。対明通交の一方的断絶はその典型的な一例である。

足利義満の歴史的役割

かつて小川剛生は、三代義満とそれ以降の将軍との違いについて、こう述べたことがある。関係箇所のみを以下に引用する。

四代将軍の義持は父と反対の政治路線を進んだのであるが、六代義教以後の将軍は、すべて義満を先例とした。（中略）以後の将軍はすべて「義満の生涯」を生き直すことを期待された、あるいは義務づけられた訳である。したがって、以後の将軍にとって「鹿苑院殿の例」というのは、よるべき先例を通り越して、ほとんど脅迫観念のようにつきまとったことであろう。

だいたい、(義教以降は＝筆者注) もはや時代もあまりに違ってしまっている。義満と同じように生きられる筈がない。室町将軍が、暗殺されたり (義教)、無気力になったり (義政)、家出したりする (義尚) のは、いわば義満の影に押しつぶされたとしても過言ではなかろう。


(「足利義満の時代―政治と文化」、「中世文学54」二〇〇九年六月、三二～三頁)


これは妥当な指摘で、あわせて義満時代の特徴を端的に言い当てている。

あらためて義満の時代を総括して本書の締め括《くく》りとしたい。いったい足利義満という人物は日本歴史のうえに何を残したのであろうか。

そもそも、義満にはいろいろな顔がある。義満が日本歴史上の英雄の一人であることは疑いあるまい。「英雄色を好む」のことわざがあるが、これに類した話題は義満についても事欠かない。例えば、永徳元年 (一三八一)、満仁《みつひと》(恒明《つねあき》親王の孫) が愛妾《あいしょう》を密々に義満に遣わして阿《あ》諛《ゆ》し、義満の挙中を得て親王になったという話 (「後愚昧記」永徳元年一二月二四日条、『後愚昧記三』五六頁)、また義満は実弟満詮の室藤原誠子《ともこ》に子息 (梶井大僧都義承《ぎしょう》) を産ませたという話 (「薩戒記」応永三二年一二月一七日条、『薩戒記二』二六四頁) など、そうである。そのような細かいことをいえばきりがないが、歴史的にみて最も重要な点は、以下の三つに整理することができるのではないか。

一つめは、あまりにも有名な、長年の懸案であった南北朝合体の実現である。建武三年（一三三六）の南北朝並立はある日突然偶発的に起こった出来事ではなく、鎌倉時代以来の前史のなかから必然的に生まれた。また両朝間の和議も早く貞和四年（一三四八）一月には試みられた所見がある（『園太暦二』三〇〇頁）。政治や軍事の面で南北両派に分かれて戦うことは両勢力の首脳部にとって好ましくなかったようで、和平交渉はその後も何度か試みられたが、いろいろな事情でなかなか実現にはこぎつけなかった。義満が、その南北合体の難事業を約半世紀かけて実現したわけであるから、その手法の面では策略的な側面もあるものの、その功績は実に大きいといわねばならない。南朝最後の天皇後亀山はのち合体に踏み切った理由を「民間之憂」を除くためと述懐したが（「吉田家日次記」、『大日本史料』七編五、四三六頁）、この後亀山の願いは皮肉にも義満によって達成されたのである。

二つめは、義満が公武・僧俗を統合するかたちで統一政権を確立させたことである。義満は、幼少年期に管領細川頼之の輔佐《ほさ》のもとで尊氏・義詮型の幕府政治の基礎を整え、成年に達すると斯波義将を管領としてその輔佐を得て、尊氏・義詮型を乗り越えて一層強力で公武を包摂した政権樹立へと本格的な舵を切ってゆく。その手始めが、頼之管領末期の永和四年（一三七八）の任右大将である。新管領斯波義将のもとで永徳元年（一三八一）に任内大臣を経て、従来の武家様花押とともに公家様花押の使用が始まり、やがて至徳三年（一三八六）には武家様花押の使用が終わり、公家様花押に一本化された。このことは単に使用する花押の形の変化のみにとどまらず、そこには官位制度に基づく古代律令《りつりょう》制度の体系のなかに公武統一政権を位置づけようとする、義満の新しい壮大な野望が潜んでいた。

至徳三年（一三八六）の武家様花押の消滅に前後して、義満は任左大臣（永徳二年〈一三八二〉）と辞大臣（嘉慶二年〈一三八八〉）を経て、明徳三年（一三九二）閏《うるう》一〇月の南北朝合体直後の同年一二月に左大臣に還任。明徳四年（一三九三）九月にはこれを辞している。義満は、翌応永元年（一三九四）一二月一七日、応安元年（一三六八）から二十六年間在職した征夷《せいい》大将軍のポストを子息義持（当時九歳）に譲る。その上でたった八日後の同年一二月二五日に今度は太政大臣に就任するのである。義満の太政大臣在任は半年間に過ぎず、翌応永二年六月三日には辞職、同月二〇日には出家という仕儀に至る。この半年間の太政大臣在任は出家後の義満の署判例からみて、「前太政大臣」という肩書き欲しさのためだったのかもしれない。

応永二年（一三九五）六月二〇日に三八歳で出家して以降の、義満のめざす新しい政治への熱の入れ方には目を見張るものがある。通常天皇が司《つかさど》る朝廷の政道・政務を代行することしかり、「法皇」政治の開始しかり、公家社会を支配するための伝奏《てんそう》制度の充実しかり、管領制度の充実またしかりである。対外関係の展開も含めて考えてよい。

義満による公武統一政権は、そうした義満の新しい政治への意欲的な取り組みの結果、確立したものと考えられる。

最後の三つめは、守護制度の整備と、これに連動する所務沙汰《さた》遵行のシステム化である。室町将軍（室町殿）が任免権を有する守護が、将軍の全国支配の手足の役割を果たすことはいうまでもない。守護は幕府の命令の国別執行人である。例えば在地の所領訴訟のさい、幕府法廷の判決結果が出されたのち、判決内容が強制執行されるまでの間に、①将軍御判御教書《ごはんのみぎょうしょ》（判決書）、②幕府管領施行状《しぎょうじょう》（①を守護に伝達）、③守護遵行状（守護が守護代にあてて強制執行を命ずる）、④守護代遵行状（守護代が在地の遵行使にあてて強制執行を命ずる）、以上の四種の文書が順次出されることになる。

こうしたとき、守護や守護代が在京していると、関係文書の伝達と発給が確実かつ円滑になされ、訴訟の工程全体の進行もそれだけスピーディーになる利便性がある。そのことがまた訴訟制度への信頼へとつながり、ひいては社会の安定をもたらすであろう。義満の時代に段階的な整備を経て応永期に完成したとされる守護の在京が、こうした社会的な役割を果たしたことを見落としてはなるまい。

筆者は本書において、義満の誕生から薨去までの五十一年間の足跡を、南北朝後半期から室町時代の初期に至るまでの日本歴史の大きな流れのなかで述べてきた。その結果、義満が、苦難に満ちつつも常に時代の最先端に立ちつつ、列島の華やかな一時代を強力に牽引したことが知られた。義満の時代の本格的な展開は、細川頼之の管領時代を踏まえたうえで、斯波義将の管領時代に到来するとみるのが実態に即している。そういう義満の残した遺産を総合して、義満の歴史的な役割を一言で表現するとすれば、国内を統一して「日本国の骨格を創った傑物」というのがふさわしいと考えるのである。

おわりに

筆者は、この「角川選書」において、足利氏関係のものをすでに三冊出している。刊行順でいうと、①『室町幕府崩壊』（二〇一一年一〇月）、②『足利直義』（二〇一五年二月）、③『足利尊氏』（二〇一七年三月）である。このうち、①は足利義持および義教を、②と③はその表題どおり、足利直義（尊氏の実弟）、足利尊氏（その嫡子義詮も含めて）を取り扱ったものである。

これらによって足利尊氏、直義、義詮、義持、義教の五人についてはー応ふれたことになるが、欠落しているのが足利義満である。本書はその欠落した義満についての評伝である。歴史的にみて義満の時代というのは、歴代の足利将軍のなかで最も華やかな時代である。しかも同時に、極めて重要かつ興味深い時代であることもまた疑いない。

足利義満についての論著は古来多く出ている。近年になって室町時代に読書界の関心が集まっているためか、ここ数年のうちに多方面にわたる多くの著書・研究論文がめじろおしに登場した。このような蓄積の厚い先行研究の驥尾《きび》に付して、筆者もまた義満の評伝を書くのであるが、特に意識したのは以下のようなことである。

そもそも人物評伝に限らず、歴史の研究で用いる素材としての史料は、ふつう記録史料（歴史書）と古文書《こもんじょ》の二つであるが、これまでの義満研究のために用いられた史料は、どちらかというと記録史料（歴史書）の方に重心が置かれた。なぜかというと、もう片方の古文書はその収集が容易でないためである（例えば、義満の発給文書だけでも軽く一千点は下らない）。

かつて高柳光寿は、その著『改稿 足利尊氏』（春秋社、一九六六年九月、五頁）で、「古文書ばかりで日本の歴史を書いてみたいと思った」と述べ、その理由として、「古文書による歴史が歴史書による歴史と甚だしく相違しているということばかりではない。古文書に現われてくる歴史事実の方が歴史書に現われてくる歴史事実よりも価値が高いと考えた」ことをあげた。筆者も本書を執筆するにあたって、むろん記録史料も用いたが、これまで敬遠されていた文書史料を集め、特に発給文書や受給文書の活用に努めた。幸いにも、少なくとも『大日本史料』の第六編（南北朝時代）と第七編（室町時代）とが使える（ただし、同史料の義満二一～三五歳あたりの分は現時点では未刊）。

叙述の方法としては、義満にとってのトピック的な問題を取り上げ、そこを重点的に掘り下げるというより、誕生から死去に至る種々の義満の経歴、義満が関わった重大な事件などを、その時代の歴史的展開のなかに位置づけるという手法をとった。あえていえば、臼井信義『〈人物叢書〉足利義満』がとったオーソドックスな構成の仕方を採用した。

筆者が本書において特に留意したのは、室町時代において足利義満という人物の果たした役割がどういうものだったかを、史料に即して具体的に描き出すことであった。むろん取り扱ったのは政治史が中心であり、その他の学問・宗教・思想・芸術などといった方面にはほとんどふれていない。

つまり本書は、政治家としての足利義満を描いたに過ぎない。とはいえ、やはり義満の歴史的な意味での本領は政治史の側面にあることは疑いない。その義満の時代はこのあと義持―義教―義勝―義政と受け継がれて、室町時代はそれぞれの時期的な特徴を持ちつつ展開するのであるが、そこにおいても義満の時代の与えた影響は大きい。

本書の編集は、株式会社KADOKAWA、学芸・ノンフィクション編集部学芸図書課の竹内祐子さんが担当された。竹内さんには、前著『足利尊氏』のさいも大変お世話になった。この尊氏を書いた後、平成三〇年（二〇一八）二月二八日（水）のことであったが、東京都文京区湯島のガーデンパレスに宿泊したさいお目にかかった編集長立木成芳さんから、もう一冊何か書かないかというお話を頂いた。願ってもないことなので即了承したものの、さて何にするかということで、数日考えて類書のない「斯波義将」ではいかがですかと竹内さんに返事すると、竹内さんからはすかさず「足利義満」をお勧めいただいた。なるほど「義満」でやると、もっと大きな視点で室町時代を見つめることができるし、冒頭に書いたように私はまだ義満についてはまとまったものを書いていない。そのようなことでテーマはすぐに「足利義満」に落ち着いた。さすが編集者竹内さんのカンは鋭い。

こうして義満を書く決意は固まり、史料収集が始まった。原稿がほぼ出来上がったのが令和四年（二〇二二）九月末だったので、執筆のお話を頂いてから脱稿までかれこれ四年半の歳月を要したことになる。この間、竹内さんには、長きにわたっていろいろとお世話になった。史料の文言や花押の確認などでは毎度のことながら、東京大学史料編纂所の井上聡先生のお手をわずらわせた。ともども、深く感謝するところである。

最後になったが、仰げば尊き我が師々の恩を偲《しの》びつつ、これまで筆者の南北朝・室町時代史研究を支援してくださった読者の皆さんには心より感謝し、お礼を申しあげたいと思う。

令和五年（二〇二三）二月二四日

著者しるす

足利義満研究参考文献（刊行年次順に配列）

田中　義成『足利時代史』明治書院　一九二三年四月（のち講談社学術文庫に収録、一九七九年四月）

渡辺　世祐「足利義満皇胤説」『史学雑誌』37編10号、一九二六年一〇月（のち『国史論叢』文雅堂書店　一九五六年一二月、所収）

渡辺　世祐『日本時代史　第七巻　室町時代史』早稲田大学出版部　一九二六年一〇月

臼井　信義『〈人物叢書〉足利義満』吉川弘文館　一九六〇年一月

佐藤　進一「室町幕府論」、『岩波講座日本歴史七　中世3』岩波書店　一九六三年五月（のち『日本中世史論集』同　一九九〇年一二月、所収）

小川　信「足利義満」、豊田武編『人物・日本の歴史5』読売新聞社　一九六六年四月、所収

川上　貢『日本中世住宅の研究』墨水書房　一九六七年一〇月（のち新訂版が中央公論美術出版より再刊、二〇〇二年五月）

吉村　貞司『〈東洋美術選書〉足利義満』三彩社　一九六九年七月

伊藤　旭彦「足利義満の公家化」、『書陵部紀要21』一九七〇年三月

今枝　愛真「斯波義将の禅林に対する態度」・「足利義満の相国寺創建」、『中世禅宗史の研究』東京大学出版会　一九七〇年八月、所収

小川　信『〈人物叢書〉細川頼之』吉川弘文館　一九七二年九月

玉懸　博之「室町政権の確立・完成と政治思想—足利義満治世期をめぐって—」、『東北大学日本思想史研究8』一九七六年三月

吉村　貞司『黄金の塔—足利義満—』思索社　一九七七年八月

小川　信『足利一門守護発展史の研究』吉川弘文館　一九八〇年二月（のち新装版、二〇一九年一〇月）

佐藤　進一『〈日本を創った人びと11〉足利義満—国家の統一に賭けた生涯—』平凡社　一九八〇年二月（のち平凡社ライブラリー、副題は「中世王権への挑戦」に変更、一九九四年六月）

森　　茂暁『南北朝期　公武関係史の研究』文献出版、一九八四年六月（のち思文閣出版より改訂増補版、二〇〇八年八月）
富田　正弘「室町殿と天皇」、「日本史研究319」一九八九年三月
永村　眞「醍醐寺報恩院と走湯山密厳院」、「静岡県史研究６」一九九〇年三月
今谷　　明『室町の王権―足利義満の王権簒奪計画―』中公新書　一九九〇年七月
今谷　　明「足利義満の王権簒奪過程」、小川信先生古稀記念論集『日本中世政治社会の研究』続群書類従完成会　一九九一年三月、所収
今谷　　明「義満政権と天皇」、『講座 前近代の天皇２』青木書店　一九九三年四月、所収
柳原　敏昭「『廻祈禱』について」、「東北中世史研究会会報６」一九九三年一〇月
坂本麻実子「足利義満と笙」、『日本の音の文化』第一書房　一九九四年六月、所収
柳原　敏昭「安倍有世論―足利義満に仕えた陰陽師―」、羽下徳彦編『中世の政治と宗教』吉川弘文館　一九九四年八月、所収
家永　遵嗣『室町幕府将軍権力の研究』東京大学日本史学研究室　一九九五年二月
家永　遵嗣「足利義満と伝奏との関係の再検討」、「古文書研究41・42」一九九五年一二月
稲葉　伸道「南北朝時代の興福寺と国家」、「名古屋大学文学部研究論集131（史学44）」一九九八年三月（のち『日本中世の王朝・幕府と寺社』吉川弘文館　二〇一九年二月、所収）
逵　　史香「石清水神人嗷訴と足利義満の王権」、『古代中世の社会と国家』清水堂　一九九八年一二月
村井　章介「『日本国王』の成立―足利義満論―」、『中世日本の内と外』筑摩書房　一九九九年四月、所収（のち、ちくま学芸文庫として増補版、二〇一三年三月）
新田　一郎『太平記の時代』講談社　二〇〇一年九月
桜井　英治『（日本の歴史12）室町人の精神』講談社　二〇〇一年一〇月
川岡　　勉『室町幕府と守護権力』吉川弘文館　二〇〇二年七月
朝日新聞社「〈週刊朝日百科13　日本の歴史〉義満と室町幕府」通巻五四二号　二〇〇二年八月二五日
森　　茂暁「足利将軍の元服―足利義満より同義教に至る―」、「福岡大学人文論叢」35巻３号、二〇〇三年一二月（のち『中世日本の政治と文化』思文閣出版　二〇〇六年一〇月、所収）

高岸　輝　『室町王権と絵画―初期土佐派研究―』京都大学学術出版会　二〇〇四年二月
市沢　哲　「中世王権論のなかの足利義満―『王権簒奪論』の再検討―」、「歴史評論649」二〇〇四年五月（のち『日本中世公家政治史の研究』校倉書房、二〇一一年九月、所収）
上島　有　「足利将軍家とその花押」、『中世花押の謎を解く』山川出版社　二〇〇四年一一月、所収
村井　章介　「文化史上の『日本国王源道義』」、『東アジアのなかの日本文化』放送大学教育振興会　二〇〇五年三月、所収（のち、北海道大学出版会より再刊、二〇一一年三月）
高橋　典幸　「将軍の任右大将と『吾妻鏡』―『吾妻鏡』受容の一背景―」、「年報三田中世史研究12」二〇〇五年一〇月
小川　剛生　『二条良基研究』笠間書院　二〇〇五年一一月
村井　章介　『中世の国家と在地社会』校倉書房　二〇〇五年一二月
山田　徹　「室町幕府所務沙汰とその変質」、「法制度研究57」二〇〇七年三月
松岡心平・小川剛生編　『〈六百年忌記念〉足利義満の時代』森話社　二〇〇七年六月
東京国立博物館・九州国立博物館・日本経済新聞社編　『「京都五山　禅の文化」展』日本経済新聞社　二〇〇七年七月（足利義満六百年御忌記念展示会図録）
中世後期研究会編　『室町・戦国期研究を読みなおす』思文閣出版　二〇〇七年一〇月
小島　毅　『足利義満―消された日本国王―』光文社新書　二〇〇八年二月
小川　剛生　『足利義満期の室町幕府将軍権力における政治・文化の相互補完的関係の研究』二〇〇八年三月（科学研究費補助金報告書）
伊藤　喜良　「室町殿と治天の君―室町期の国家と王権をめぐって―」、「秋大史学55」二〇〇九年三月
小川　剛生　「足利義満の時代―政治と文化―」、「中世文学54」二〇〇九年六月
山田　邦明　『〈日本中世の歴史5〉室町の平和』吉川弘文館　二〇〇九年一〇月
桃崎有一郎　『中世京都の空間構造と礼節体系』思文閣出版　二〇一〇年二月
菅原　正子　「将軍　足利義満と公家衆」、「日本史研究573」二〇一〇年五月
石田実洋・橋本雄　「壬生家旧蔵本『宋朝僧捧返牒記』の基礎的考察―足利義満の受封儀礼をめぐって―」、「古文書研究69」二〇一〇年五月

本郷　恵子　『将軍権力の発見』講談社選書メチエ　二〇一〇年九月（のち『室町将軍の権力』と改題して朝日文庫、二〇二〇年一二月）
伊藤　喜良　『〈日本史リブレット〉足利義満―法皇への夢を追った華麗な生涯―』吉川弘文館　二〇一〇年一一月
早島　大祐　『室町幕府論』講談社選書メチエ　二〇一〇年一二月
河内祥輔・新田一郎編　『天皇の歴史04　天皇と中世の武家』講談社　二〇一一年三月
橋本　雄　『中華幻想―唐物と外交の室町時代史―』勉誠出版　二〇一一年三月
西山　美香　「足利義満の内なる宋朝皇帝―京都相国寺と開封大相国寺―」、同編『アジア遊学142　古代中世日本の内なる「禅」』勉誠出版　二〇一一年五月、所収
水野　智之　「室町時代の裁判と訴陳―足利義満・義持期の事例から―」、「日本歴史756」二〇一一年五月
上田　純一　『〈シリーズ権力者と仏教3〉足利義満と禅宗』法藏館　二〇一一年九月
三枝　暁子　『比叡山と室町幕府―寺社と武家の京都支配―』東京大学出版会　二〇一一年九月
小川　剛生　「足利義満の太上天皇尊号宣下」、「藝文研究101」第一分冊　二〇一一年一二月
石原比伊呂　「足利家における笙と笙始儀」、「日本歴史766」二〇一二年三月
西尾　賢隆　「大明皇帝に奉るの表」、「日本歴史766」二〇一二年三月
石原比伊呂　「足利義嗣の元服」、「東京大学史料編纂所研究紀要22」二〇一二年三月
石原比伊呂　「北山殿行幸再考」、「年報中世史研究37」二〇一二年五月
山田　徹　「土岐頼康と応安の政変」、「日本歴史769」二〇一二年六月
小川　剛生　『足利義満―公武に君臨した室町将軍―』中公新書　二〇一二年八月
橋本　雄　「室町日本の外交と国家―足利義満の冊封と《中華幻想》をめぐって―」、「日本史研究600」二〇一二年八月
松園潤一朗　「足利義満期の安堵政策―管領施行状の機能を中心に―」、「日本歴史775」二〇一二年一二月
河上　繁樹　「服飾から見た足利義満の冊封に関する小論」、「人文論究」62巻4号　二〇一三年二月
松永　和浩　『室町期公武関係と南北朝内乱』吉川弘文館　二〇一三年二月
橋本　雄　『〝日本国王〟と勘合貿易』ＮＨＫ出版　二〇一三年二月

亀田　俊和　『室町幕府管領施行システムの研究』思文閣出版　二〇一三年三月
黒田基樹編著　『〈関東足利氏の歴史1〉足利基氏とその時代』戎光祥出版　二〇一三年四月
藤井　崇　『〈中世史選書14〉室町期大名権力論』同成社　二〇一三年一二月
小国　浩寿　『〈動乱の東国史5〉鎌倉府と室町幕府』吉川弘文館　二〇一三年一二月
大田壮一郎　『室町幕府の政治と宗教』塙書房　二〇一四年二月
黒田基樹編著　『〈関東足利氏の歴史2〉足利氏満とその時代』戎光祥出版　二〇一四年四月
森　幸夫　「足利義嗣の元服に関する一史料」、「古文書研究77」　二〇一四年六月
吉田　賢司　「室町幕府論」、『岩波講座日本歴史八　中世3』岩波書店　二〇一四年八月
大坪　亮介　「『明徳記』における義満・頼之体制とその背景―寺社本所領保護への注視―」、「文学史研究55」　二〇一五年三月
黒田基樹編著　『〈関東足利氏の歴史3〉足利満兼とその時代』戎光祥出版　二〇一五年三月
外岡慎一郎　『武家権力と使節遵行』同成社、二〇一五年五月
石原比伊呂　『室町時代の将軍家と天皇家』勉誠出版　二〇一五年一〇月
村井　章介　「一五世紀初頭、日明間の使節往来―足利義満論の一環として―」、「七隈史学18」　二〇一六年三月
石原比伊呂　「足利義満と笙との関係についての再検討」、「国史学218」　二〇一六年四月
石原比伊呂　「足利義満の笙と西園寺実兼の琵琶―十四世紀における公家社会の変容を考えるための一視角―」、中島圭一編『十四世紀の歴史学―新たな時代への起点―』高志書院　二〇一六年六月、所収
大薮　海　「室町幕府―権門寺院関係の転換点―康暦の強訴と朝廷・幕府―」、中島圭一編　『十四世紀の歴史学』高志書院　二〇一六年六月、所収
黒田基樹編著　『〈関東足利氏の歴史4〉足利持氏とその時代』戎光祥出版　二〇一六年九月
桃崎有一郎・山田邦和編著『室町政権の首府構想と京都―室町・北山・東山―』文理閣　二〇一六年一〇月
早島　大祐　『〈人をあるく〉足利義満と京都』吉川弘文館　二〇一六年一一月

山田　徹「南北朝後期における室町幕府政治史の再検討（上）―康暦の政変以前の『斯波派』・『細川派』をめぐって―」、「文化学年報66」二〇一七年三月
大田壮一郎「第三代　足利義満―『簒奪者』の実像―」、榎原雅治・清水克行編『室町幕府将軍列伝』戎光祥出版　二〇一七年一〇月、所収
神田裕理編著『〈公武交渉人の七百年史〉伝奏と呼ばれた人々』ミネルヴァ書房　二〇一七年一二月
石原比伊呂『〈選書ソレイユ〉足利将軍と室町幕府』戎光祥出版　二〇一八年一月
村井章介「明代『冊封』の古文書学的検討―日中関係史の画期はいつか―」、「史学雑誌」127編2号　二〇一八年二月
山田　徹「南北朝後期における室町幕府政治史の再検討（中）―康暦の政変以後の政治過程と細川氏・山名氏・土岐氏―」、「文化学年報67」二〇一八年三月
冨島義幸「相国寺七重塔の空間を読む―巨塔を建てた足利義満の意図をめぐって―」、「建築研究協会誌32」二〇一八年三月
家永遵嗣「14世紀の公武関係・朝幕関係と室町幕府」、「学習院史学56」二〇一八年三月
我彦武範「足利義満執政前期における公家領安堵の特質」、「史苑」78巻2号　二〇一八年四月
亀田俊和編『初期室町幕府研究の最前線―ここまでわかった南北朝期の幕府体制―』洋泉社　二〇一八年六月
桐田貴史「國學院大学図書館所蔵『吉田家文書』の再検討―足利義満による吉田社境内地の寄進をめぐって―」、「神道史研究」66巻2号　二〇一八年一〇月
平野明夫編『室町幕府全将軍・管領列伝』星海社　二〇一八年一〇月
前田雅之編『画期としての室町―政事・宗教・古典学―』勉誠出版　二〇一八年一〇月
小池勝也「中世東国寺社別当職をめぐる僧俗の都鄙関係―伊豆密厳院別当職問題を事例に―」、「歴史学研究980」二〇一九年二月
家永遵嗣他「〈解説と翻刻〉国立公文書館所蔵『初任大饗記』、国立歴史民俗博物館所蔵『義満公任槐召仰議幷大饗雑事記』」、「人文17」二〇一九年三月
相馬和将「足利義満子女の寺院入室事例の再検討」、「史学研究集録43」二〇一九年三月

山田　徹「南北朝後期における室町幕府政治史の再検討（下）―足利義満と斯波義将―」、「文化学年報68」二〇一九年三月
大薮　海「康暦の強訴終結後の混乱と南都伝奏の成立」、「お茶の水史学62」二〇一九年三月
桃崎有一郎『室町の覇者 足利義満―朝廷と幕府はいかに統一されたか―』ちくま新書　二〇二〇年一月
小川　剛生『〈人物叢書〉二条良基』吉川弘文館　二〇二〇年二月
黒田基樹編著『〈戎光祥中世織豊期論叢1〉鎌倉府発給文書の研究』戎光祥出版　二〇二〇年二月
桐田　貴史「『凶徒御退治御告文』に見る足利義満の神祇祈禱」、「古文書研究90」二〇二〇年一二月
湯山　賢一「足利義満書状案―関白の二条師嗣に充てた将軍・足利義満書状案―」、日本古文書学会編『古文書への招待』勉誠出版　二〇二一年二月、所収、初出は二〇一二年
秋山哲雄・田中大喜・野口華世編『〈増補改訂新版〉日本中世史入門―論文を書こう―』勉誠出版　二〇二一年三月
亀田俊和・杉山一弥編『南北朝 武将列伝〈北朝編〉』戎光祥出版　二〇二一年六月
米谷　均「朝鮮国王李芳遠あて『日本国王』足利義満書契について」、「九州史学188」二〇二一年七月
山田　徹『〈京都の中世史4〉南北朝内乱と京都』吉川弘文館　二〇二一年八月
芳澤　元編『室町文化の座標軸―遣明船時代の列島と文事―』勉誠出版　二〇二一年一〇月
久水俊和編『「室町殿」の時代―安定期室町幕府研究の最前線―』山川出版社　二〇二一年一二月
早島大祐・吉田賢司・大田壮一郎・松永和浩『〈京都の中世史5〉首都京都と室町幕府』吉川弘文館　二〇二二年三月
谷口　雄太『〈歴史文化ライブラリー〉足利将軍と御三家―吉良・石橋・渋川氏』吉川弘文館　二〇二二年一一月
髙鳥　廉『足利将軍家の政治秩序と寺院』吉川弘文館　二〇二二年一一月
大西　信行「《良懐上表文》再考」、「古文書研究94」二〇二二年一二月
東島　誠『〈NHKブックス〉「幕府」とは何か―武家政権の正当性―』NHK出版　二〇二三年一月

年	西暦	月	日	事項	出典
延文三年(正平一三)	一三五八	四	三〇	祖父初代将軍足利尊氏没す(五四歳)	足利家官位記
	一三五八	八	二二	足利義満、生まる(一歳。父は二代義詮)	足利家官位記
貞治一年(正平一七)	一三六二	七	二三	斯波義将、管領となる(一三歳。父高経が後見)	鎌倉大日記
貞治三年(正平一九)	一三六四	三	六	「鎌倉大納言子息」(義満、七歳)、斯波義将第にて乗馬始	師守記
貞治四年(正平二〇)	一三六五	五	三	義満、矢開き	師守記
	一三六五	六	二七	「大樹(足利義詮)子息」(義満か)、赤松則祐律師の七条宿所に渡る(「則祐之養君也」)	師守記
貞治五年(正平二一)	一三六六	一二	七	後光厳天皇、名字「義満」を宸筆で書き、関白二条良基これを伝達す。義満を従五位下に叙す(九歳)。	足利家官位記
貞治六年(正平二二)	一三六七	四	二六	鎌倉公方足利基氏、没す(二八歳)	公卿補任、愚管記、師守記
	一三六七	五	二九	足利氏満(基氏の長子金王丸)、鎌倉公方となる	愚管記、師守記
	一三六七	六	一一	義満(一〇歳)、故大方禅尼(祖母赤橋登子。貞治四・五・四、六〇歳で没)の在所に赴く	師守記
	一三六七	一一	二五	父足利義詮、政務を義満に譲与する。細川頼之、管領(執事)となる(康暦一・閏四 辞)	足利家官位記
	一三六七	一二	三	義満を左馬頭・正五位下に叙任す(一〇歳) ＊足利家官位記は任左馬頭を一二月七日とする	愚管記、足利家官位記
	一三六七	一二	七	父足利義詮、没す(三八歳)	公卿補任、愚管記、後愚昧記
応安一年(正平二三)	一三六八	四	一五	義満、元服する(一一歳。加冠は細川頼之)。細川頼之を武蔵守に任ず	足利家官位記、愚管記
	一三六八	六	一七	細川頼之、「応安の半済令」(応安大法)を発す	追加法、中世法制史料集二
	一三六八	七		山門申状に「(細川頼之)は廉潔の誉あり」とみゆ	後愚昧記
	一三六八	一二	三〇	義満を征夷大将軍に補す(一一歳)	足利家官位記
応安二年(正平二四)	一三六九	一	二	南党楠木正儀、義満(一二歳)に款を通ず。この日、義満、書を与えて、これを容る	花営三代記
応安四年(建徳二)	一三七一	一〇	二三	細川頼之、相模守に遷任する(翌五年三月には武蔵守に復任)	愚管記

年	西暦	月	日	事項	出典
応安五年(文中一)	一三七二	一一	二二	義満御判始(一五歳)	花営三代記、愚管記
	一三七二	一一	二二	応安五・一一・二二 足利義満寄進状(義満発給文書の初見) ＊「…守護等大略当時在京之輩之上ある者、厳密令下知者、争無遵行之実哉、」とみゆ	石清水文書六
応安六年(文中二)	一三七三	一	二一		愚管記四、一三七頁
	一三七三	一一	二五	義満、参議に任ず(一六歳)。同日、左中将を兼ね、従四位下に叙す(勲功賞)。左馬頭を去る	足利家官位記、公卿補任
	一三七三	一一	二五	鎌倉公方足利氏満(一五歳)を左馬頭に任じ、正五位下に叙す	足利家官位記、後愚昧記
	一三七三	一二	二五	鎌倉公方足利氏満、御判始	喜連川判鑑(大日本史料六・三八)
永和一年(天授一)	一三七五	四	二五	義満、初御参内(一八歳)	足利家官位記
	一三七五	一一	二〇	義満を従三位に叙す	足利家官位記
永和二年(天授二)	一三七六	八		後円融天皇、全九番からなる伝奏番文を定む	実隆公記、文亀一・九・二条(大日本史料六・四七、二一五頁)
永和三年(天授三)	一三七七	八	八	細川頼之と斯波義将、決戦を企てるとの風聞あり	後愚昧記
永和四年(天授四)	一三七八	三	一〇	義満(二一歳)、「花亭」(室町第)に移徙する	後愚昧記
	一三七八	三	二四	義満を権大納言に任ず	公卿補任
	一三七八	八	二七	義満、右大将を兼ねる	愚管記
	一三七八	一一	二八	義満、参内す(拝賀以前のため内々儀)	武家昇晋年譜(冷泉家所蔵)
	一三七八	一二	一三	義満を従二位に叙す	足利家官位記
康暦一年(天授五)	一三七九	二	九	義満御笙始(二二歳)	足利家官位記
	一三七九	四	一五	(康暦元)四・一五足利義満御内書(鎌倉公方足利氏満あて) ＊義満、氏満に対して関東管領に上杉憲方(道合)を推挙する	上杉家文書一
	一三七九	四	一五	(康暦元)四・一五足利義満御内書(上杉憲方あて) ＊義満、関東管領上杉憲方(道合)に関東のことを沙汰せしむ	上杉家文書一
	一三七九	閏四	一四	康暦の政変。細川頼之、管領を辞す(五一歳)	愚管記、花営三代記、後愚昧記
	一三七九	閏四	二八	斯波義将、管領となる(三〇歳、義満代一度目、明徳二・三・一二辞)	武家年代記
康暦二年(天授六)	一三八〇	一	五	義満を従一位に叙す(二三歳)	足利家官位記、愚管記

	一三八〇	[illegible]	[illegible]	鎌倉公方足利氏満（[illegible]歳）を左兵衛督に任ず	愚管記
	一三八〇	六		＊五壇法が六月の恒例祈禱となる（大田壮一郎「足利義満の宗教空間」一一三頁）	『足利義満の時代』（森話社）所収
永徳一年（弘和一）	一三八一	四	二九	義満、家司を補す（二四歳）	足利家官位記
	一三八一	七	二三	義満を内大臣に任ず　＊公家様花押使用の契機か。直前の永徳一・七・二御判御教書は武家様	足利家官位記、愚管記、臨川寺重書案文
	一三八一	八	三	義満御直衣始。　＊永徳一・八・三　義満安堵状（金沢文庫古文書）は公家様花押の初見。	足利家官位記、金沢文庫古文書
	一三八一	九	一六	斯波義将、管領を辞さんとす。義満これを諭止す	愚管記 永徳一・九・一八条
永徳二年（弘和二）	一三八二	一	二六	義満、左大臣に転ず〈大将、元の如し〉（二五歳）	足利家官位記
	一三八二	閏一	二四	＊楠木正儀、これ以前に南帰する	三刀屋文書（内閣文庫）
	一三八二	二	一六	＊幕府に遵行を移管する勅裁（後円融天皇綸旨）の終見	長門国分寺文書
	一三八二	五	七	＊鎌倉公方足利氏満あて義満御判御教書が登場する（これまでは御内書）	黄梅院文書（鎌倉市史三・四）
	一三八二	一一	二九	相国寺仏殿法堂立柱	空華日用工夫略集
永徳三年（弘和三）	一三八三	一	一六	義満、奨学院・淳和院別当となる（二六歳）	足利家官位記
	一三八三	六	二六	義満、准三后宣下	足利家官位記、公卿補任
	一三八三	一〇	一四	後小松天皇、室町第に行幸	足利家官位記
至徳一年（元中一）	一三八四	三	一〇	義満、右大将を辞す（二七歳）	足利家官位記
至徳二年（元中二）	一三八五	六	一三	＊検非違使庁諸官評定文の終見	京都御所東山御文庫記録
	一三八五	八	二八	義満、春日社参詣（二八歳）	足利家官位記
	一三八五	八	三〇	義満の意をうけた伝奏万里小路嗣房奉書（権右中弁平知輔あて）。端書「室町殿御教書案」	至徳二年記（続群書類従二上）
至徳三年（元中三）	一三八六	二	一二	足利義持、生まる　＊誕生日については『満済准后日記』応永二一・二・一二条を参照	足利家官位記
	一三八六	一二	八	至徳三・一二・八　義満袖判御教書（義満の武家様花押使用の終見か）	美吉文書（加能史料 南北朝Ⅲ）
嘉慶一年（元中四）	一三八七	一	三	義満（三〇歳）、後小松天皇元服の理髪役をつとむ	足利家官位記、実冬公記
	一三八七	三	一七	近衛道嗣（愚管記の記主）没す（五七歳）。義満、悲歎	実冬公記

年	西暦	月	日	事項	出典
嘉慶二年(元中五)	一三八八	五	二六	義満、左大臣を辞す(三一歳)	足利家官位記
	一三八八	九	一五	＊九・一五義満御判御教書↓九・二四後円融上皇院宣↓一〇・三管領奉書↓一〇・五守護遵行状の順	理性院文書
	一三八八			秋、義満富士遊覧	後鑑二
康応一年(元中六)	一三八九	三		義満、厳島参詣・西国下向す	鹿苑院西国下向記
	一三八九	一〇	二七	康応一・一〇・二七　佐々木氏綱あて義満袖判御教書(近江国本領の安堵)の袖判は公家様花押	朽木家文書(内閣文庫)
明徳二年(元中八)	一三九一	三	一二	斯波義将、管領を辞す(四二歳)	武家年代記、増補史料大成51一一一頁
	一三九一	四	八	細川頼元、管領となる(明徳四半ば辞)	武家年代記、増補史料大成51一一一頁
	一三九一	六	九	義満、崇光上皇に請文を呈し、長講堂領の安堵を約す	足利義満請文案(宮内庁書陵部)
	一三九一	一二		明徳の乱(山名氏の乱)	明徳記
明徳三年(元中九)	一三九二	一	一一以前	義満、明徳三年より陸奥・出羽両国を鎌倉府の管轄とする(これまで、関八州と伊豆・甲斐)	鎌倉大草紙、大日本史料七-一、五〇頁
	一三九二	一〇	一三	足利義満、合体の条件を南朝に示す　(義満三五歳)	近衛家文書
	一三九二	閏一〇	五	＊三種神器を渡し進める(南北朝の合体)。	南山御出次第
	一三九二	一二	二六	義満、左大臣に還任す	足利家官位記
明徳四年	一三九三	四	二七	後円融上皇、崩御(三六歳)。天下諒闇(四・二九泉涌寺で荼毘、義満以下諸卿、供奉す)	観智院賢宝日記(具注暦)釈文
	一三九三	六	五	斯波義将、管領となる　(四四歳、義満代二度目。応永五・閏四・二三辞)	執事補任次第
	一三九三	六	八	足利義満三万六千神祭都状(義満三六歳)　＊陰陽道祭文の実物としては最古	若杉家文書、『陰陽道基礎史料集成』
	一三九三	九	一七	義満、左大臣を辞す(三六歳)	足利家官位記
	一三九三	一一	二六	＊幕府、洛中辺土散在土倉及び酒屋役の制を定む(管領義将奉、五ヶ条)	追加法、中世法制史料集二、五九頁
	一三九三	一二	一三	「明徳四」一二・一三義満御内書(大内義弘あて)(義弘のこれまでの	蜷川家文書一

応永一年	一三九四	六	一三	足利義教、生まる（一歳　母は贈一位慶子　三宝院坊官安芸法眼女、号勝曼院）	華頂要略　大日本史料七-一、五三七頁
	一三九四	九	六	＊応永一・九・六室町幕府引付頭人吉良俊氏奉書（「桂文書一」）　＊引付頭人奉書の終見か	石井進編『長福寺文書の研究』三〇三頁
	一三九四	一二	一七	義満、征夷大将軍を辞し、嫡子義持（九歳）に譲任する。義持、叙正五位下、元服。任左中将	足利家官位記、禰寝文書　大日本史料七-二、一〇四頁
	一三九四	一二	二五	義満、太政大臣となる（三七歳）	足利家官位記
	一三九四			足利義嗣、生まる（「足利家官位記」にみる、応永一五・四・二五元服一五歳から逆算）	足利家官位記
応永二年	一三九五	三	一八	足利義満泰山府君祭都状案（三八歳）　＊草案だが泰山府君祭都状の実物としては最古	若杉家文書、『陰陽道基礎史料集成』
	一三九五	四	二二	俄に室町第に後小松天皇の行幸あり（義満の出家を止めるために）	足利家官位記
	一三九五	六	三	義満、太政大臣を辞す。義持を従四位下に叙す	足利家官位記
	一三九五	六	二〇	義満、出家する（三八歳）、法名道有（同年冬には道義と改名）	足利家官位記、荒暦
	一三九五	六・七		義満側近の公家・大名たち多く追随出家する。斯波義種（義将弟、六・二二）、大内義弘（七・二〇）、斯波義将・今川仲秋（了俊弟）（七・二四）、その他細川頼元など	荒暦、益田家文書　蜷川家文書
	一三九五	閏七	二五	九州探題今川了俊、幕府より召喚され、二五日、田原氏に上京のことを告ぐ	土居文書（福岡大学所蔵）
	一三九五	一〇	一七	応永二・一〇・一七管領斯波義将奉将軍家御教書（書き止め「依仰執達如件」の終見か）	東寺百合文書、大日本史料七-二、一三四頁
	一三九五	一〇	二二	応永二・一〇・二二管領斯波義将奉将軍家御教書（書き止め「仍執達如件」の初見か）	多田院文書、川西市史四、三六八頁
	一三九五	冬		義満、法名「道有」を「道義」に改む	荒暦、大日本史料七-二、三三二頁
応永三年	一三九六	八	一	「荒暦」応永三・八・一条に、「凡彼禅門（斯波義将）、以優美為先、頗可感事歟」とみゆ	荒暦、大日本史料七-二、四八五頁
	一三九六	九	一二	義持、参議となる〈左中将元の如し〉（一一歳）。　＊九月、義持、いきなり正三位に叙されんとす	足利家官位記、大日本史料七-二、七五二頁
	一三九六	九	一七	義満、御登山。御幸に准ぜらる（三九歳）	足利家官位記

年	西暦	月	日	事項	出典
	一三九六	九	二〇	義満、山門講堂供養	足利家官位記
	一三九六	九	二一	義満、延暦寺において受戒	足利家官位記
	一三九六	一〇	五	伝奏万里小路嗣房（五四歳）、「仰天出家」する	荒暦
応永四年	一三九七	一	五	義持、従三位に叙さる（一二歳）	足利家官位記
	一三九七	三	二九	義持、権中納言に叙さる	足利家官位記
	一三九七	四	一六	北山第（金閣）新造立柱上棟、同月移徙（義満四〇歳）。（大内義弘のみ土木の役に従うを肯んぜず）	臥雲日軒録抜尤 文安五・八・一九条
応永五年	一三九八	一	五	義持、正三位に叙さる（一三歳）	足利家官位記
	一三九八	一	一三	崇光法皇没（六五歳）。（「かくて応永四年の冬より御悩にて、同五年正月十三日崩御なりぬ、遺勅にて崇光院と申す」）	椿葉記
	一三九八	四	二二	これより先、義満、北山第に移る。この日、同第に安鎮法を修す。北山第完成	在盛卿記、兼宣公記、門葉記
	一三九八	閏四	二三	斯波義将、管領を辞す（四九歳）	東寺王代記、続群書類従二九下九四頁
	一三九八	六	二〇	畠山基国（徳元）、管領となる（応永一二・七・辞か）	東寺王代記
	一三九八	八	六	前内大臣・従一位万里小路嗣房没（五六歳）。「朝之宿老、可惜可哀」、義満「御悲歎無極」	迎陽記
	一三九八	八	一三	義満の沙汰により、入道栄仁親王、伏見殿より萩原殿へ移る（応永六年一二月帰還）	迎陽記
	一三九八	一〇	一六	後小松天皇、伊賀長田庄等七ヶ所および播磨国衙年貢を伏見宮栄仁親王に還付する	勧修寺文書、大日本史料七-三、五五七頁
	一三九八	一一	四	鎌倉公方・左兵衛督従四位下足利氏満没す（四〇歳）。子満兼、これを継ぐ	迎陽記
	一三九八	一二	二五	足利満兼、陸奥国の跡地を「天下安全・武運長久」のために鶴岡八幡宮に寄進す	鶴岡八幡宮文書
応永六年	一三九九	二	三	義満の重厄（四二歳の厄）にあたり、東寺長者俊尊、所領を東寺に寄進（義満の袖判あり）	東寺百合文書、東寺文書聚英、二八七頁
	一三九九	四		＊この年四月ころから、義満の北山第常住が始まったか	早島大祐『室町幕府論』一二三頁
	一三九九	一〇	一〇	検非違使庁紛失証判の終見	宝鏡寺文書、大日本史料七-四、一二五頁

	一三九九	一〇		応永の乱（大内義弘の乱） 鎌倉公方足利満兼、義弘に与同せんとす	応永記 等
	一三九九	一一	三	義満、大内義弘追討のための出兵を薩摩国地頭御家人に命ず	島津家文書
応永七年	一四〇〇	一	五	義持、従二位に叙す（一五歳）	足利家官位記
	一四〇〇	一二	一九	義持、御判始	足利家官位記
応永八年	一四〇一	三	二四	義持、権大納言となる（一六歳）	足利家官位記
	一四〇一	五	一三	義満、僧祖阿・商人肥富某らを明に派遣する	康富記、善隣国宝記
応永九年	一四〇二	一	六	義持、正二位に叙す（一七歳）	足利家官位記
	一四〇二	八	三	義満、兵庫に出る（四五歳）。明への使者僧祖阿ら兵庫に帰着	足利家官位記
	一四〇二	九	五	義満、明使に対謁す	宋朝僧捧返牒記（宮内庁書陵部）
	一四〇二	一一	一九	義持、従一位に叙す。造内裏賞（室町内裏より土御門新造内裏に還御、造営は毎事義満の沙汰）	福照院関白記、大日本史料七-五、七六四頁
応永一〇年	一四〇三	二	二一	義満、北山殿において受戒す	兼宣公記、大日本史料七-六、五二頁
応永一一年	一四〇四	五	一六	義満、明使に対謁す	武家昇晋年譜（冷泉家所蔵）
応永一二年	一四〇五	三	一五	鎌倉公方足利満兼、鶴岡八幡宮に五壇法を修す（中壇は弘賢）	鶴岡社務職次第、大日本史料七-七、三三頁
	一四〇五	七	四	畠山基国、少なくともこの日までは管領に在任（同日付、畠山基国奉書）	東寺百合文書、大日本史料七-七、三四〇頁
	一四〇五	七	九	＊義満（四八歳）を「北山殿」、義持（二〇歳）を「御方御所」と表記 ＊八・二五、九・八条「新御所」（義持）	教言卿記
	一四〇五	七	二五	斯波義教（義重。義将の子息）、管領となる（応永一六・六・七父義将と交替）	教言卿記同七・二七条、執事補任次第
応永一三年	一四〇六	八	一七	義持、右大将を兼ねる（二一歳）＊教言卿記一・五条「新御所」（義持）	足利家官位記
応永一四年	一四〇七	七	一九	義持、御拝賀	足利家官位記
	一四〇七	七	二四	義持の子義量、生まる（母は藤原栄子）	教言卿記二、九六頁
応永一五年	一四〇八	二	七	義嗣（一五歳）。東坊城秀長の撰申、「若公」の表記で初見する	教言卿記二、一九七頁
	一四〇八	二	二七	義嗣、「童殿上《わらわてんじょう》」（童形での参内）を遂げる	足利家官位記、大日本史料七-九、七六八頁
	一四〇八	三	二	義嗣、「若公御方」で初見	教言卿記二、二一三頁

年	西暦	月	日	事項	出典
	一四〇八	三	四	義嗣、従五位下に叙す。同じ年齢の義教、青蓮院に出家する	教言卿記、足利家官位記、諸門跡譜
	一四〇八	三	八	後小松天皇、北山第行幸。義満(五一歳)、地に降りて奉迎(義満、子義嗣偏愛ぶりを誇示)	武家昇晋年譜(冷泉家所蔵)
	一四〇八	三	二四	義嗣、正五位下・左馬頭に叙任さる	足利家官位記
	一四〇八	三	二八	義嗣、従四位下に叙さる(行幸賞)。翌二九日、左中将に任ず	足利家官位記
	一四〇八	四	一〇	義満、伊勢参宮(〈応永一五〉四・九山名常熙書状、「…明日又伊勢へ御立にて候程に…」)	毛利家文書一四九頁
	一四〇八	四	二五	義嗣、内裏で元服(一五歳)。義嗣と名乗り、参議・従三位となる ＊「若宮」呼称の契機か	椿葉記・公卿補任・足利家官位記
	一四〇八	四	二七	＊義嗣、「若宮」の表記で初見する	教言卿記二、二四九頁
	一四〇八	五	一	「准后(義満)御なやみの事いてきて、五月の一日よりことにおもらせ給ひにしかは、…」とあり	「鹿苑院殿をいためる辞」、大日本史料七—一〇、一九頁
	一四〇八	五	四	＊義嗣、「若宮御方」の表記で終見する	教言卿記二、二五二頁
	一四〇八	五	六	義満、円寂する〈五一歳、鹿苑院と号す〉。(「世の中ハ火を消たるやうにて、御あとつきも申おかるゝふんもなし、この若公(義嗣)にてやとさたありし程に、管領勘解由小路左《(マヽ)》衛門督入道(斯波義将)をしはからひて、嫡子大樹(義持)相続せらる」)	教言卿記、椿葉記
	一四〇八	五	七	＊義嗣の呼称、「若公御方」に戻る	教言卿記二、二五四頁
	一四〇八	五	八	朝廷、義満に「太上法皇」(尊卑分脈は九日にかけ、「太上天皇」に作る)の尊号を贈ろうとしたが、斯波義将がこれを辞退する	東寺執行日記、尊卑分脈
	一四〇八	五	一一	＊義嗣の呼称、この日以降、「新御所(御方)」に統一される(教言卿記)。『満済准后日記』によると、この呼称は応永二三年(一四一六)八月一日まで続く。同年一〇月の上杉禅秀の乱との関わりあり＊前日の五・一〇条に「御所」(義持)、「新御所」(義嗣)みゆ	教言卿記、満済准后日記
	一四〇八	八	一三	＊義持、石清水八幡宮に山城国今福郷を寄進する(二三歳) ＊足利義持文書の初見	石清水文書六、二三七頁、大日本史料七—一〇、三六五頁
	一四〇八	一一		＊東寺、紛失証判を幕府に請う	東寺百合文書、大日本史料七—一一、二五頁

森 茂暁（もり・しげあき）

1949年、長崎県生まれ。九州大学大学院博士課程中途退学。福岡大学名誉教授。文学博士（1985年 九州大学）。専門は日本中世史。著書に、『太平記の群像』『闇の歴史、後南朝』『室町幕府崩壊』（角川ソフィア文庫）、『足利尊氏』『足利直義』（角川選書）、『南朝全史』（講談社学術文庫）、『戦争の日本史８ 南北朝の動乱』（吉川弘文館）、『後醍醐天皇』（中公新書）、『増補改訂 南北朝期公武関係史の研究』（思文閣出版）など多数。

角川選書 667

足利義満《あしかがよしみつ》

令和5年4月20日 初版発行

著 者／森《もり》 茂暁《しげあき》

発行者／山下直久

発 行／株式会社KADOKAWA
〒102-8177 東京都千代田区富士見2-13-3
電話 0570-002-301（ナビダイヤル）

印刷所／株式会社KADOKAWA

製本所／株式会社KADOKAWA

装 丁／片岡忠彦　　帯デザイン／Zapp!

ISBN 978-4-04-703709-0 C0321

◆◇◇

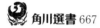

角川選書

この書物を愛する人たちに

詩人科学者寺田寅彦は、銀座通りに林立する高層建築をたとえて「銀座アルプス」と呼んだ。
戦後日本の経済力は、どの都市にも「銀座アルプス」を造成した。
アルプスのなかに書店を求めて、立ち寄ると、高山植物が美しく花ひらくように、
書物が飾られている。

印刷技術の発達もあって、書物は美しく化粧され、通りすがりの人々の眼をひきつけている。
しかし、流行を追っての刊行物は、どれも類型的で、個性がない。
歴史という時間の厚みのなかで、流動する時代のすがたや、不易な生命をみつめてきた先輩たちの発言がある。
また静かに明日を語ろうとする現代人の科白がある。これらも、
銀座アルプスのお花畑のなかでは、雑草のようにまぎれ、人知れず開花するしかないのだろうか。
マス・セールの呼び声で、多量に売り出される書物群のなかにあって、
選ばれた時代の英知の書は、ささやかな「座」を占めることは不可能なのだろうか。
マス・セールの時勢に逆行する少数な刊行物であっても、この書物は耳を傾ける人々には、
飽くことなく語りつづけてくれるだろう。私はそういう書物をつぎつぎと発刊したい。
真に書物を愛する読者や、書店の人々の手で、こうした書物はどのように成育し、開花することだろうか。
私のひそかな祈りである。「一粒の麦もし死なずば」という言葉のように、
こうした書物を、銀座アルプスのお花畑のなかで、一雑草であらしめたくない。

一九六八年九月一日

角川源義

足利尊氏
森茂暁

これが「尊氏研究」の最前線！「英雄」と「逆賊」の間を揺れ動き、南北朝動乱を招いた中心人物として解明が進まなかった足利尊氏を徹底研究。発給文書一五〇〇点から見えてくる新しい尊氏像とは。

583 | 256頁

978-4-04-703593-5

足利直義
兄尊氏との対立と理想国家構想
森　茂暁

南北朝の動乱期に、武力によらない仏国土の理想郷を目指した足利直義。兄尊氏とともに室町幕府の基礎を築いたにもかかわらず、最期は兄に毒殺されたとも伝えられる悲劇の人物の政治・思想・文化に迫る。

554 | 232頁

978-4-04-703554-6

武田氏滅亡
平山優

甲相越三国和睦構想、御館の乱、高天神城攻防戦という長篠敗戦後の転換点を主軸に、史料博捜と最新研究から、詳述されてこなかった勝頼の成果と蹉跌を徹底検証。戦国史研究に新たなる足跡を刻む決定版！

580 | 752頁

978-4-04-703588-1

長崎奉行の歴史
苦悩する官僚エリート
木村直樹

松平定信が「長崎は日本の病の一つ」と言うほど治めるのが難しかった長崎。各集団のパワーバランスに注目し、海防やキリシタン禁制、長崎の文化・政治的な葛藤と軋轢について長崎奉行を軸に明らかにする。

574 | 208頁

978-4-04-703574-4

角川選書

忍者の歴史
山田雄司

一口に忍者といっても、時代によってその姿を変えてきた歴史がある。真の忍者とはいかなる者か？　今まで解明されることのなかった「忍者」の歩みを、忍術書「万川集海」をはじめとする資料から読み解く。

570 | 272頁
978-4-04-703580-5

武士はなぜ歌を詠むか
鎌倉将軍から戦国大名まで
小川剛生

戦乱の中世、武士は熱心に和歌を詠み続けた。武家政権の発祥地・関東を中心に、鎌倉将軍宗尊親王、室町将軍足利尊氏、江戸城を築いた太田道灌、今川・武田・北条の大名を取り上げ、伝統の足跡をたどる。

572 | 296頁
978-4-04-703589-8

怪しいものたちの中世
本郷恵子

社会事業や公共事業を請け負った勧進聖、祈祷師や占い師、芸能者、ばくち打ちや山伏――。夢見る喜びや生きる意味を考える機会を与えた中世の宗教者の知られざる役割を、豊富な事例で解き明かす新しい中世史。

566 | 200頁
978-4-04-703566-9

古典歳時記
吉海直人

日本人は自然に寄り添い、時季を楽しんできた。旬の食べ物、花や野鳥、気候や年中行事……暮らしに根ざすテーマを厳選し、時事的な話題・歴史的な出来事を入り口に、四季折々の言葉の語源と意味を解き明かす。

606 | 224頁
978-4-04-703657-4